Franz Taut

Front ohne Helden

W0298302

Franz Taut

Front ohne Helden

Im Schatten Stalingrads

Roman

rosenheimer

Der Ablauf des militärischen Geschehens entspricht der geschichtlichen Wahrheit. Die handelnden Personen sind frei erfunden. Eventuelle Ähnlichkeiten, auch der Namen, sind daher rein zufällig.

3., bearbeitete Auflage
© 2002 Rosenheimer Verlagshaus GmbH & Co. KG,
Rosenheim
Titel der Originalausgabe: »Abendmeldung«

Titelbild: Süddeutscher Verlag – Bilderdienst, München, Scherl
Satz: Buch-Werkstatt GmbH, Bad Aibling
Druck und Bindung: Ebner & Spiegel, Ulm
Printed in Germany

ISBN 3-475-53303-0

1

General Körner überprüfte die Abendmeldung, die ihm zur Abzeichnung vorlag. Der Ia hatte ihm soeben den Bericht über den ereignislosen Ablauf dieses 15. Dezember 1942 herübergebracht. Am bemerkenswertesten war ohne Zweifel, dass wiederum im Divisionsbereich keine Verluste eingetreten waren und dass keinerlei Munitionsverbrauch zu melden war. Und das tief in Russland, sechzig Kilometer südlich des Don, dort, wo der Strom, ostwärts Kalitwa, in zahlreichen Windungen nach Osten zur großen Schleife ausholte und runde fünfzig Kilometer westlich des Tschir, der, nach Süden und dann ebenfalls nach Osten und Südosten fließend, sich bei Werchnetschirskaja in den Don ergoss. Der Don und der Tschir bildeten in stumpfem Winkel die Front, wie sie im letzten Novemberdrittel, nach dem Erdrutsch bei der 3. rumänischen Armee, entstanden war. Etwa zweihundert Kilometer weiter im Osten war jene andere hufeisenförmige Frontlinie, in der sich die vom Russen eingekesselte 6. deutsche Armee, Teile der in alle Winde zerblasenen rumänischen 3. und Teile der 4. deutschen Panzerarmee festkrallten.

Stalingrad war die Hölle; jeder wusste es. In Schepetowka, dem Sitz des Stabes von General Körners Division, dagegen war es ruhig, so ruhig, wie die Meldung in der Hand des Generals es darlegte. Eine Ruhe freilich, an deren Fortbestand weder der General noch sein Ia, Major von Talvern, glaubte.

Der Meldung, die nichts Kriegsmäßiges berichtete, lag die von Tenente Cornalli, dem frisch eingetroffenen Dolmetscher und Verbindungsoffizier, verfasste Übersetzung ins Italienische bei. Erst vor drei Tagen war der Stab der »Fuchskopf«-Division nach Schepetowka gekommen und hatte sich im Schulhaus des von allen russischen Bewohnern verlassenen Ortes einquartiert.

Am frühen Morgen dieses 15. Dezembers war der Ia von seiner Fahrt zum Oberkommando der 8. italienischen Armee zurückgekehrt. Die italienischen Herren hatten hinsichtlich der weiteren Entwicklung der Lage Optimismus zur Schau getragen. Sie waren der Meinung, der Russe habe seine ganze Kraft zur Vernichtung der in Stalingrad Eingeschlossenen konzentriert und sei außer Stande, gleichzeitig auch am Don ostwärts Kalitwa offensiv zu werden. Ein Colonello allerdings, ein Oberst und Regimentskommandeur in einer der von Talvern besuchten Stellungen, Südtiroler aus der Gegend von Meran, hatte dem Ia unter vier Augen unumwunden seine Bedenken mitgeteilt. Bedenken, die Talvern ganz ähnlich schon vor Antritt seiner Fahrt zu den Italienern geäußert hatte.

Major von Talvern, Anton mit Vornamen, mittelgroß und schlank, zweiunddreißig Jahre alt, von einem Gutshof am Chiemsee in Oberbayern stammend, Monokelträger, Inhaber des Ritterkreuzes, Träger des Infanteriesturmabzeichens und der Nahkampfspange, war nicht nur ein fähiger Generalstäbler, sondern auch ein Mann mit dem Ruf schon fast legendärer Tapferkeit. Das Ritterkreuz war ihm im vergangenen Winter, bei Orel, verliehen worden. General Körner wusste, was damals geschehen war. In jenen Tagen hatte er als Oberst das Infanterieregiment 836 geführt. Der Russe war bis zu seinem Regimentsgefechtsstand durchgebrochen. Mit durchschossener Lunge hatte Körner gemeinsam mit den Resten der Stabskompanie den Gefechtsstand verteidigt. In letzter Stunde war Talvern, damals Hauptmann und Ic, mit einer aus Trossleuten, Nachrichtlern und Baupionieren zusammengewürfelten Eingreifreserve auf der Bildfläche erschienen und hatte die Lage bereinigt, wie es so schön hieß. Seither war Körner eng mit Talvern verbunden, mit Talvern, dem Windhund, der in der Ruhe- und Auffrischungszeit in Frankreich wie kein anderer hinter den Mädchen her war und zudem erstaunliche Mengen von Champagner, Cognac und Calvados konsumierte. Wenn er dann entsprechend in Stimmung war, lästerte er sträflich über alles, was das herrschende Regime und dessen Repräsentanten betraf. Mehrmals hatte der General seinen Ia in heikler Situation gedeckt.

Nun saß man, frisch aus dem milden Spätherbst des südlichen Burgund importiert, wieder in Russland, und niemand konnte sagen, was die nächste Zeit bringen würde. Zwar war im Süden, am Sal, Generaloberst Hoth mit der halbwegs aufgefüllten 4. Panzerarmee zur Entsetzung Stalingrads angetreten. Hoths Anfangserfolge waren beachtlich. Seine Armee näherte sich dem Aksaiabschnitt oder war schon darüber hinaus. Aber es gab Gerüchte, die, falls sie sich bewahrheiten sollten, eine entscheidende Wende bedeuten würden. Generalfeldmarschall von Manstein war von der Leningrad-Front zur Übernahme des Katastrophenabschnittes »Don« herangeholt worden. Es hieß, er habe Generaloberst Paulus, dem Oberbefehlshaber der in Stalingrad eingekesselten Verbände, nahe gelegt, mit der 6. Armee und deren Anhang, entgegen dem Befehl, auszubrechen. Manstein, hieß es, beabsichtige, Hitler an die Front zu rufen und in seinem Hauptquartier zu verhaften.

General Körner schüttelte den schmalen Kopf mit dem schütteren, stark ergrauten Haar. Hitler verhaften! Wenn damals, anno 16, als er als junger Oberleutnant vor Verdun lag, jemand geäußert hätte, S. M. solle verhaftet werden! Aber Hitler war nicht der Kaiser, wenn er auch wie dieser Oberster Befehlshaber aller Streitkräfte war.

General Körner fragte sich, ob an den Gerüchten, die Talvern vom italienischen Oberkommando mitgebracht hatte, etwas Wahres sei. Doch wenn dem auch so sein sollte, gab es immerhin nach wie vor eine unbekannte Größe in der derzeit völlig offenen Rechnung. Die unbekannte Größe waren Stärke und Verhalten des Gegners, dem auch jetzt wieder, wie vor seinem Großangriff gegen die Stellungen der Rumänen, eine undurchdringliche Nebeldecke zugute kam. Im Schutze solchen Nebels konnten unerkannt Armeen aufmarschieren. Die große Frage war nur, ob der Russe noch über derart bedrohliche Verbände verfügte. Im Führerhauptquartier, in Rastenburg, bestritt man es. Aber dort war man weit vom Schuss, viel weiter als in Schepetowka.

»Herr General.«

General Körner drehte den Kopf. Der Obergefreite Warnke, Fahrer und Ordonanz in Personalunion, war eingetreten. In lässiger Haltung stand er unweit der Türschwelle der dürftigen Unterkunft, der eine nackte, vom Aggregat mit Strom gespeiste Glühbirne ihr grelles Licht spendete.

»Herr Leutnant Walter wartet draußen«, sagte Warnke. »Er will die Abendmeldung abholen. Kann er reinkommen?«

»Er kann«, erwiderte Körner belustigt. Warnke war völlig unmilitärisch, aber er war zuverlässig, und das war wichtiger als übertriebenes Männchenbauen.

Leutnant Walter, der Gehilfe des Ia, kam herein und nahm die unterzeichnete Meldung entgegen. Kurz nachdem er sich entfernt hatte, klingelte das Feldtelefon. General Körner hob ab.

»Ja, was gibt es? Ach Sie sind's, Talvern.«

Am anderen Ende, drüben, im knapp fünfzig Meter entfernten Schulhaus, sagte Major von Talvern: »Eine tolle Neuigkeit, Herr General. Vorn am Don, beim italienischen Bataillon ›Derrutti‹, ist ein russischer Überläufer aufgetaucht. Wenn man dem Überläufer Glauben schenken kann, steht ein Großangriff starker russischer Verbände unmittelbar bevor.«

»Wenn das zutrifft«, fuhr Talvern nach kurzer Pause fort, »kann es fürs Erste nur von Vorteil sein, dass das Artillerieregiment die schwere Batterie nach Lysselkowo vorgezogen hat. Fraglich ist allerdings, ob die Italiener der Batterie im Falle eines Russeneinbruchs oder -durchbruchs ausreichend Infanterieschutz geben können. Aus diesem Grund schlage ich als erste Maßnahme vor, dass wir die Pionierkompanie, die in Jeminowka liegt, sofort nach Lysselkowo in Marsch setzen.«

Der General stimmte zu. »Und was weiter, Talvern?«, fragte er.

»Ich bin in wenigen Minuten bei Herrn General«, gab der Ia zurück.

»Schön.«

General Körner legte auf. Nun war es also doch so weit, sofern man den Überläufer nicht, wie gehabt, von drüben zur Irreführung herübergeschickt hatte.

Der General wandte sich der Tür zum Nebenraum zu.

»Hostege!«

Die Tür ging auf. Major Hostege, untersetzt, mit rundem, rosigem Gesicht, erschien. Er war IIa im Divisionsstab und Adjutant.

»Herr General?«, fragte er mit der ihm eigenen Beflissenheit.

»Wir werden vermutlich einiges zu tun bekommen«, sagte General Körner. »Allem Anschein nach steht bei den Italienern etwas bevor. Wir tappen noch im Dunkeln – buchstäblich, denn es wird ja kaum mehr Tag.«

In diesem Augenblick klopfte es an der Außentür. General Körner drehte sich um.

»Herein!«

Major von Talvern trat ein, straff aufgerichtet, die Schirmmütze unter den linken Arm geklemmt. Den rechten Arm reckte er steil hoch zum vorschriftsmäßigen »deutschen Gruß«. Für General Körner, der Talverns Einstellung zu kennen glaubte, war diese Übertreibung jedes Mal wie offener Hohn. Aber die

Gesinnung eines Mannes war nicht zu reglementieren, und Talvern war im Übrigen ein hervorragender Offizier und Generalstäbler. Großen Wert legte er auf militärische Formen. Seine Feldbluse, mit dem Ritterkreuz und allen sonstigen Auszeichnungen dekoriert, war ebenso tadellos gebügelt wie die Breeches mit den breiten karminroten Streifen. Vor dem linken Auge saß das Monokel, jenes nicht mehr ganz zeitgemäße Attribut, das Talverns hagerem Gesicht einen Ausdruck von Arroganz verlieh.

Er ging zu der Karte, die zwischen den beiden kleinen, vollständig vereisten Fenstern an der Wand befestigt war, und begann sofort mit seinem Vortrag. Die Division war in Alarmbereitschaft versetzt worden. Talvern hatte wieder einmal an alles gedacht.

Mit einer Verbeugung zu General Körner hin beendete er seine Ausführungen.

»Ich glaube, mehr können wir für den Augenblick nicht tun, Herr General.«

»Ja, Talvern, das scheint mir auch so. Aber nehmen Sie doch Platz. Wie wär's mit einem Cognac?«

»Herr General wissen doch«, meinte Talvern mit mokantem Lächeln.

»Ja, ja, ich weiß«, bestätigte General Körner trocken. Major Hostege brachte Gläser und eine Cognac-Flasche aus dem Bestand, den man vor dem Abmarsch aus Frankreich für die triste Zeit in Russland gesichert hatte. Steif schenkte Hostege ein, bevor auch er an dem kleinen Tisch Platz nahm.

Der General bot Zigaretten an. Talvern förderte ein Päckchen englischen »Navy cut« zu Tage. »Von einem der italienischen Herren«, sagte er mit leichtem

Grinsen. »Die Herren sind gut versorgt. Sie haben angenehme Quartiere, sogar vorn in den Stellungen habe ich einen gewissen Komfort vorgefunden. Anscheinend hat man sich auf einen längeren Aufenthalt eingerichtet.«

Talvern beugte sich vor.

»Es ist genau so, wie es im November bei den Rumänen gewesen sein soll. Dichter Nebel über dem Don und beiden Ufern. Seit zehn Tagen ist jede Luftaufklärung flach gefallen. Ich habe mir übrigens die vorbereiteten Auffangstellungen angesehen. Alles sehr schön. Aber wenn unsere Freunde überrannt werden wie vor kurzem die Rumänen! Wir kämen zweifellos in Teufels Küche, denn wir müssten nicht nur mit Front nach Norden, sondern auch mit Front nach Osten halten. Wenn der Russe die Italiener am Don angreift, müsste er gleichzeitig auch am Tschir angreifen.«

»Dann«, warf Major Hostege, der bisher geschwiegen hatte, mit gepresster Stimme ein, »dann hätte Generaloberst Hoth keine Chance mehr, die Stalingradarmee zu erreichen.«

»Hat er die überhaupt?«, fragte Talvern in sarkastischem Ton.

Hostege hob den Kopf. Die Röte seines vollen Gesichtes vertiefte sich.

»Ich muss doch bitten, Herr von Talvern. Die sechste Armee in Stalingrad hat das Wort des Führers.«

»Hier geht es nicht um das Wort eines Mannes«, versetzte Talvern gereizt. »Hier geht es nicht um Mythen, Herr Hostege. Rund dreihunderttausend Mann sind an der Wolga eingeschlossen. Der Russe ist im

Gegensatz zur offiziellen Auffassung ungeheuer stark geworden. Er hat sich seit dem Sommer in erschreckendem Ausmaß erholt. Das sind die Fragen, um die es jetzt geht.«

»Glauben Sie, der Führer weiß das nicht besser als Sie?«, warf Hostege bissig ein.

Talvern maß den anderen mit spöttischem Lächeln. »Sie machen es sich einfach, Herr Hostege. Der Führer wird's schon richten, wie?«

Hostege pumpte seine Lungen voll Luft, ehe er mit Pathos erklärte: »Ich glaube an das Wort des Führers.«

Talvern nahm das Monokel ab und betrachtete es aufmerksam, als enthülle es ihm die Geheimnisse der nächsten Zukunft.

»Sie werden sich noch wundern, Herr Hostege«, sagte er schließlich.

General Körner hob beschwichtigend beide Hände. »Aber meine Herren! Jetzt ist doch nicht die Zeit für eine solche Auseinandersetzung!«

Unbemerkt hatte sich die Tür geöffnet. Der Obergefreite Warnke stiefelte gemächlich herein.

»Draußen steht ein italienischer Leutnant«, sagte er, ohne von der Anwesenheit der beiden Majore Notiz zu nehmen. »Er möchte sich bei Ihnen melden, Herr General.«

General Körner erhob sich. Talvern und Hostege folgten seinem Beispiel.

Mit kurzen, flinken Schritten kam Tenente Cornalli durch die Tür. Am Morgen war er mit dem Ia in Schepetowka eingetroffen. Er war schlank und kaum mittelgroß. Seine steingraue Uniform war noch eine Spur eleganter geschnitten als die des Ia. Sein welliges schwarzes Haar schimmerte im Lampenlicht wie gelackt, ebenso wie seine hohen, nach Maß gearbeiteten Stiefel. Er nahm Haltung an, verbeugte sich vor dem General und sagte: »Leutnant Cornalli, Verbindungsoffizier und Dolmetscher, meldet sich zur Stelle.«

General Körner reichte dem Italiener die Hand.

»Bitte, stehen Sie bequem, Herr Leutnant«, sagte er in freundlichem Ton. »Sie wollen also hier in Schepetowka mit uns Weihnachten feiern.«

»Mit großem Vergnügen, Herr General«, erwiderte Cornalli in seinem etwas singenden, aber sonst einwandfreien Deutsch.

Er verbeugte sich nun auch vor Talvern, der mit den Worten »Wir kennen uns ja von der Fahrt her« lässig abwinkte. Major Hostege dagegen sagte gespreizt: »Ich bin sehr erfreut, einem italienischen Kameraden und Achsenpartner die Hand zu drücken.«

Himmel!, dachte Talvern, ein Zweihundertfünfzigprozentiger – dieser Hostege! Der General war nicht darum zu beneiden, den größten Teil seiner Zeit mit diesem Parteihengst zusammen zu sein. Im Übrigen war durchaus nicht klar, wozu dieser Fanatiker gegebenenfalls fähig war.

Tenente Cornalli kippte den Cognac, der ihm angeboten wurde. Dann meldete er sich ab. Talvern schloss sich ihm an. Eine lange Nacht stand ihm bevor. Noch war alles still. Aber Talvern hatte es im Gespür, dass die ohnehin verdächtige Stille nicht mehr lange anhalten würde.

Am Vormittag dieses 15. Dezember war die dritte schwere Batterie der ersten Abteilung des Artillerieregiments 786 in Lysselkowo eingerückt, zweiundzwanzig Kilometer vom Divisionsgefechtsstand entfernt.

Hauptmann Martin, der Batteriechef, war bei seinen Männern beliebt. Aber jetzt hassten sie ihn und wünschten ihm alles Schlechte an den Hals. Vor einer halben Stunde, schon in tiefer Dunkelheit, hatte man sie aus den Quartieren gescheucht. Jetzt waren sie mit Spaten und Pickeln dabei, am Ortsrand von Lysselkowo Deckungslöcher in die verschneite, beinhart gefrorene Erde zu wühlen.

Auf einem Meldekrad fuhr Hauptmann Martin umher und überzeugte sich vom Fortschritt der befohlenen Arbeiten. Zwar herrschte vollkommene Ruhe in der nächtlichen Schneewüste, die in dichten Nebel eingehüllt war, aber der alarmierende Anruf der Abteilung sagte genug.

Als er die Feuerstellung am nördlichen Ortsrand verlassen hatte, fluchten die Kanoniere hinter ihm her. Blödsinn, dieser Zirkus! Als ob der Russe in der nächsten Stunde vor Lysselkowo stünde! Eine Alarmübung, meinten einige, damit die Knochen nicht einrosteten. Aber die Mehrzahl war der Überzeugung, der »Alte« wäre übergeschnappt.

Sogar der Schirrmeister, Wachtmeister Urban, war nahe daran, zu meutern, als der Chef ihm befahl, sämtliche entbehrlichen Fahrzeuge, vor allem die Zugmaschinen, in der Balka in Deckung zu bringen, einer jener schmalen, tief eingeschneiten Schluchten, wie sie überall in den Steppen Russlands zu finden sind.

In der grimmigen Kälte schippten die Fahrer den mehrere Meter hoch angewehten Schnee aus der

Schlucht. Erst tief in der Nacht war es möglich, die Fahrzeuge heranzuholen. Zu allem Überfluss begann es auch wieder zu schneien. Oder war es Treibschnee, den der schneidende Wind in Wolken vor sich herjagte?

Unterdessen geisterte Hauptmann Martin durch das Dorf. Die russischen Bewohner von Lysselkowo waren schon im Sommer, bei Beginn der Kämpfe, abgezogen. Eine Zeit lang hatten Rumänen in dem Ort gehaust und später, bis vor kurzem, eine italienische Nachschubeinheit. Viel Brennbares war nicht mehr zu finden, aber so viel war es doch immerhin, dass die Quartiere wenigstens einigermaßen angewärmt waren. Kleine Lehmkaten waren es, dicke Schneehauben saßen auf den Strohdächern, und die mit vergilbtem Zeitungspapier beklebten winzigen Fenster waren mit Eisblumen bedeckt. Auch im Dorf wurde gearbeitet. Vor den Hütten wurde Schnee aufgehäuft und danach mit Wasser übergossen. Mit den so entstehenden Eispanzern hatte man im vergangenen Winter gute Erfahrungen gemacht. Sie schützten gegen Granatsplitter und hielten sogar Gewehr- und MG-Geschosse ab.

Im Haus neben dem Quartier des Chefs, in dem auch Leutnant Holler, der Beobachtungs-Offizier, und die Männer des Batterietrupps untergebracht waren, hatte sich die Nachrichtenstaffel eingerichtet. Die Fernsprecher hatten mehrere Stunden lang Leitungen gelegt; jetzt schippten sie draußen wie alle anderen und murrten über den Irrsinnseinfall des Chefs. Nur die Fernsprechwache war im Haus. Am Funkgerät in dem gesonderten Raum des Funktrupps saß Unteroffizier Kolb, der Nachrichtenstaffelführer. Er hatte die Kopfhörer angelegt; das Gerät befand sich auf Empfang. Wofür dieser ganze Aufwand gut war und weshalb man Wachtmeister Fendt nach Einbruch der Dunkelheit zu den Italienern in Marsch gesetzt hatte, war selbst Kolb, dem »Intelligenzler«, der sonst vieles durchschaute, völlig unverständlich. Doch so viel Umsicht traute er dem Chef zu, dass der nicht aus einer Laune oder gar aus Bosheit die Batterie am Abend hochgescheucht hatte. Und schließlich war ja da auch der Anruf der Abteilung. Vermutlich war doch etwas Besonderes im Gange. Schon mehrmals hatte der Chef nachgefragt, ob Fendt sich gemeldet habe.

Jetzt kam er wieder, schüttelte den Schnee von der verbeulten Feldmütze und knöpfte den Übermantel auf, den er über dem Tarnanzug trug.

»Nichts, Herr Hauptmann«, sagte Kolb, »immer noch nichts.«

Hauptmann Martin nickte und murmelte: »Schlechtes Fahren in der Dunkelheit, dazu dieser Nebel und der Schnee.« Er zündete sich eine Zigarette an, rauchte ein paar Züge und fügte dann hinzu: »Wir sind draußen so weit fertig. Ich gehe ins Quartier. Lassen Sie mich wecken, sobald Fendt Laut gibt.«

Kolb hatte die Kopfhörer abgestreift. Die Miene des Chefs war verschlossen, als trüge er etwas mit sich, was ihm ernste Sorgen bereitete.

Hauptmann Martin merkte, dass der Unteroffizier etwas sagen wollte.

»Ist noch was, Kolb?«, fragte er.

»Ist der Russe vorn bei den Italienern durch?«, brachte Unteroffizier Kolb stockend hervor.

»Unsinn, Menschenskind!«, antwortete Hauptmann Martin mit erzwungener Heiterkeit. Ohne ein weiteres Wort ging er hinaus. »Streng geheim«, hatte der Kommandeur ihm bei seinem Anruf eingeschärft, »wenn es bekannt wird, drehen uns die Hiwis schon vorher durch.«

Die Hiwis waren eines der Probleme der Division. Nach der letzten großen Kesselschlacht, im Mai, südlich von Charkow, hatte man ein paar Hundert von ihnen eingestellt, um die im Winter entstandenen Fehlstellen einigermaßen auszugleichen. Man hatte die Ukrainer, Weißrussen, und was sie immer waren, nach Frankreich mitgenommen. Nun waren sie – offensichtlich zu ihrem Missvergnügen – mit der Division in ihre russische Heimat zurückgekehrt. Auch in der dritten Batterie waren etliche von ihnen. Einige der Zuverlässigsten bei der Munitionsstaffel, alle übrigen beim Tross.

Hauptmann Martin ging die paar Schritte zu seinem Quartier hinüber. Unter seinen Filzstiefeln knirschte der Schnee. Sonst war es still in Lysselkowo. Kein Lichtschein, tiefe Dunkelheit. Johlende Windstöße und stiebender Schnee, der wie tausend Nadeln ins Gesicht stach. Welch ein Gegensatz: Aus dem milden Spätherbst des südlichen Frankreich ins winterliche Russland! Man selbst hatte ja schon einen russischen Winter durchgestanden, aber viele waren als Ersatz neu zur Division gekommen, im Sommer, als man in Frankreich in Ruhe lag. Eilig ausgebildete Rekruten zumeist, die den Osten und den russischen Gegner nur vom Hörensagen, von Zeitungsberichten und von der Wochenschau kannten.

Allem Anschein nach ist da ein verdammt fauler Braten im Rohr, dachte Hauptmann Martin. Doch was auch geschehen mochte, er war entschlossen, es diesmal nicht so weit kommen zu lassen wie im vergangenen Winter, als sie hinten am Donez die Geschütze sprengen und sich bei meterhohem Schnee mit dem Karabiner durch den Feind schlagen mussten.

Durchgefroren betrat er die Kate, die man für ihn als Quartier ausgesucht hatte. In der kleinsten der drei vorhandenen Stuben erwartete ihn Leutnant Holler, auch ein Neuer ohne Osterfahrung.

Martin nahm die Feldmütze ab und zog den Übermantel aus.

»Nun, Herr Holler«, fragte er, »haben Sie noch was auf dem Herzen?«

»Warum das alles, Herr Hauptmann?«, fragte Holler, der befehlsgemäß draußen mit den anderen Spaten und Pickel geschwungen hatte. »Warum diese Schinderei im Dunkeln bei diesem Frost?«

»Ja, warum«, sagte Hauptmann Martin unbewegt. »Vielleicht wird Ihnen schon morgen Früh jemand anders die Antwort geben.«

Rittmeister von Ehrenfeld erwachte aus unruhigem Schlaf. Ehrenfeld war Balte. In seiner Jugend, während der Kämpfe im Baltikum, hatte er als Fähnrich eine Schwadron in einem der Freiwilligenverbände geführt. Dem Divisionsstab gehörte er als Russlandexperte und Dolmetscher für Ostsprachen an. Zudem war er Chef der als Stabswache eingeteilten Ost-Kompanie, die er selbst im vergangenen Frühsommer aufgestellt hatte.

Ehrenfeld bewohnte allein eine der dürftigen Hütten von Schepetowka, die so grau und trostlos aussahen, als hätte die Steppe selbst sie hervorgebracht. Er erwachte, aufgestört durch ein Geräusch, das wie das gepresste Stöhnen eines Sterbenden anzuhören war. Dazu war es, als scharrte jemand an der Tür.

Ehrenfeld schlüpfte in seinen Mantel. Sicherheitshalber griff er zur Maschinenpistole, ging zur Haustür, die mit einem Holzriegel verschlossen war. Die Waffe schussbereit im Arm, schob er vorsichtig den Riegel zurück.

Im Schnee vor der Tür lag, sich krümmend und sich windend, ein Mann. Auf dem Kopf trug er eine pelzbesetzte Mütze, wie Ehrenfeld sie für die Hiwis seiner Ost-Kompanie hatte anfertigen lassen.

Ehrenfeld beugte sich nieder. Im fahlen, schwachen Licht, das vom Schnee ausging, erkannte er den Mann, der sich offensichtlich mit letzter Kraft zu seiner Tür geschleppt hatte. Es war Nikolai Doroschenko. Erst vor kurzem war der Ukrainer zum Unteroffizier befördert worden. Er versuchte zu sprechen, doch nur unartikulierte Laute kamen über seine Lippen.

Ehrenfeld fasste den Mann unter den Armen und schleifte ihn in die Kate. Er schloss die Tür und verriegelte sie. Dann zündete er die Kerosinlampe an, die auf einem kleinen Tisch stand. Im Lichtschein der Lampe sah er: Doroschenkos feldgrauer Mantel war am Rücken mit Blut durchtränkt.

Partisanen, dachte der Rittmeister, während er neben dem Ukrainer niederkniete. Partisanen in Schepetowka! Aber warum hatte Doroschenko, der ja heute Nacht Wachhabender war, nicht seine Landsleute im Kolchos alarmiert, anstatt sich durch den Schnee hierher zu schleppen?

Mühsam hob Ehrenfeld den verwundeten Ukrainer hoch. Wankend trug er ihn zu dem mit schwarzem Wachstuch bezogenen Einheitssofa.

»Doroschenko«, rief er, »ich muss wissen, was geschehen ist!«

Doroschenko blieb stumm. Blicklos starrten seine Augen ins Leere.

Ehrenfeld wandte sich von dem Toten ab. Hastig kleidete er sich an. Mantel, Mütze, das Koppel mit der Pistole. Die MP nahm er mit. Doch vor der Tür seiner Unterkunft, in der eisigen Dunkelheit, verharrte er einen Moment unschlüssig. Wohin zuerst: zum Schulhaus oder zum Kolchos, wo die Ost-Kompanie einquartiert war? Er entschied sich für die Schule. Dort war die Zentrale. Von dort aus konnten, wenn wirklich Partisanen in Schepetowka eingedrungen waren, wirksame Gegenmaßnahmen eingeleitet werden.

Der Posten vor dem Schulhaus, das knapp fünfzig Meter entfernt war, rief Ehrenfeld an.

»Halt! Parole!«

»Mackensen.«

Der Posten gab den Eingang zum Schulhaus frei. Als er den Rittmeister erkannte, nahm er Haltung an. Ehrenfeld jagte die Treppe zum ersten Stockwerk hinauf. Er klopfte an die Tür, an der das Schild mit dem Aufdruck »Ia-Geschäftszimmer« befestigt war.

Ehrenfeld betrat den Raum, an dessen einer Wand einfache Schulbänke aufgetürmt waren. Der Gefreite, der Telefonwache hatte, sprang auf. Im gleichen Augenblick öffnete sich die Verbindungstür zum Nebenraum. Im Türrahmen stand Major von Talvern, und hinter ihm zeigte sich Leutnant Walter, der O I.

»Sie, Herr von Ehrenfeld?«, rief Talvern verwundert. »Und so kriegerisch, mit Maschinenpistole! Was verschafft uns Ihren Besuch zu so später Stunde?«

»Unteroffizier Doroschenko ist tot, Herr Major.«

»Doroschenko – wer ist das? Bitte drücken Sie sich etwas deutlicher aus, Herr Rittmeister!«

Talverns Stimme klang gereizt. Er hatte Dringendes zu tun. Niemand konnte sagen, wie viel für die Division, ja, womöglich für die ganze Front von der Planung dieser Nacht abhing.

Rittmeister von Ehrenfeld verbeugte sich steif.

»Verstehe, Herr Major. Bin etwas konsterniert. Dachte an Partisanen. Doroschenko war einer der zuverlässigsten Gruppenführer unserer Hiwi-Einheit. Ich fand ihn schwer verwundet vor der Tür meines Quartiers. Ehe er sprechen konnte, ist er gestorben. Beim Kolchos muss etwas passiert sein, Herr Major. Dachte, ich sollte als Erstes hier Meldung von dem Vorfall machen.«

Talvern nickte. »Richtig.« Schon war er beim Feldfernsprecher, hob den Handapparat ab, drehte die Kurbel und verlangte »Ringstraße«. Es war der Deckname der Feldgendarmerie.

»Schicken Sie zwei Mann zum Kolchos«, befahl er, als die Verbindung hergestellt war. »Lassen Sie feststellen, was dort anliegt. Einer der Russen, Unteroffizier Doroschenko, ist tödlich verwundet worden.«

Talvern legte auf. Er wandte sich zu Ehrenfeld.

»Partisanen«, sagte er kopfschüttelnd, »nein, ich glaube viel eher an etwas anderes.«

»Herr Major glauben, dass meine Russen gemeutert haben?«, fragte Ehrenfeld betroffen.

Talvern wiegte den Kopf.

»Das wäre auch möglich. Aber ich befürchte, dass es den Brüdern hier zu ungemütlich wurde. Dass sie sich empfohlen haben, Herr Rittmeister. Und das wäre kein gutes Zeichen.«

»Das – das wäre unfassbar, Herr Major«, stammelte Ehrenfeld. »Wenn Herr Major gestatten – ich will mich selbst vergewissern.«

Aufgeregt verließ der Rittmeister die Abteilung Ia. Wenig später klingelte der Fernsprecher. Hauptmann Eyrich, der Chef der Feldgendarmerie, bestätigte Major von Talverns Befürchtung: Die Ost-Kompanie war mit Waffen, Munition und der gesamten sonstigen Ausrüstung aus Schepetowka verschwunden. Eyrich sprach die Vermutung aus, der ukrainische Unteroffizier habe sich dem Ausbruch widersetzt und sei von seinen Landsleuten überwältigt worden.

Talvern rief im Quartier des Divisionskommandeurs an.

»Die Hiwis sind fort«, sagte er, als General Körner sich mit verschlafener Stimme meldete. »Wir wissen ja, der Russe hat den sechsten Sinn für Neuigkeiten. Wir haben jetzt Mitternacht. In sechs oder sieben Stunden werden wir mehr wissen. Aber es wird nichts Gutes sein, Herr General.«

Um fünf Uhr morgens erreichte Wachtmeister Fendt, Hauptmann Martins Beauftragter, den mit Schnee bedeckten Erdbunker, der dem Stab des Bataillons »Derrutti« als Unterkunft und Gefechtsstand diente.

Der Kübelwagen, mit dem Hauptmann Martin den Wachtmeister am vergangenen Abend zu den Italienern in Marsch gesetzt hatte, war in der Dunkelheit von der Rollbahn abgekommen und in einer tiefen Schneewehe stecken geblieben. Stundenlang hatten Fendt und der Fahrer des Chef-Kübels, der Obergefreite Erdmann, sich abgemüht, bis das Fahrzeug wieder flott war. Fendt hatte zunächst erwogen, sogleich zur Batterie nach Lysselkowo zurückzukehren, doch anscheinend lag dem Batteriechef sehr viel daran, zu erfahren, wie es vorn bei den Italienern aussah. Und da kaum zu erwarten war, dass der Nebel sich am Morgen lichten würde, und der Schneefall, der schon vor Stunden eingesetzt hatte, zudem ständig zunahm, war sicher nicht zu befürchten, dass man die Rückfahrt unter Feindeinsicht würde antreten müssen.

In dem Bunker, der in mehrere Räume abgeteilt war, wurde Wachtmeister Fendt, der über der Uniform den weißen Tarnanzug und darüber wie der Fahrer einen Wachmantel aus Schafspelz trug, von einem schwarzhaarigen Korporal empfangen.

Der Korporal sprach kein Wort Deutsch und Fendt kein Italienisch, aber so viel verstand der Italiener doch, dass der Deutsche den Capitano, der den Bataillonskommandeur vertrat, dringend sprechen wollte. Vielleicht hing es mit dem Überläufer zusammen, den man am vergangenen Nachmittag vereinnahmt und nach kurzem Verhör zum Regimentsstab in Marsch gesetzt hatte.

Der Korporal verschwand hinter einer Zeltbahn. »Pronto, pronto«, sagte er, als er wieder auftauchte. Wenig später kam Capitano Berti, ein groß gewachsener, sehr schlanker Offizier mit tiefschwarzem, glatt anliegendem Haar, hinter der Zeltbahn hervor. Er streckte Fendt seine Rechte entgegen.

»Molto bene! Ich habe schon nicht mehr mit Ihrem Kommen gerechnet. Man hat bei meiner Funkstelle angefragt.«

Sein Deutsch war mustergültig. Fendt atmete auf. Man brauchte keinen dieser lästigen Dolmetscher einzuschalten.

Plötzlich jedoch blieb Capitano Berti stehen. Seine Hand fiel herab. Sein scharf geschnittenes, längliches Gesicht, grell von der an einem Deckenbalken hängenden Benzinlampe beleuchtet, wurde maskenhaft starr.

In die Stille der Front, die auch während Fendts Fahrt durch Dunkelheit und Schnee nur zeitweilig durch einen Artillerieschuss unterbrochen worden war, schnitt jäh ein dumpf grollendes Donnergeräusch, gedämpft, wie aus großer Entfernung, aber deshalb nicht weniger drohend.

»Kalitwa«, murmelte der Capitano zwischen den Zähnen, »das muss bei Kalitwa sein.«

Kalitwa, fragte sich Fendt, war das nicht ein Ort westnordwestlich, stromaufwärts am Don, etwa hundert Kilometer entfernt?

»So weit trägt der Schall nicht«, sagte er.

Das Geräusch pflanzte sich fort; es kam näher, rasend schnell immer näher! Der Russe trommelt, dachte Fendt, es geht los! Sekundenlang überlegte er. Sollte er Hauptmann Martin Meldung machen? Aber wichtiger war es, den Fahrer und natürlich auch das Funkgerät, das im Wagen war, in Sicherheit zu bringen.

Schon war Fendt beim Ausgang des Bunkers. Und während er durch den kurzen, von Bohlenwänden eingefassten Laufgraben hastete, warf er den schweren, behindernden Schafspelzmantel ab. Der fahle Schein ununterbrochen zuckender Mündungsblitze erhellte gespenstisch die Mauerstümpfe des zerschossenen Uferdorfes.

Während der Feuerschlag mit brüllendem Getöse den Abschnitt des Bataillons »Derrutti« erfasste und zusehends weiter nach Osten übersprang, dieses tausendschlündige Wummern, Krachen und Bersten, erreichte Wachtmeister Fendt das halbwegs erhaltene Haus, hinter dem sie bei der Ankunft den Kübelwagen abgestellt hatten. Der Wagen stand am Ort, auch das Tornister-Funkgerät war vorhanden. Verschwunden dagegen war der Obergefreite Erdmann.

»Erdmann!«, rief Fendt, obgleich er wusste, wie sinnlos es war, gegen das Höllengebrüll des russischen Trommelfeuers ankommen zu wollen.

Mit Feuerblitzen krepierten die ersten Granaten in der Nähe. Mauerreste stürzten ein, Schneestaub und Erdbrocken wurden hochgeschleudert.

»Erdmann!«, rief Fendt noch einmal. Der Obergefreite antwortete nicht. Sicher hatte er sich mit der Findigkeit des erfahrenen Frontsoldaten irgendwo in Deckung gebracht.

Fendt sprang in den Laufgraben hinunter, das schwere Funkgerät im Arm. Die Luft war durchsetzt mit dem bitteren Geruch von Pulverqualm. Zur Linken schlugen Flammen hoch.

Fendt sah vor sich den Eingang des Bunkers. Die Öffnung schien zu schwanken, die Erde schwankte, es war wie der Weltuntergang, wie das Ende von allem. Fendt fand sich im Dunkeln, die Lampe war erloschen. Dann dröhnte ein Schlag wie von einer Riesenfaust auf die Decke des Bunkers. Splittern, Bersten, etwas traf Fendt am Kopf. Rot kreisendes Licht, dann Schwärze, in die Fendt trudelnd hinabstürzte. Und dann nichts mehr; Wachtmeister Fendt hatte das Bewusstsein verloren. Er hörte nicht das Rumoren und Rasseln der vom Don heraufkriechenden Panzer und nicht das »Urrä« der russischen Angriffswellen.

2

Major von Talvern legte den Handapparat des Feldtelefons auf. Nichts. Schepetowka war schon seit Stunden von der Außenwelt abgeschnitten. Sämtliche Fernsprechverbindungen waren unterbrochen. Waren die Russen, nachdem sie am frühen Morgen dieses 16. Dezember 1942 zum Großangriff gegen die italienischen Stellungen am Don angetreten waren, schon so weit vorgestoßen – mit Reitertrupps wie vor siebenundzwanzig Tagen ins Hinterland der 3. rumänischen Armee? Oder hatten Partisanen die Kabel durchschnitten? Oder hatten die verschwundenen Hiwis geheime Sabotagebefehle durchgeführt?

»Die Leitungen sind tot«, sagte Talvern zu General Körner, der sich über die große, über zwei Tische ausgebreitete Karte beugte.

General Körner wischte mit dem Rücken seiner

knochigen Hand über die Karte, als wolle er etwas auslöschen, was mit Kohle eingezeichnet war und den Eindruck erweckte, als sei es unaustilgbar.

Nimm doch wenigstens jetzt dein Monokel ab, dachte der General, irritiert durch die Selbstsicherheit, die der Ia auch jetzt noch zur Schau trug, als wäre nichts Bemerkenswertes geschehen. Dabei befand man sich in völliger Ungewissheit. Seit dem alarmierenden Anruf des Verbindungsstabes beim Oberkommando der 8. italienischen Armee hatte man nichts mehr gehört. Weder von vorn, von der Front, noch aus dem Hinterland. Man wusste nicht, ob die Italiener den Angriff abgewehrt hatten, ob im Falle von Feindeinbrüchen die Auffangstellungen besetzt worden waren, ob die Donfront überhaupt noch bestand. Nach dem Anruf vom italienischen Oberkommando hatte General Körner die Regimentskommandeure und die Kommandeure der selbstständigen Formationen, wie es das Pionierbataillon, die Panzerjägerabteilung und die Aufklärungsabteilung waren, nach Schepetowka befohlen. Seit der Besprechung waren Stunden vergangen, aber bisher war in der Funkstelle, die nach dem Ausfall der Fernsprechleitungen mit den Teilen der Division Verbindung hielt, kein Spruch eingegangen, der zur Klärung der undurchsichtigen Lage hätte beitragen können. Und die Funkanlage des italienischen Oberkommandos schwieg.

Im Schulhaus von Schepetowka war es kalt. General Körner trug seinen pelzgefütterten feldgrauen Mantel mit den prächtigen roten Aufschlägen und den golddurchwirkten geflochtenen Schulterstücken.

Bei der Ankunft in Schepetowka hatte der General es untersagt, Bestandteile unbeschädigter Gebäude oder irgendwelche Einrichtungsgegenstände als Brennmaterial zu verwenden. Insbesondere die Einrichtung der drei Klassenzimmer im Schulhaus – Bänke, Katheder und Schränke – war durch einen eindeutigen Befehl vor Entnahme oder Vernichtung geschützt. Es war ja überhaupt ein Wunder, dass die Einrichtung bei der Ankunft des Divisionsstabes noch vorhanden gewesen war. Das mittlerweile beschaffte Heizmaterial war streng rationiert und wurde vom Kommandanten des Stabsquartiers persönlich zugeteilt. Nur Talvern als Einziger im Stab wusste, was den sonst nicht zu Konzilianz und Nachsicht neigenden General bewogen hatte, solche Rücksichtnahme im Feindesland zu üben. Der General glaubte nicht an allzu langes Verweilen in der windigen Ecke zwischen Don und Tschir, und er wollte nicht, dass die russischen Bewohner von Schepetowka bei ihrer Rückkehr ausgeplünderte Wohnstätten vorfänden.

Talvern horchte plötzlich auf. War es Einbildung, oder war nicht aus großer Ferne ein Grummeln zu vernehmen, wie wenn schwere Eisenkugeln über einen Bohlenbelag rollten?

Er blickte zu General Körner.

Der General nickte. »Da haben wir's, Talvern! Aber kommt das nicht von Osten?«

Jetzt vibrierten ganz leise die mit Streifen aus Zeitungspapier überklebten Fenster. Kam der Kampflärm näher, oder hatte nur der Wind sich verstärkt oder gedreht?

»Die Hauptsache ist, es kommt«, sagte der Major.

»Es war ja unabwendbar. Wenn es da ist, kann man Entscheidungen treffen –«

»Entscheidungen?«, warf General Körner nachdenklich ein. »Ist es nicht so, Talvern, dass unser Handeln uns neuerdings aufgezwungen wird? Stalingrad, diese erste große Niederlage, die im Begriff ist, einen Mythos zu zerstören, scheint die Herren im OKW paralysiert zu haben.«

General Körner trat ans Fenster und lauschte hinaus. Der ferne Geschützdonner wurde auf einmal von anderen Geräuschen übertönt. Ein Pulk vieler Fahrzeuge näherte sich Schepetowka.

General Körner drehte sich zu Talvern um. »Was ist das? Hören Sie?«

Talvern rief Leutnant Walter vom Nebenzimmer. »Schauen Sie nach, was da vorgeht!«, befahl er. Seine Stimme klang ruhig. Gab es denn nichts, was Anton von Talvern aus der Fassung bringen konnte?

Leutnant Walter lief die Treppe hinunter. Als er zurückkam, war er erregt und außer Atem.

»Italienische Fahrzeuge«, meldete er, »eine Rückzugskolonne, die nicht abreißt.«

»Anhalten!«, rief der General mit rauer Stimme. »Sofort anhalten! Holen Sie den italienischen Leutnant! Nehmen Sie ihn als Dolmetscher mit!«

»Zu Befehl, Herr General!«

Leutnant Walter hinkte hinaus. Ein Stecksplitter in seinem linken Oberschenkel behinderte ihn. Er klopfte an die Tür zum Vorzimmer des Ic und winkte Leutnant Cornalli heraus.

»Ihre Landsleute rollen Richtung Heimat«, sagte er. »Wir sollen Sie aufhalten, Befehl vom General.«

Sie zogen ihre Mäntel über, die auf dem Flur an den Haken hingen, an denen früher die Schulkinder von Schepetowka ihre Mäntel aufgehängt hatten. Sie schnallten um, setzten ihre Mützen auf und stiegen eilig die knarrende Holztreppe hinunter. Als sie ins Freie hinaustraten, empfing sie der eisige Steppenwind und trieb ihnen winzige Schneekristalle ins Gesicht. Der Nebel, der sich tagelang nicht gelichtet hatte, war verschwunden, aber die jagenden Schneewolken zogen so niedrig, dass sie die Dächer der schemenhaft ragenden Häuser zu berühren schienen. In Schwaden wirbelten die winzigen Flocken.

In das Johlen des Windes mischte sich Motorengedröhn.

Auf einem schmalen Seitenweg gelangten die beiden Offiziere zur Rollbahn, die den Ort von Nord nach Süd durchschnitt, ein breites Band festgefahrenen Schnees. In Zweierreihe, dicht bei dicht, bewegten sich Lkw der italienischen Armee im Schritttempo vorwärts. Die Spitze der Rückzugskolonne hatte Schepetowka bereits passiert.

Winkend und rufend versuchten Leutnant Walter und Tenente Cornalli sich Aufmerksamkeit zu verschaffen. Aber niemand achtete auf sie. Die winterlich vermummten Fahrer hatten die Wagen vor sich im Auge, die Beifahrer blickten stur geradeaus, und so weit sich Mannschaften unter den Planen verbergen mochten, hielten sie sich unsichtbar.

Tenente Cornalli hatte Tränen ohnmächtigen Zorns in den Augen. Wer hatte die Führung dieses verdammten Haufens? War denn hier niemand, der noch bei klarer Überlegung, der noch bei Verstand war? An dem deutschen Offizier und an ihm rollten diese Elenden vorbei, als ob sie beide räudige Köter wären, die die Kolonne ankläfften!

»Hat keinen Zweck«, rief Leutnant Walter, »diese Burschen bringt man nicht einmal mit Gewalt zum Stehen.«

Mit Gewalt, dachte er, wenn wir uns denen in den Weg stellen, fahren die uns bedenkenlos über den Haufen.

Auf einmal hatte Cornalli seine Beretta in der Hand. Mit der Pistole fuchtelnd, brüllte er auf Italienisch Befehle und Flüche. Doch auch von der drohend geschwungenen Waffe nahm niemand in der langsam vorbeirollenden Kolonne Notiz. Bis Leutnant Walter plötzlich den Lauf eines kurzen italienischen Karabiners entdeckte, der sich durch ein heruntergekurbeltes Seitenfenster schob.

»Herr Cornalli!«, rief Walter warnend. Zu spät. Ein Schuss hatte sich gelöst. Der italienische Leutnant drehte sich wie bei einem grotesken Tanz um sich selbst. Die Waffe entglitt seiner Hand. Schwer stürzte er in den Schnee.

Walter stand wie erstarrt. Dann warf er sich neben den Dolmetscher, nur wenige Schritte von den unaufhaltsam rollenden Rädern entfernt.

Cornalli stöhnte schwach. Walter sprang auf. In der nahen Nachrichtenvermittlung berichtete er stockend, was geschehen war. Zwei Mann rannten mit einer Krankentrage hinaus, während Walter im Laufschritt, so weit es sein verletztes Bein zuließ, den Weg zum Divisionsgefechtsstand fortsetzte.

So ungeheuerlich war das, was er gesehen und erlebt hatte, dass es beinahe über sein Fassungsvermögen ging. Der Anfang vom Ende, dachte er bruchstückhaft, Mord – sie schießen auf die eigenen Offiziere …

Als er keuchend, mit verzerrtem Gesicht vor dem Ia stand, fragte Major von Talvern: »Menschenskind, ist Ihnen ein Gespenst begegnet?«

Leutnant Walter suchte nach Worten.

»Kann verstehen, dass Sie durcheinander sind«, meinte Talvern. »So eine Rückzugskolonne ist kein erfreulicher Anblick. Sie haben nur den Vormarsch kennen gelernt. Das andere ist die Kehrseite.«

»Man hat auf Cornalli geschossen«, stieß Walter hervor.

»Was?«

Walter versuchte sich zu fassen. »Aus einem der Fahrzeuge ist auf Leutnant Cornalli geschossen worden, Herr Major. Niemand wollte anhalten. Cornalli hat die Pistole gezogen. Da ist es geschehen.«

»Weiter! Was ist mit dem Italiener?«

»Kopfschuss, Herr Major. Ich habe veranlasst, dass man ihn von der Rollbahn wegholte, und bin, so schnell ich konnte, hierhergelaufen.«

»Wohin hat man ihn gebracht?«

»Sicher zunächst zur Nachrichtenvermittlung.«

»Ich muss mich um ihn kümmern«, sagte Talvern. »Melden Sie den Vorfall dem Herrn General, Leutnant Walter!«

»Zu Befehl, Herr Major.«

Walter ging hinaus. Mehr als sonst zog er das linke Bein hinter sich her.

Talvern riss die Tür zum Geschäftszimmer auf.

»Mantel, Mütze und Koppel!«, rief er dem Dienst habenden Obergefreiten zu.

Im gleichen Augenblick schrillte das Läutwerk des Feldtelefons. Mit einem Sprung war Talvern beim Apparat.

»Major von Talvern.«

Am anderen Ende sprach Oberleutnant Schenk, der Führer der 2. Nachrichtenkompanie.

»Ein Funkspruch von ›Waldhorn‹, Herr Major«, meldete er.

»Waldhorn« war der Deckname des Infanterieregiments 628.

Schenk wollte den Text des Spruches übermitteln, doch Talvern unterbrach den Nachrichtenoffizier. »Liegt der italienische Leutnant bei Ihnen?«, fragte er.

»Jawohl, Herr Major. Wollte es Herrn Major anschließend sagen. Wir haben den Herrn Oberfeldarzt gerufen. Aber jede Hilfe kam zu spät. Nach Meinung des Herrn Divisionsarztes muss der Leutnant schon tot gewesen sein, als sie ihn hereinbrachten.«

»Geben Sie jetzt den Spruch durch!«, befahl Talvern schroff, ohne auf Schenks schwer wiegende Mitteilung einzugehen.

»Jawohl, Herr Major.«

Schenk verlas den Klartext des verschlüsselt durchgegebenen Spruchs. Das Regiment meldete Feindberührung bei seinem ersten Bataillon. Zum zweiten und dritten Bataillon war bei Aufgabe des Funkspruches seit zwei Stunden die Verbindung abgerissen. Zwei Stoßtruppunternehmen waren zur Klärung der Lage angelaufen.

Talvern ging hinüber zum General.

»Das Erste sechsachtundzwanzig hat bereits Feindberührung«, sagte er. »Sonst bis jetzt nichts Neues. Was hier geschehen ist, wissen Herr General.«

General Körner nickte schwer.

»Es ist, als ob Schnee und Dunkelheit alles verschlängen«, murmelte er. »Die rumänische Armee – Stalingrad –, jetzt die Italiener. Und wir?«

Der General schwieg. Auch Major von Talvern sagte nichts mehr. Etwas Unheimliches bahnte sich an. Ein Gefühl des Unbehagens schlich sich in Anton von Talverns Gelassenheit. Er kehrte in seinen Dienstraum zurück. In den kahlen Raum mit den mit Zeitungsstreifen beklebten, vereisten Fenstern. Mit dem helleren Fleck an der vom Ofenrauch gedunkelten Wand, wo einst Stalins Bild gehangen hatte. Ein Bild des »Führers« aufzuhängen, hatte man versäumt.

Es war Zeit, die Abendmeldung vorzubereiten. Was war zu melden? Der Tod eines italienischen Offiziers. Sonst war alles unklar, alles in der Schwebe. Das Fernsprechnetz war zerstört und nicht wieder in Stand gesetzt. Man hing in der Luft. Auf die Funkgeräte war nur bedingt Verlass. Man sollte führen. Aber wer konnte befehlen, wenn er sich wie der Stab in Schepetowka in völliger Ungewissheit, in der Isolierung befand? Wer?

Seit seiner Abfahrt von Lysselkowo am Abend des 15. Dezember hatte die 3. Batterie nichts mehr von Wachtmeister Fendt gehört. Auch von dem italienischen Bataillon, mit dem man noch in der Nacht Funkverbindung hatte, wusste man nichts. Den ganzen 16. Dezember und die folgende Nacht hindurch hatte der Funktrupp in Lysselkowo die Italiener immer wieder gerufen, aber deren Gerät hatte keine Antwort gegeben.

Trüb brach der Morgen des 17. Dezember an. Die Fenster der kleinen, niedrigen Lehmkate, die Hauptmann Martin als Quartier und zugleich als Gefechtsstand diente, waren mit einer dicken Eisschicht überzogen. In dem kleinsten unheizbaren Raum schlief der Hauptmann auf einer von Trossleuten gezimmerten Pritsche.

In der größeren Stube lagen Leutnant Holler, der B-Offizier, und die Männer vom Batterietrupp dicht aneinander gedrängt auf einer dünnen Schütte von mit Zeltbahnen bedecktem Stroh.

Als Hauptmann Martin sich auf der Pritsche aufrichtete, war es ihm, als habe sich das Artilleriefeuer, das gestern noch im Norden rumpelte, nach Westen, möglicherweise auch nach Südwesten, verlagert. Auch im Osten, allerdings in größerer Entfernung, schien Geschützfeuer aufzuleben. Das musste an der Tschir-Front sein, die sich Ende November nach dem Durchbruch der Russen bei der 3. rumänischen Armee gebildet hatte.

Hauptmann Martin hatte fest mit einem nächtlichen Alarm gerechnet. Doch die Nacht hatte nichts Ungewöhnliches gebracht – jedenfalls nicht für Lysselkowo.

Martin warf den Übermantel und die Decken zurück und stand stöhnend auf. Morgens, beim Aufstehen, machte sich das Rheuma, das zeitweilig seine ganze linke Körperhälfte erfasste, am übelsten bemerkbar. Erst beim zweiten Versuch gelang es ihm, sich nach seinen Filzstiefeln zu bücken. Dieser zweite Winter, der für ihn in Russland angebrochen war, wartete wieder mit strengen Frösten auf. Wie alle anderen schlief auch Martin in voller Uniform. Und auch ihn plagten bereits wieder die Läuse, die nicht danach fragten, ob einer Schulterstücke mit zwei Sternen, Korporalslitzen, einen Gefreitenwinkel oder überhaupt keine Rangabzeichen besaß.

Als Hauptmann Martin in den Nebenraum trat, kam der kleine Leutnant Holler soeben aus seinen Decken hoch.

»Merken Sie was?«, sagte der Batteriechef. »Das hört sich doch so an, als ob der Russe durch wäre. Aber das ist doch nicht möglich. Wenn da etwas passiert wäre, hätte man uns doch verständigen müssen.«

Leutnant Holler hob die Schultern.

»An sich schon, Herr Hauptmann. Aber wir wissen ja: Die Makkaroni betreiben hier ihren eigenen Laden.«

»Sie sollen nicht ›Makkaroni‹ sagen!«, warf der Hauptmann ein. »Die Italiener sitzen auf dem gleichen Ast wie wir. Es sind unsere Verbündeten, und ich wünsche nicht, dass man abfällig über sie spricht.«

Heute hat es ihn wieder, dachte Holler. Wenn das Rheuma den Chef packte, war er sich selbst zuwider. Doch sonst kam man gut mit ihm aus. Im Übrigen war Hauptmann Martin nicht nur auf artilleristischem Gebiet ein ausgesprochener Könner.

»Man sollte ›Blaumeise‹ anrufen«, schlug Holler vor. »Vielleicht weiß man dort etwas.«

»Blaumeise« war der Deckname einer deutschen

Sicherungskompanie, die zwanzig Kilometer nordostwärts in der Kosaken-Stanize Nikolskaja lag. Oder gelegen hatte.

»Gut«, meinte Hauptmann Martin, »versuchen wir's.«

Der Leutnant nahm den Handapparat des Feldtelefons ab und drehte die Kurbel.

»Holen Sie ›Blaumeise‹ ran«, sagte Leutnant Holler. »Und schicken Sie auch gleich den Nachrichtenstaffel-Führer zum Gefechtsstand.«

Der Gefreite wiederholte den Befehl. Als er gleich darauf wieder sprach, klang seine Stimme erregt.

»›Blaumeise‹ antwortet nicht, Herr Leutnant«, sagte er. »Die können doch nicht klammheimlich abgebaut haben?«

»Unsinn«, versetzte Holler. »Wird 'ne Störung sein. Versuchen Sie's später noch mal!«

Er legte auf und läutete ab. Im gleichen Augenblick trat der Nachrichtenstaffelführer ein.

»Unteroffizier Kolb zur Stelle.«

»Störungssucher immer noch nicht zurück?«, fragte Hauptmann Martin. Gestern Mittag waren zwei Mann losgezogen, um die gestörte Fernsprechleitung zum Abteilungsgefechtsstand zu flicken.

Der Unteroffizier nahm erneut Haltung an.

»Nein, Herr Hauptmann. Ich kann mir gar nicht vorstellen, was da los ist. Lenk und Pohlmann sind doch zwei alte Hasen. Wenn etwas Besonderes wäre, hätten die beiden unter allen Umständen den Draht angezapft, um Meldung zu machen. Es ist beinahe so, als ob ringsherum alles weg wäre, und wir wären allein übrig geblieben.«

»Wie kommen Sie darauf, Kolb?«, fragte der Batteriechef.

»Alle Leitungen nach außerhalb sind tot, Herr Hauptmann«, antwortete der Unteroffizier. »Und mit dem Funkverkehr sieht es praktisch nicht anders aus. Was zu hören ist – sogar zum Teil auf unseren Frequenzen –, sind verschlüsselte russische Sprüche. Und das Arifeuer im Westen. Die Italiener werden doch nicht getürmt sein?«

Hauptmann Martin schüttelte den Kopf, obgleich er im Stillen die Befürchtung des Unteroffiziers teilte. Zweifellos war seit gestern Schwerwiegendes an der Front geschehen.

Martin griff zum Handapparat des Fernsprechers und befahl, ihn mit dem Gefechtsstand der Pioniere zu verbinden. Gestern früh war die Pionierkompanie unter Oberleutnant Mareiner auf Weisung der Division als Verstärkung in Lysselkowo eingerückt. Mit den Pionieren hatte es eine besondere Bewandtnis: Sie waren am 21. November in die Katastrophe im Donbogen geraten und waren im Gegensatz zu den meisten anderen Einheiten nicht nach Osten in Richtung Stalingrad, sondern nach Westen abgedrängt worden. Zwei Wochen lang hatten sie als Bestandteil einer Alarmeinheit am Tschir gekämpft, dann waren sie auf höheren Befehl dem Pionierbataillon der Division zur besonderen Verwendung unterstellt worden. Martin fand es beruhigend, dass jetzt außer seiner Batterie noch etwas im Dorf war. Eine Artilleriestellung, vor der möglicherweise nichts Eigenes mehr war, ließ sich mit den Geschützen und den Trossleuten allein nicht verteidigen. Die Pionierkompanie jedoch war eine erprobte Kampfeinheit. Vor allem war sie reichlich mit Minen aller Art ausgestattet.

Am anderen Ende der Leitung meldete sich Oberleutnant Mareiner, ein Tiroler aus der Gegend von Kufstein, die auch Martin gut bekannt war.

»Können Sie mal ’rüberkommen, Herr Mareiner?«, fragte der Hauptmann.

»Schon im Bild«, gab Mareiner zurück. »Bin in fünf Minuten bei Ihnen, Herr Hauptmann.«

Martin wandte sich dem Nachrichtenstaffelführer zu.

»Ist gut, Kolb. Sehen Sie weiter zu, dass die Verbindungen wieder zu Stande kommen! Sobald Sie Erfolg haben, läuten Sie mich an!«

Der Unteroffizier verließ den Gefechtsstand, in dem währenddessen auch der Batterietrupp munter geworden war.

Einer der Melder, der Obergefreite Kranz, legte trockenes Holz, das von einem abgerissenen Zaun stammte, auf die Glut im Ofen.

Bevor Hauptmann Martin in seine kleine Stube zurückkehrte, bedeutete er Leutnant Holler, sich mit dem Pionieroffizier bei ihm einzufinden, sobald dieser im Gefechtsstand eintreffe. Die bevorstehende Besprechung sollte nicht vor den Männern stattfinden. Wenn man die Mannschaft vorzeitig beunruhigte, war das nur der Keim für Parolen und Gerüchte, die womöglich dem Ausbruch einer Panik Vorschub leisteten. Im vergangenen Winter hatte Hauptmann Martin eine solche Panik bei einer schwer angeschlagenen Kompanie erlebt, die Hals über Kopf ihre Stellung verlassen hatte.

In der Stube war es empfindlich kalt. Der Hauptmann zog seinen Übermantel an und rieb sich das schmerzende linke Bein. Als er sich gerade eine Zigarette anzündete, auf nüchternen Magen, da die Feldküche den so genannten Kaffee erst später ausgab, erschienen Oberleutnant Mareiner, der athletische, abgehärtete Tiroler, dem die Kälte nichts anzuhaben schien, und der kleine Leutnant Holler.

Mareiner hielt nicht viel vom steifen Komment des großdeutschen Offizierskorps. Mit einem »Servus, Herr Hauptmann« ging er, die Hand zur Begrüßung ausgestreckt, auf Martin zu.

Der Batteriechef ergriff die hart zupackende Hand des Pionieroffiziers. Im Stillen sagte er sich, ein richtiger Kerl sei mehr wert als alle preußische Akkuratesse.

»Kann mir denken, weshalb Sie mich gerufen haben, Herr Hauptmann«, sagte Mareiner. »Mir scheint, dass es hier in der Gegend obergewaltig stinkt. Haben Sie inzwischen etwas von Ihrem Wachtmeister gehört?«

»Nein«, gab Martin zurück, »das kommt ja zu allem Übrigen noch dazu. Fendt ist mein bester Portepeeträger. Wenn der sich in Schweigen hüllt, muss es vorn bei den Italienern mehr als mulmig aussehen. Denken Sie, auch von den ausgeschickten Störungssuchern haben wir nichts mehr gehört.«

»Wenn Sie mich fragen, Herr Hauptmann«, meinte der Oberleutnant, der über der Uniform einen Mantel aus abgeschabtem Schaffell trug, »also, wenn Sie mich fragen, dann sage ich Ihnen klipp und klar: der Russ' hat die Italiener am Don überrannt und ist längst an Lysselkowo vorbei.«

Martin wiegte bedächtig den Kopf.

»Wenn es so wäre, Herr Mareiner, dann hätten doch wenigstens ein paar Versprengte hier auftauchen müssen. Es ist undenkbar, dass der Russe die ganze italienische Armee einfach geschluckt hat.«

»Ich habe im November den Zauber bei den Rumänen erlebt«, warf der Oberleutnant ein. »Da hat man auch nicht mehr gewusst, wo oben ist und wo unten. Für solche Pannen ist nicht jeder gebaut, Herr Hauptmann. Das kann nur die deutsche Wehrmacht mit ihrer Elefantenhaut verkraften. Aber was sollen wir viel herumreden? Ich schlage vor, dass ich mich mal in der näheren Umgebung umschaue.«

»Gerade das wollte ich anregen, Herr Mareiner«, entgegnete der Hauptmann. »Wir müssen Klarheit haben. Erst dann können wir Entschlüsse fassen.«

»Sehr richtig«, stimmte Mareiner zu, »und deshalb will ich keine Zeit verlieren.«

Oberleutnant Mareiner, im langen Russenschneehemd, glättete, auf die hohen Stöcke gestützt, die Laufflächen seiner schmalen karelischen Skier. Die acht Mann, die sich mit ihm am Westrand von Lysselkowo zum Aufbruch ins Ungewisse bereitstellten, hatten die gleiche russische Winterausrüstung wie er. Ende November, auf dem Rückzug zum Tschir, als die Kompanie, oft in schwere Nachhutgefechte verwickelt, in der verschneiten Steppe T-Minen verlegte, um das Vordringen der feindlichen Panzer aufzuhalten, hatten sie eine starke russische Schneeschuh-Patrouille überwältigt und die Schneehemden, Skistöcke, Schuhe und Skier vereinnahmt. Da die Kompanie sich vorwiegend aus Tirolern und Oberbayern zusammensetzte, war es Mareiner nicht schwer gefallen, Leute zu finden, die mit der Skiausrüstung umgehen konnten. Schon bei den nächsten Unternehmungen hatte er festgestellt, wie brauchbar der Ski, insbesondere der Langlaufski, auf der winterlichen Steppe war. Und in dieser Stunde, als er auszog, um zu erkunden, was sich im Laufe des gestrigen Tages und der Nacht im Abschnitt der Italiener ereignet hatte, begrüßte er es ganz besonders, dass seine Pioniere und er gut getarnt und beweglich waren und somit rasch verschwinden konnten, wenn seine Vermutung zutraf. Für ihn hatte die italienische Front sich unter dem Ansturm der Russen aufgelöst wie vor knapp vier Wochen die der Rumänen. Wenn seine Annahme richtig war, würde er nach seinem Dafürhalten bei seinem Spähtruppunternehmen eher auf Rotarmisten als auf Italiener stoßen.

Er rückte seine Maschinenpistole zurecht, die ihm vor der Brust hing, stieß einen Skistock hoch und wandte sich in zügigem Gleitschritt der von dichtem Schneetreiben verhüllten Steppe zu.

Als er nach kurzer Zeit verhielt und den Kopf drehte, um sich zu vergewissern, ob seine Leute die befohlenen Abstände einhielten, waren die schneevermummten Hütten von Lysselkowo kaum mehr zu erkennen.

Der heftige Geschützdonner, der seit Mitternacht von Nordwesten nach Westen gewandert war, hatte nachgelassen. Ein Zeichen, dass die Russen ihre Angriffe eingestellt haben könnten, war das freilich nicht. Auch die Rote Armee vermochte sich nicht leichter Hand über die Härte des Winterkrieges hinwegzusetzen. Die Schwierigkeit, den Nachschub durch tief verschneites Gelände der kämpfenden Truppe zuzuführen, verlangsamte auch drüben die Bewegungen im Verhältnis zur Ausdehnung der Strecken, die zu überwinden waren.

Oberleutnant Mareiner fragte sich, warum man nach den Erfahrungen mit den Rumänen bei Kletzkaja die lebenswichtige Donfront südostwärts Kalitwa nicht mit deutschen Verbänden besetzt hatte. Den Italienern fehlte, allein schon von der mittleren und unteren Führung her, das Vermögen, in windigen Stellungen massierten Angriffen der Russen standzuhalten. Die persönliche Tapferkeit des Einzelnen zählte dabei nicht. Es war eine Frage der Taktik und im Übrigen der Persönlichkeit des jeweiligen Führers, ob man im Stande war, sich in einem Abschnitt zu behaupten, an dem der Feind womöglich links und rechts vorbeigeflutet war. Außerdem waren die Italiener, mit Ausnahme der Alpinisoldaten, für den Krieg im winterlichen Osten weder körperlich geeignet noch geschult.

Als Mareiner den Befehl erhalten hatte, mit seiner Kompanie nach Lysselkowo zu gehen und sich dort einzurichten, war er überzeugt gewesen, dass man eine Ausweitung der russischen Winteroffensive gegen den Abschnitt der 8. italienischen Armee erwartete. Aber mit einem Durchbruch, wie er mutmaßlich mittlerweile eingetreten war, hatte man anscheinend nicht gerechnet.

Das Schneetreiben wurde immer dichter. Der eisige Nordwind verstärkte sich und wurde zum Sturm.

Tief geduckt schob Mareiner sich auf seinen Skiern vorwärts, gefolgt von seinen acht Pionieren, die nun näher aufrückten, um einander nicht aus den Augen zu verlieren.

Sie gelangten zu einer Balka, wie sie zu Hunderten die Steppen Südrusslands durchziehen, und da der vom Sturm gepeitschte, dicht fallende Schnee jegliche Sicht verwehrte und infolgedessen die Gefahr bestand, dass der kleine Spähtrupp ahnungslos in den Feind rumpelte, beschloss Oberleutnant Mareiner, in der windgeschützten Schlucht abzuwarten, bis der Schneesturm sich ausgetobt hatte, was erfahrungsgemäß nicht allzu lange dauern würde.

Als Sicherung gegen unliebsame Überraschungen stellte Mareiner einen Doppelposten an den nordwestlichen Zugang zur Balka.

Sie warteten nur wenige Minuten und rauchten gerade die ersten Züge ihrer mit Mühe angesteckten Zigaretten, als einer der Posten mit der Meldung erschien, eine größere Kolonne von Fußtruppen nähere sich. Mareiner machte seine Maschinenpistole frei und führte seine Leute, die ihre Karabiner schussbereit hielten, zum Ausgang der Balka. Dort übergab er Unteroffizier Perch, einem Landsmann aus dem Inntal, das Kommando und glitt selbst ins Schneetreiben hinaus, um nach Möglichkeit festzustellen, ob die näher kommende Kolonne, die nur schattenhaft zu erkennen war, zur »anderen Feldpostnummer« gehörte.

Hinter einen verschneiten und vereisten Strauch geduckt, beobachtete Mareiner die schwerfällig durch den Schnee stapfenden Gestalten, die wie gespenstische Schemen vorbeizogen und es offenbar nicht im

Sinn hatten, ebenfalls in der Balka Schutz vor dem Sturm zu suchen.

Auf einmal vernahm er einen schwachen Kommandoruf, der vermutlich italienisch, keinesfalls jedoch russisch war. Einer plötzlichen Eingebung folgend brüllte er: »Evviva Italia – evviva Italia!«

Im nächsten Augenblick löste sich die Ordnung der Kolonne auf. Soldaten in dunkelgrauen Mänteln und den Stahlhelmen des italienischen Heeres stürzten auf den Skiläufer im Schneehemd zu, der hinter dem vereisten Strauch hervorkam, und ungezählte Stimmen sprachen und riefen aufgeregt durcheinander. Das einzige, ständig wiederholte Wort, das Mareiner verstand, war: »Tedesco«.

Mit eifrigem Kopfnicken und »si, si, si« bestätigte er, dass er Deutscher sei, und steigerte damit die Aufregung der Italiener so gewaltig, dass diese einander nur noch überschrien. Bis schließlich von der Spitze der Kolonne ein Offizier herankam, mit scharfer Stimme Ruhe gebot und sich dem »Tedesco« gegenüber als Tenente Giuseppe Favere bekannt machte.

»Hoch erfreut«, sagte Mareiner und nannte seinerseits Dienstrang und Namen.

»Ich bin glücklich, Herr Kamerad«, sagte Leutnant Favere in gut verständlichem Deutsch. »Der Himmel schickt Sie uns. Aber – per Dio – Sie sind doch nicht auch versprengt wie wir?«

Mareiner verneinte lachend.

»Ich bin auf Erkundung«, sagte er, »aber von Ihnen kann ich sicher erfahren, was bei Ihnen passiert ist. Wir sind seit gestern ohne jede Verbindung.«

»Das glaube ich wohl«, entgegnete der italienische

Leutnant. »Es ist bei mir nicht anders. Der Russe ist durchgebrochen. Mehr weiß ich auch nicht. Ich habe mit meiner Kompanie meine Stellung geräumt, als sie nicht mehr zu halten war. Wir sind unterwegs in starkes Artilleriefeuer geraten und später von russischen Reitern angegriffen worden. Meine Verluste waren sehr hoch, Herr Kamerad. Zuletzt habe ich im Schneesturm die Richtung verloren.«

»Welches Bataillon?«, schrie Oberleutnant Mareiner. Das Tosen des Sturms schwoll plötzlich so sehr an, dass es einem förmlich die Worte vom Mund wegriss. Doch Leutnant Favere hatte verstanden.

»Bataillon ›Derrutti‹ – stellvertretender Bataillonsführer Capitano Berti«, gab er ebenso lautstark zurück.

»Was ist mit Fendt? Wo ist er?«, fragte Mareiner. »Der deutsche Wachtmeister Fendt. Er war unterwegs zu Ihrem Bataillon.«

Der Italiener antwortete mit einer hilflosen Geste.

»Ich weiß nichts von einem deutschen Wachtmeister.«

»Wohin wollen Sie mit Ihren Leuten?«, fragte Mareiner, beunruhigt durch das sichere Gefühl, sich nicht länger aufhalten zu dürfen.

»Kein Befehl«, erwiderte Favere.

»Wir bringen Sie erst einmal nach Lysselkowo«, sagte Mareiner. »Rufen Sie Ihre Kompanie zusammen. Ich hole nur rasch meine Leute.«

Er drehte seine Skier um und lief mit langen Gleitschritten zur Balka.

»Wir kehren um«, rief er den Pionieren zu. »Es sind Italiener – eine versprengte Kompanie. Perch, Sie übernehmen mit zwei Mann die Führung. Die anderen kommen mit mir.«

Die Kolonne der Italiener tauchte im Flockenwirbel auf. Man hörte die anfeuernden Avanti-Rufe des Offiziers. Unter den Soldaten, von denen manche nicht einmal mehr ihre Gewehre bei sich hatten, waren auch mehrere Verwundete. Einige wurden von Kameraden gestützt.

Als Mareiner Favere erblickte, rief er ihm zu, er solle den drei Mann auf Skiern folgen. Er selbst werde sich mit dem Rest seiner Leute an den Schluss der Kolonne setzen, um dafür zu sorgen, dass niemand zurückbleibe.

Die grauen Schemen zogen dicht aufgeschlossen vorbei. Nach Mareiners Schätzung waren es etwa siebzig Mann. Wenn die Kompanie bei Beginn des russischen Angriffs ihre volle Kriegsstärke gehabt hatte, mochte Favere die Hälfte seiner Männer verloren haben.

»Die müssen ganz hübsch Federn gelassen haben«, bemerkte einer der Pioniere. »Sind halt Spagettifresser.«

»Halt die Luft an, Franz!«, versetzte Mareiner scharf. »Meinst du, ihr seht besser aus, wenn euch der Iwan die Stellung unter dem Sitzfleisch wegschießt?«

Er wartete, bis die letzten Italiener – eine Gruppe humpelnder Nachzügler, die offenbar erfrorene Füße hatten – vorbei waren. Dann schloss er sich mit seinen Pionieren an.

Im Grunde war Mareiner jetzt vollkommen im Bilde. Wenn der Feind die Gegend bereits mit Reiterspitzen unsicher machte, war es nicht ratsam, die Erkundung noch weiter vorzutreiben. Den Reitertrupps folgten zumeist Panzer mit aufgesessener Infanterie. Auch nach dem Erdrutsch bei Kletzkaja war es so gewesen. Fraglich war nur, was aus den Italienern werden sollte, wenn sie glücklich nach Lysselkowo gelangten. Doch das zu entscheiden, war Sache des Ortskommandanten Hauptmann Martin. Zur Stunde war nur eines wichtig: man besaß die Gewissheit, dass die Front am Don vom Russen aufgerissen worden war, und dass man nichts Wesentliches an eigenen Kräften mehr vor sich hatte. Alles andere würde sich ergeben, wenn die Panik sich legte, die allem Anschein nach große Teile der italienischen Front erfasst hatte.

Mareiner vermutete, dass in Kürze auf irgendeinem Weg bei Hauptmann Martin der Befehl eintreffen würde, Lysselkowo, das sicherlich bereits überflügelt war, zu räumen und Anschluss zur neuen Front zu suchen, die sich weiter rückwärts bilden würde. Die sich bilden musste, dachte Mareiner. Bisher war das immer so gewesen, selbst nach der Katastrophe bei den Rumänen. Aber was dann, wenn es einmal anders lief, wenn es zu keiner Frontbildung mehr kam, wenn alles ins Fließen geriet? Hatte man nicht 1941 den Russen in der Zeit von Ende Juni bis Oktober durch die ganze Ukraine bis an den Donez zurückgeworfen? Wenn nun das Blatt sich wendete, wenn plötzlich der Feind am Zuge war? War nicht Stalingrad, die Einschließung einer ganzen deutschen Armee, dasböseste Vorzeichen? Nein, versuchte Mareiner sich einzureden, wir sind ja noch da!

Der Sturm verebbte. Auch der Schneefall ließ nach.

Das Grollen des Geschützfeuers war wieder zu vernehmen. Seltsam war nur, dass die Gegend um Lysselkowo anscheinend ausgespart blieb. Jedenfalls war dort, wo das Dorf lag, das an das schneebeladene Tannenwäldchen im Norden grenzte, alles ruhig.

Die licht ragenden Tannen, zwischen denen die vier schweren Feldhaubitzen der 3. Batterie in Feuerstellung standen, und die kleinen lehmfarbenen Katen mit ihren dicken weißen Hauben und dem bis an die Fenster angeschaufelten Schnee kamen in Sicht. Aus den Schornsteinen stieg Rauch in die eisige Luft.

Leutnant Favere kam von der Spitze zu Oberleutnant Mareiner zurück.

»Ich verstehe nicht, dass der Russe Ihr Dorf noch nicht angegriffen hat«, sagte er.

»Seien Sie froh«, entgegnete Mareiner. »Auf diese Weise können Ihre Leute sich aufwärmen und sich von ihrem Schock erholen. Ich bringe Sie zu Hauptmann Martin. Er führt die Batterie, die in Lysselkowo liegt. Mit ihm können Sie beraten, was weiter geschehen soll.«

Sie erreichten das Dorf. Während die Italiener sich, von deutschen Soldaten bestaunt, auf dem Platz drängten, auf dem das Stalindenkmal aus Gips gestanden hatte, von dem nur noch die Beine vorhanden waren, geleitete Oberleutnant Mareiner, der seine Skier abgeschnallt hatte, den italienischen Tenente zum Batteriegefechtsstand.

Mareiner gab Hauptmann Martin Bericht und entfernte sich.

Favere wurde von dem Hauptmann aufgefordert, abzulegen und es sich bequem zu machen. Er zog seinen Mantel aus und streifte den Kopfschützer ab, den er unter dem Stahlhelm trug. An seinen schwarzen Augenbrauen hing Eis, das langsam abtaute. Wie Tränen bildeten sich Rinnsale auf seinen hageren Wangen.

Hauptmann Martin stand vor dem Tenente, der sich, auf einmal von Erschöpfung übermannt, auf einen klobigen Stuhl niedergelassen hatte.

»Es ging alles so schnell, Herr Hauptmann«, sagte Favere, die dunklen Augen auf das gerötete Gesicht des Batteriechefs gerichtet. »Meine Kompanie hat tapfer gekämpft. Sie kamen mit großer Übermacht. Meine Stellung war nicht günstig. Der Graben war mit Schnee angefüllt. Er bot keinen ausreichenden Schutz vor dem Artilleriefeuer, mit dem der Angriff eingeleitet wurde. Als sie kamen, hatte ich schon viele Ausfälle. Meine Nachbarkompanien waren überrannt, ehe wir recht zur Besinnung kamen. Ich musste räumen, sonst wären wir in Gefangenschaft geraten.«

»Sie brauchen sich bei mir nicht zu rechtfertigen, Herr Favere«, sagte Hauptmann Martin. »Mein Kompliment übrigens – Sie sprechen sehr gut deutsch.«

Tenente Favere lächelte schwach.

»Ich war vor dem Krieg in verschiedenen Garnisonen in Südtirol, Herr Hauptmann. Aber – verzeihen Sie – mir liegt es sehr am Herzen, was aus uns werden soll.«

»Sie bleiben hier«, erklärte der Hauptmann. »Ich halte Lysselkowo so lange, bis ich den eindeutigen Befehl zum Abrücken bekomme. Ihre Leute sind ein wertvoller Zuwachs für die Ortsverteidigung. Ich werde die Stellungen, die bereits vorhanden sind, weiter ausbauen lassen. Wir sind hier fürs Erste ausreichend mit Munition und Verpflegung versorgt. Entschuldigen Sie mich einen Augenblick.«

Martin ging in den größeren Raum hinüber, in dem der Ofen angenehme Wärme verbreitete, die jetzt auch bis in seine Stube strahlte, und befahl Leutnant Holler, für die Unterbringung der Italiener zu sorgen und sich vor allem auch darum zu kümmern, dass die Verwundeten und Frostgeschädigten im Verbandsplatz, der im Komsomolzenheim untergebracht war, in Pflege kämen.

Als Martin wieder bei Leutnant Favere war, sagte er: »Ich habe alles für Ihre Kompanie veranlasst. Auch für Sie werden wir ein Quartier finden. Jetzt noch eine Frage, Leutnant: Welche Ausdehnung hat Ihrer Meinung nach die Durchbruchslücke am Don? Sie wissen ja wohl, dass wir hier völlig im Dunkeln tappen.«

»Ich weiß eigentlich ebenso wenig wie Sie, Herr Hauptmann«, antwortete Favere. »Aber ich glaube nicht, dass meine Armee auch nur Teile der Don-Stellung halten kann, nachdem unser rechter Flügel im Abschnitt südwestlich Weschenskaja eingedrückt worden ist. Nach den letzten Nachrichten, die mir zugegangen sind, greift der Russe auch am Tschir an. Wenn er dort durchbricht, dürfte er uns in der Zange haben.«

»Möglich«, räumte Hauptmann Martin gelassen ein. »Ja, und jetzt zum Wesentlichen: Sie sind mit Ihrer Kompanie bis auf Weiteres mir unterstellt. Bis zu anders lautenden Weisungen von höherer Stelle empfangen Sie Ihre Befehle ausschließlich von mir. Ich danke Ihnen, Leutnant Favere.«

Der Italiener erhob sich in sichtlicher Verwirrung. Die geradlinige und militärisch knappe Art des deutschen Hauptmanns war ihm ungewohnt. Völlig unverständlich war es für ihn, dass der Hauptmann in Lysselkowo bleiben wollte, obgleich er sich darüber klar sein musste, dass das Dorf, im Großen betrachtet, bereits mitten im Feindgebiet lag, und dass nicht die geringste Aussicht bestand, es auch nur kurze Zeit zu halten. Doch an Widerspruch dachte Leutnant Favere nicht. Ohne die Hilfe der Deutschen konnte er sich mit dem zusammengeschmolzenen Rest seiner Kompanie nicht durchschlagen.

»Ich glaube, ich bin es, der zu danken hat, Herr Hauptmann«, sagte er.

Hauptmann Martin wehrte lächelnd ab.

»Seien Sie vorsichtig! Wir gehen unruhigen Zeiten entgegen. Aber fürs Erste sind wir hier besser aufgehoben als draußen im Schnee.«

»Vielleicht hat die gleiche Überlegung dazu geführt, dass man sich entschlossen hat, die sechste deutsche Armee in Stalingrad zu konzentrieren«, meinte der Italiener.

»Durchaus nicht«, versetzte Hauptmann Martin scharf. »Lysselkowo ist nicht Stalingrad. Dieser Trümmerhaufen an der Wolga – ich bin gut unterrichtet – hätte aufgegeben werden müssen, als der Russe bei den Rumänen durchbrach. Wären die Teile der sechsten Armee, die in Stalingrad lagen, rechtzeitig zurückgegangen, dann wäre es zu dem Schlag, der jetzt gegen Ihre Armee geführt worden ist, nicht gekommen.«

Leutnant Favere war bereits im Mantel. Er griff zum Stahlhelm und zu seinem kurzläufigen Karabiner, grüßte und verließ den Gefechtsstand. Die Sicherheit des deutschen Hauptmanns hatte auf ihn übergegriffen. Er fühlte sich nicht mehr verloren wie noch vor kurzer Zeit während des Marsches im Schneesturm, ehe er mit der deutschen Skipatrouille zusammentraf.

3

Wachtmeister Fendt, der »beste Portepeeträger« in Hauptmann Martins schwerer Batterie, der seit der Nacht vom 15. auf den 16. Dezember als vermisst galt, lag, aus tiefer Bewusstlosigkeit erwacht, im Befehlsbunker der Italiener, von dessen massiven Stützbalken zwei wie Streichhölzer abgeknickt worden waren.

Vor zwei Stunden, als er benommen und mit heftigen Kopfschmerzen zu sich gekommen war, hatte er seine stehen gebliebene Uhr aufgezogen und durch Schütteln wieder in Gang gebracht. Kalt war es. Fendt hatte das scheußliche Gefühl, seine Beine, die irgendwo festsaßen, seien trotz der dicken Wollsocken und der Filzstiefel abgestorben. Aber wer konnte ihm denn überhaupt sagen, wie lange er bewusstlos in dem verdammten Erdbunker gelegen hatte?

Fendt entsann sich, wie er sich bei Capitano Berti,

dem italienischen Bataillonsführer, gemeldet, und wie im gleichen Augenblick das russische Trommelfeuer begonnen hatte. Er war hinausgelaufen, um seinen Fahrer, den Obergefreiten Erdmann, in Deckung zu bringen und um das Tornister-Funkgerät aus dem Kübelwagen zu bergen. Erdmann hatte sich auf seine Rufe nicht gemeldet. Er hatte das Funkgerät unter den Arm genommen und war in schwerstem Artilleriefeuer zurück in den Bunker gestürzt. Er erinnerte sich an den betäubenden Schlag des Treffers, der die dicke Balkendecke trotz der hohen Erdaufschüttung wie nichts eingedrückt hatte. Doch halt – das Funkgerät!

Mit beiden Händen, die klamm und gefühllos waren wie Klumpen, die nicht mehr zu ihm gehörten, tastete er im Dunkeln um sich, bis er halb unter sich die Kante des metallverkleideten Kastens entdeckte. Aber noch etwas anderes hatte er berührt. Eine Menschenhand, kalt und starr wie Eis. Demnach war nicht er allein zwischen zerborstenen Balken und niedergebrochenem Erdreich eingekeilt. Aber die anderen – jedenfalls der, dessen Hand er berührt hatte – waren vermutlich tot. Nichts rührte sich, still war es wie in einem Grab.

Schräg über Fendt war eine kleine Öffnung, durch die eine Spur von fahlem Licht in die Höhle sickerte. Mit Anspannung aller Kraft, die ihm geblieben war, versuchte er, sich frei zu machen. Es gelang leichter, als er befürchtet hatte. Auch das Funkgerät mit den ledernen Tragriemen bekam er mit einiger Anstrengung frei. Die Öffnung in der halb eingestürzten Bunkerdecke war sein Ziel. Er grub und stemmte sich hoch und erweiterte das Loch, als er es endlich erreicht hatte, so viel, dass er den Kopf, auf dem noch die Feldmütze wie festgeklebt saß, hinausstrecken konnte. Aber blitzschnell zog er den Kopf wieder ein, denn draußen hatte er eine Anzahl Rotarmisten in wattierten Uniformen und pelzbesetzten Wintermützen gesehen. Sie standen im Kreis um ein Feuer, rieben sich die Hände, sprachen und lachten.

Sorgfältig darauf bedacht, kein Geräusch zu verursachen, schob Fendt sich in die Höhle zurück. Die Russen standen kaum dreißig Meter entfernt. Wenn sie ihn entdeckten, war er ihr Gefangener, falls nicht einer auf den Einfall kam, ihm mit einem Kolbenhieb den Schädel zu zertrümmern.

Während Fendt sich zu dem Platz, an dem er erwacht war, zurückbewegte, berührten seine froststeifen Hände abermals einen halb verschütteten Toten. Jetzt gab es keinen Zweifel mehr für ihn, dass er der einzige Überlebende in der vom Feind überrannten Stellung war. Auf die Frage, ob das Bataillon »Derrutti« in Gefangenschaft geraten, ob es aufgerieben worden war oder sich zurückgezogen hatte – natürlich unter schwersten Verlusten –, fand er keine Antwort. Jedenfalls war weder nah noch fern ein Schuss zu hören. Somit stand es fest, dass der Russe die Don-Stellung und wahrscheinlich das ganze Hauptkampffeld oder mehr eingenommen hatte. Allem Anschein nach war er durchgebrochen und befand sich auf dem Vormarsch nach Süden und Südwesten.

Das Einzige, was Fendt wichtig schien, war, herauszufinden, ob die 3. Batterie sich noch in Lysselkowo befand. Er glaubte zwar nicht daran, trotzdem musste er als Erstes und vor allem versuchen, Verbindung mit der Batterie zu erlangen. Viel Hoffnung hatte er nicht. Im Allgemeinen war die Reichweite eines T-F-Geräts gering, aber in der Steppe, insbesondere bei günstigen atmosphärischen Voraussetzungen, ergab sich zuweilen eine Konstellation, die ans Wunderbare grenzte. Als Vorgeschobener Beobachter hatte Fendt in dieser Hinsicht schon einiges erlebt. Wenn allerdings die Batterie Lysselkowo aufgegeben hatte und die Entfernung sich noch mehr vergrößert hatte, bestand keine Aussicht, dass sie ihn hörten.

Ein Versuch war es, nichts anderes. Wenn er fehlschlug, sagte sich Fendt, bliebe ihm wohl keine andere Möglichkeit, als zum Vorschein zu kommen und sich den Russen zu ergeben.

Er überprüfte das Gerät. Es war intakt. Auch der Kopfhörer mit dem Mikrofon war vorhanden. Fendt streifte den Metallbügel über seinen schmerzenden Schädel. Das Gefühl würgender Übelkeit, das ihn zeitweilig überkam, war ein deutliches Symptom dafür, dass er außer der inzwischen verkrusteten Wunde am Kopf eine Gehirnerschütterung davongetragen hatte. Aber er sagte sich, sein Verstand sei noch in Ordnung.

Ich muss es riskieren, überlegte Fendt. Dass sich irgendwo in der Nähe ein russischer Peiltrupp befand, war nicht anzunehmen. Wer konnte denn in der eroberten Don-Stellung noch ein feindliches Funkgerät vermuten?

Fendt hauchte den Zeigefinger der rechten Hand so lange an, bis dieser gefügig war. Dann stellte er die Frequenz von »Haubenlerche« ein und betätigte erst einmal probeweise die Taste. Geduld, sagte er sich, Geduld muss ich haben.

Doch wer wie Fendt das vierte Kriegsjahr an der Front war, hatte es längst gelernt, sich jeder Lage anzupassen …

Im Gefechtsstand der 3. Batterie läutete das Feldtelefon.

Das könnte »Blaumeise« sein, dachte Hauptmann Martin, oder vielleicht die Abteilung, während er aus der Hand Leutnant Hollers den Hörer übernahm.

Doch am anderen Ende der Leitung sprach Leutnant Künzle, der Batterieoffizier, der sich bei der Geschützstaffel in seinem nahe der Feuerstellung ausgeschachteten Bunker befand.

»Herr Hauptmann«, sagte Künzle ruhig in seinem unverkennbaren Schwäbisch, »melde gehorsamst: Feindliche Panzer im Anmarsch auf Lysselkowo.«

Martin unterdrückte ein Lächeln. Dieser Künzle, dem keiner die Energien ansah, die in ihm steckten, war durch nichts zu erschüttern. Im Gegensatz zu dem Tiroler Mareiner achtete Künzle streng auf militärische Formen, selbst im dicksten Feuer wich er nicht davon ab.

»Die Feindpanzer kommen in Marschordnung«, fuhr Künzle fort, »Entfernung etwa dreißighundert Meter. Zahl ist nicht zu erkennen. Begleit-Infanterie fährt aufgesessen mit.«

»Danke«, sagte Hauptmann Martin knapp, »ist die Batterie feuerbereit?«

»Jawohl, Herr Hauptmann, feuerbereit«, antwortete Künzle.

»Gut«, sagte Martin, »ich komme. Bringe unsere Pioniere als Infanterieschutz für Sie mit. Ende.«

Er kurbelte ab, legte auf und sagte zu Leutnant Holler: »Die Russen besuchen uns mit Panzern. Ich gehe zu Künzle. Sie halten einstweilen hier die Stellung.« Zu einem der Melder gewandt, setzte er hinzu: »Sie alarmieren Oberleutnant Mareiner. Ich erwarte ihn allerschnellstens mit seiner Kompanie im Tannenwäldchen.«

Der Melder wiederholte den Befehl, schlüpfte in den Mantel, nahm Stahlhelm und Karabiner und flitzte hinaus.

»Wir wollen den Draht innerhalb des Ortes nur noch im äußersten Notfall benützen«, sagte Hauptmann Martin zu Holler. »So, wie es jetzt aussieht, wäre es möglich, dass russische Lauschtrupps uns ausgemacht haben.«

Gleich darauf war der Batteriechef auf dem Weg durch das Dorf, das wie ausgestorben im trüben Grau des eisigen Dezembertages lag. Die Italiener waren mittlerweile untergebracht worden. Wenn sich allerdings die Besatzung des Ortes durch den etwaigen Zuzug neuer Versprengter noch weiter verstärkte, würden die Unterkünfte bald nicht mehr ausreichen. Vorteilhaft war es jedenfalls, dass dank zielbewusster Vorratswirtschaft die Versorgung für einige Zeit gesichert war. Dazu kam, dass Oberleutnant Mareiner, der wie Hauptmann Martin die Lehren des vergangenen Winters nicht vergessen hatte, mit einem Tross angerückt war, der das Soll weit überstieg.

Aushungern werden sie uns nicht so schnell, dachte Martin. Auch mit der Munition für die schweren und die Infanteriewaffen und sonstigen Kampfmitteln wie Handgranaten und Minen sah es durchaus nicht ungünstig aus. Bisher waren ja die Russen nicht in Erscheinung getreten. Jetzt, zum ersten Mal seit Beginn seines Großangriffs am Don, näherte er sich Lysselkowo, doch sprach eigentlich Künzles Beobachtung, dass die feindlichen Panzer nicht in Gefechtsformation aufkreuzen, dafür, dass der Russe Lysselkowo für geräumt hielt.

Unsere Führung hat uns glatt vergessen, dachte Martin. Oder abgeschrieben. Verwunderlich war das freilich nicht. Die Italiener waren nicht auf solche Katastrophen geeicht, wie sie jetzt über sie hereingebrochen war. Verwirrung und Panik mochten alles bisher Dagewesene übertreffen. Im Divisionsstab in Schepetowka, falls der Stab überhaupt noch dort lag, hatte man zur Stunde wohl andere Sorgen, als sich um Hauptmann Martins schwere Batterie und um Mareiners Pioniere zu kümmern.

Die zu beiden Seiten der einzigen Straße von Lysselkowo erbauten Katen blieben zurück. Zur Rechten, in der Balka, waren die Zugmaschinen der Geschützstaffel und die übrigen Fahrzeuge der Batterie abgestellt. Die Balka bot nicht nur Schutz gegen Sicht, sondern weit gehend auch gegen Beschuss, sofern der Gegner nicht Mörser oder Bombenflugzeuge zum Einsatz brachte.

Hauptmann Martin, im weißen Tarnanzug, den Kopfschützer unter dem weißgestrichenen Stahlhelm, die Maschinenpistole unter den rechten Arm geklemmt, stieg eilig den in den Schnee getretenen Trampelpfad zum Tannenwäldchen hinauf.

Die vier 15-Zentimeter-Haubitzen vom Typ sFH 18, bis zur Rohrwiege eingegraben, standen mit einem Abstand von je fünfzig Metern zwischen den schneebeladenen Bäumen. Vor den Rohren waren Schussschneisen ausgehauen. Die Bunker des Batterieoffiziers und der Geschützbedienungen lagen, durch Baumstämme abgestützt, am Hinterhang.

Leutnant Künzle, rundlich, untersetzt, in einem langen Übermantel, erwartete den Batteriechef am Saum des Wäldchens. Die Kanoniere, jeweils acht Mann, und die Geschützführer, zwei Unteroffiziere und zwei Obergefreite, warteten auf ihren Posten bei den Haubitzen auf das Feuerkommando.

»Ich hatte schon Sorgen, dass die Panzer nach Osten ausbiegen, Herr Hauptmann, und dass ich Schwierigkeiten mit dem Schwenkungsbereich bekomme«, sagte Leutnant Künzle, »aber jetzt scheint es doch so, dass sie sich's überlegt haben und Lysselkowo ansteuern. Herr Hauptmann werden sie gleich sehen. Es sind zwölf Stück, wie ich inzwischen festgestellt habe. Weißer Tarnanstrich. Modell T 34.«

Wiederum amüsierte den Hauptmann die trockene Sachlichkeit des Batterieoffiziers, den die zwölf Panzer mit aufgesessener Infanterie nicht im Mindesten aus der Ruhe zu bringen schienen.

Künzle führte den Chef zum zweiten Geschütz. Über das waagerecht gerichtete Rohr hinweg erblickte Hauptmann Martin die dicht hintereinander in einem Bogen heranwalzenden Panzer, auf denen Trauben von Rotarmisten in weißen Tarnhemden hockten. Nur langsam kamen die Kolosse voran im teilweise meterhoch zusammengewehten Schnee.

Deutlich war das röhrende Dröhnen der Motoren zu vernehmen.

Hauptmann Martin wandte sich dem Batterieoffizier zu.

»Wie lange wollen Sie eigentlich noch warten, bis Sie das Feuer eröffnen, Herr Künzle?«

Der Leutnant nahm Haltung an und sagte mit freundlichem Lächeln: »Ich möchte sie aufgefächert vor den Rohren haben, Herr Hauptmann. Dann kann ich alle nacheinander wegputzen. Wenn ich jetzt dem ersten Kasten eine Granate vor den Bug setze, schwirren die anderen womöglich ab und kommen später mit Verstärkung wieder.«

Martin nickte. »Alles richtig. Aber bedenken Sie, dass die drüben auch nicht mit Knallerbsen schießen. Je näher wir sie 'rankommen lassen, umso mehr besteht die Möglichkeit, dass der eine oder andere durchbricht.«

»Und die Minen! Herr Hauptmann haben die Minen vergessen«, warf Leutnant Künzle höflich ein. »Die Pioniere haben die Sperre äußerst kunstgerecht angelegt. Wenn der erste Panzer auf eine Mine fährt und hochgeht, schwärmen die anderen aus, und dann nichts wie hinein!«

In diesem Augenblick tauchte am Südrand des Wäldchens der Tiroler Oberleutnant mit seinen Pionieren auf. Alle waren wie er im Schneehemd. Bei jedem der drei Züge befand sich eine MG-Gruppe, und ein Trupp von acht Mann war schwer mit Handgranaten, Minen und Haftladungen behängt.

Der Oberleutnant meldete sich beim Batteriechef.

»Pi-Kompanie Mareiner zur Stelle.«

Hauptmann Martin deutete auf die arglos herankriechenden Stahlkolosse, die sich in ihrem weißen Anstrich wie wandernde Schneeplastiken gegen den grauen Himmel abhoben.

»Alle Achtung«, bemerkte Mareiner, »die werden allerhand Schrott abgeben.«

»Wenn es losgeht, müssen Sie sich die Infanterie vornehmen, Herr Mareiner«, sagte Hauptmann Martin.

»Wohl, wohl, Herr Hauptmann«, antwortete Mareiner mit der gleichen Ruhe, die auch Künzle zur Schau trug.

Er ging zu seinen Pionieren und gab mit gedämpfter Stimme die erforderlichen Befehle. Mit gespannter Miene kehrte er zu den beiden Artillerieoffizieren zurück, die immer noch hinter dem zweiten Geschütz standen. Bald muss es funken, dachte er. Voraussetzung dafür war freilich, dass nicht wieder Versager unter den T-Minen waren wie unlängst am Tschir. Aber einige Minen würden schon ansprechen. Gerade dort, wo der Spitzenpanzer jetzt hinsteuerte, war die Sperre besonders dicht, da es die von Schneewehen halb verdeckte Straße war.

Unterdessen gingen die drei MG-Gruppen in den Zwischenräumen vor den Geschützen in Stellung, wie Mareiner es befohlen hatte.

Wenn es nur keinen Rohrkrepierer oder Frühzerspringer gibt, dachte er besorgt. Auch die Artilleriemunition war in letzter Zeit häufig schadhaft, vielleicht weil die Massenproduktion im vierten Kriegsjahr nicht mehr mit der notwendigen Sorgfalt bewältigt werden konnte. Oder lag es daran, dass allzu viele zwangsweise gepresste Fremdarbeiter, denen nichts am Sieg der deutschen Waffen lag, in den Fabriken in der Heimat beschäftigt waren?

Wie Hauptmann Martin und Oberleutnant Künzle, dessen zu langer Übermantel im Schnee schleifte, beobachtete auch der Pionier-Oberleutnant durchs Glas die immer näher rückenden feindlichen Panzer.

Jetzt, sagte er sich, gleich muss es krachen.

Es muss! Eine Sekunde später zuckte bei dem ersten der weißen Kolosse ein Feuerblitz, gefolgt vom Donnerschlag der Detonation. Noch zweimal wiederholte sich das Gleiche. Feuergarben schossen hoch. Eine Wolke aus schwarzem Qualm breitete sich aus. Als sie sich verzog, war von dem T 34 nur noch der Unterbau vorhanden. Zerfetzte Stahltrümmer lagen ringsum im Schnee und die zerrissenen Körper der Rotarmisten, die von der letzten gewaltigen Explosion in die Luft geschleudert worden waren.

Die übrigen Panzer scherten aus, als wären sie bestrebt, sich nach dem Wunsch des deutschen Leutnants Künzle zu richten, der schon zum Megafon griff, das er neben sich abgestellt hatte.

Wie Hauptmann Martin war auch er einige Schritte zurückgetreten, um die Kanoniere nicht zu behindern. Schneidend fuhr sein Kommando in die plötzlich entstandene Stille.

»Batterie – Feuer frei!«

Fast gleichzeitig rissen die Abzugskanoniere der vier Geschütze an den langen Leinen, während die Muni-Kanoniere schon mit neuen Granaten und Kartuschen bereitstanden.

Hart schlug der Donner der Abschüsse ans Gehör. Draußen im Schnee bei den jetzt aufgeregt kurvenden

Panzern wuchsen graue Qualmpilze auf, und das Krachen der vier Einschläge hallte herüber.

Mareiner beobachtete, wie die Rotarmisten von den Panzern absprangen und im Schnee Deckung suchten. Jetzt gab auch er den Feuerbefehl: Die drei MG begannen zu rattern, während die Batterie eine neue Granatsalve hinausjagte. Diesmal mit mehr Erfolg. Einer der Panzer zersprang, als wäre er aus Glas. Die übrigen erwiderten nun mit ihren Kanonen, aus deren Rohren gelbrote Zungen schossen, und mit ihren Maschinengewehren das Feuer.

Die Deckungslöcher, die Leutnant Künzle beim Ausbau der Feuerstellung als Erstes hatte ausheben lassen, nahmen die Pioniere, die noch nicht ins Gefecht eingegriffen hatten, sowie den Batteriechef und Oberleutnant Mareiner auf. Künzle dagegen stand gelassen hinter der feuernden Batterie, scheinbar ohne auf die ringsum krepierenden Granaten und das Pfeifen der MG-Garben zu achten.

Beim vierten Geschütz wurden zwei Kanoniere durch Splitter einer hinter den Holmen einschlagenden Panzergranate verwundet, von der Bedienung des ersten Geschützes brach einer, von MG-Geschossen tödlich getroffen, zusammen. Fast gleichzeitig zerschlug ein Splitter den Richtaufsatz des ersten Geschützes und bohrte sich dicht unter dem Stahlhelmrand in die Stirn des Richtkanoniers.

»Feuern!«, brüllte Leutnant Künzle durchs Megafon. »Bewegung! Feuern!«

Flüchtig sich umblickend, sah er, wie einige von Mareiners Pionieren aus ihren Löchern sprangen und die beiden Verwundeten in Deckung brachten. Dann kehrten sie zurück, um auch die beiden Gefallenen zu bergen.

Auf einmal schwankte Künzle, als hätte er von einer unsichtbaren Faust einen schweren Stoß erhalten, doch sofort hatte er sich wieder in der Gewalt. Die Linke im Fausthandschuh gegen den rechten Arm gepresst, feuerte er die Geschützbedienungen erneut zu schnellerer Schussfolge an.

Hauptmann Martin verließ das Deckungsloch, das er mit Mareiner teilte, ging aufrecht zu Künzle, der offensichtlich am rechten Arm verwundet war, und schrie dem Leutnant, der mit starrer Miene feindwärts blickte, ins Ohr: »Lassen Sie sich verbinden, Künzle! Ich übernehme das Kommando.«

Künzle schüttelte den Kopf.

»Es geht schon, Herr Hauptmann.«

Der Batteriechef wiederholte in scharfem Ton seinen Befehl.

Mit einem verdrossenen »Jawohl, Herr Hauptmann« fügte sich Künzle und entfernte sich mit deutlich zur Schau getragenem Widerwillen aus der Stellung, als habe der Chef sich widerrechtlich in seine Befugnis gedrängt.

»Dieser schwäbische Dickschädel«, murmelte Hauptmann Martin und trat hinter das zweite Geschütz, dessen Kanoniere gerade johlend die Vernichtung des dritten Feindpanzers verkündeten.

Über das Rohr peilend, sah der Batteriechef, wie in dem dichten Brodem aus Brandrauch und Pulverqualm, der wie dunkler Nebel draußen über dem Schneefeld wogte, drei der massigen Panzerungetüme, die kaum mehr vierhundert Meter entfernt waren, sich von den übrigen lösten und nach Westen ausbogen. Martin befahl dem Geschützführer, den vordersten der drei Panzer aufs Korn zu nehmen, doch der Qualmpilz des Sekunden später erfolgenden Einschlags zeigte, dass der Schwenkungsbereich des halb eingegrabenen Geschützes zu sehr begrenzt war. Auch die übrigen Geschütze versuchten vergeblich, die drei Panzer zu fassen, die sich zweifellos mit besonderer Absicht von den anderen getrennt hatten.

Hauptmann Martin winkte den Pionier-Oberleutnant heran und zeigte, als Mareiner nach zweimaligem Kniefall im Splitterhagel bei ihm anlangte, auf die drei das Dorf im Bogen umfahrenden Kampfwagen.

»Teufel, Teufel«, meinte Mareiner, »die wollen's durch die Hintertür versuchen. Können Sie uns hier entbehren, Herr Hauptmann?«

»Ich hoffe, dass wir es allein schaffen«, gab der Batteriechef zurück. »Ihre MG-Gruppen müssen Sie mir allerdings hier lassen, Herr Mareiner.«

Der Oberleutnant nickte.

»Einverstanden, Herr Hauptmann. Alsdann – packen wir's!«

Im Laufschritt verließ er mit seinen Pionieren die Feuerstellung. Sie jagten ins Dorf. Beim Batteriegefechtsstand hielt Mareiner kurz an und rief Leutnant Holler, der in der offenen Tür stand, zu: »Panzeralarm! Machen Sie alles mobil, was im Dorf ist, auch die Italiener!«

Als sie die letzten Hütten am Westrand von Lysselkowo erreichten, eröffneten die drei T 34, die dicht nebeneinander aufgefahren waren, aus kaum zweihundert Meter Entfernung das Feuer auf das Dorf.

Hinter jenen vier Katen, die bei den Kämpfen im Sommer durch Granattreffer halb zerstört worden waren, suchten die Pioniere Deckung.

»Nur keine Aufregung«, beschwichtigte Mareiner. »Macht geballte Ladungen fertig, und dann immer mit der Ruhe!«

Unteroffizier Perch, einer der Minenspezialisten der Kompanie, und drei Mann aus dessen Zug brachten T-Minen an.

»Recht so«, sagte Mareiner, »gebt nur beim Verlegen Acht, dass euch nichts erwischt, sonst gibt's eine schnelle Himmelfahrt.«

»Wir passen schon auf, Herr Oberleutnant«, entgegnete Perch grinsend und ging mit seinen Leuten daran, die Minen zwischen den Hütten im Schnee zu vergraben.

Mareiner achtete nicht mehr auf den Gefechtslärm beim Tannenwäldchen. Für ihn kam es jetzt darauf an, die Bedrohung in der Flanke und möglicherweise auch im Rücken abzuwenden. Wenn auch nur einer der Panzer ins Dorf gelangte, konnte er niederwalzen, was ihm in den Weg kam. Von den Trossleuten waren keine Heldentaten zu erwarten, ebenso wenig von den Italienern, denen der Schock ihrer Schlappe am Don noch in den Knochen steckte.

Oberleutnant Mareiner übernahm eine der geballten Ladungen, die aus fünf miteinander verbundenen Stielhandgranaten bestanden, und entfernte den Schraubverschluss am Stiel der mittleren.

»Vergesst die Haftladungen nicht!«, rief er den Männern des von ihm geschulten Panzervernichtungstrupps zu.

Die drei Panzer waren unter ständigem Feuern so nah herangekommen, dass man in die Sehschlitze hätte feuern können. Doch als einer der Pioniere den Karabiner hob, winkte der Oberleutnant ab.

»Deckung nehmen, reinlassen und dann drauf!«, rief er seinen Leuten zu, mit denen er schon manchen russischen Panzer außer Gefecht gesetzt hatte. Nur auf Besonnenheit kam es bei diesem Duell zwischen Mann und Panzer an. Wer dabei die Nerven verlor, war selbst verloren.

Riesenhaft walzten die Panzer heran. Die Geschützrohre zuckten beim Feuern im Rückstoß zurück, die Maschinengewehre versprühten einen Hagel von Geschossen. Im Dorf brannten bereits drei der Hütten, andere stürzten unter dem Luftdruck der berstenden Granaten in sich zusammen.

Mareiner und seine Pioniere, die sich wie er hinter den Mauerresten der zerstörten Katen in den Schnee pressten, waren vom ziellos feuernden Feind noch nicht entdeckt worden.

»Gleich muss es rumsen«, rief Unteroffizier Perch dem Oberleutnant zu.

Im nächsten Augenblick erscholl eine donnernde Detonation. Den mittleren Panzer, der den beiden anderen etwas voraus war, schleuderte die Explosionskraft der hochgegangenen Mine herum. Mit zerrissener Laufkette blieb er bewegungslos liegen, doch sein Turm drehte sich, und Kanone und MG feuerten weiter. Die beiden anderen Panzer hatten ihr Tempo verlangsamt.

Jetzt gilt's, sagte sich Mareiner, hob die rechte Hand und sprang zugleich aus der Deckung hoch.

Mit ihm setzte sich ein Dutzend Gestalten in den langen weißen Tarnhemden in Bewegung. Zielsicher schleuderten sie die geballten Ladungen unter die Wannen der Panzer, warfen sich nieder und pressten die Fäuste gegen die Ohren.

Eine brüllende Hölle brach los. Bruchstücke aus Stahl flogen weithin durch die Luft. Feuer und Qualm verhüllten die drei zerfetzten Wracks, in denen wie als Nachhall der vorhergegangenen Explosionen die aufgespeicherte Munition sich krachend und knatternd entzündete. Von den Besatzungen der drei Panzer war keiner mit dem Leben davongekommen.

Als Stille eintrat, eine fast unerträgliche Stille nach dem höllischen Lärm, hob Oberleutnant Mareiner den Kopf und blickte sich um. Unteroffizier Perch lag in einer Blutlache im Schnee. Drei Verwundete erhoben sich taumelnd.

Mareiner sprang auf und kniete neben dem reglos ausgestreckt liegenden Unteroffizier nieder.

»Perch«, rief er, »was ist?«

Doch Perch hörte die Stimme seines Kompanieführers nicht.

Ein Sprengstück hatte seinen Rücken aufgerissen und die Wirbelsäule durchschlagen.

»Saukrieg«, murmelte Mareiner, »verfluchter Saukrieg!«

Als er den Blick von dem Gefallenen hob, kam ihm zu Bewusstsein, dass auch drüben beim Tannenwäldchen der Gefechtslärm verstummt war.

Das hätten wir wieder einmal geschafft, dachte Mareiner. Aber um welchen Preis! Sein bester Unteroffizier, ein Landsmann aus dem Inntal, war gefallen, drei Mann, die soeben von Kameraden ins Dorf geführt wurden, waren verwundet, und wer konnte sagen, wie hoch die Verluste drüben bei den Geschützen waren? Er konnte nicht wissen, dass Hauptmann Martin, nachdem eines seiner Geschütze ausgefallen und die Lage bedrohlich geworden war, von zwei deutschen Sturmgeschützen, die plötzlich von Osten her aus der Weite der schneebedeckten Steppe aufgetaucht waren, unerwartet Hilfe erhalten hatte.

Die beiden Sturmgeschütze waren den russischen Panzern, als diese gerade zum Durchbruch ansetzten, in die Flanke gefahren und hatten rasch den Kampf entschieden. Sie waren vom Tschir her, wo der Russe gleichfalls mit starken Kräften angegriffen und die deutsche Front aufgerissen hatte, nach Westen gerollt, um bei den Italienern Anschluss zu suchen, von deren Niederlage man im Tschir-Abschnitt noch nichts wusste.

Wachtmeister Hellbach, ein junger Rheinländer, der die Sturmgeschütze ohne Auftrag führte, seitdem seine Abteilung im feindlichen Artilleriefeuer zerschlagen worden und sein Hauptmann gefallen war, hatte während einer Marschpause den Gefechtslärm im Westen vernommen und war, so schnell der tiefe Schnee es zuließ, darauf zugesteuert, um mit der Feuerkraft der beiden Geschütze helfend einzugreifen.

Sieben feindliche Panzer lagen vernichtet und ausgebrannt vor den Rohren von Hauptmann Martins Batterie, zwei der T 34, deren Besatzungen sich kampflos ergeben hatten, waren nahezu unbeschädigt vereinnahmt worden. Dreißig Rotarmisten hatten die

Waffen gestreckt, als es keinen Zweifel mehr gab, dass alles für sie verloren war.

Wachtmeister Hellbach berichtete Hauptmann Martin von den Vorgängen am Tschir. Die Linien waren nicht ausreichend besetzt gewesen, da man alles Verfügbare der Panzerarmee Hoth zugeführt hatte, die südlich des Don zur Entsetzung der eingeschlossenen Stalingrad-Armee angetreten war.

»Wir hingen auf einmal in der Luft, Herr Hauptmann«, sagte der junge Wachtmeister, der mit dem EK I und dem Panzerkampfabzeichen ausgezeichnet war. »Links und rechts und hinter uns war nichts mehr. Und vor uns nur noch Russen. Später sind wir auf Versprengte gestoßen. Es war eine Infanteriekompanie, das heißt der Rest einer zusammengeschossenen Kompanie, die unterwegs Verwundete, ein paar Rumänen, einen Trupp Hiwis und eine kleine berittene Kosakenabteilung aufgesammelt hatte. Ich habe unser gepanzertes Begleitfahrzeug, das Munition und Sprit mitführt, bei der Kolonne zurückgelassen, bin zur Erkundung vorgefahren und habe dann den Feuerzauber hier gehört. Ich glaube, Herr Hauptmann, wir müssen uns nach den Rückzüglern umsehen und dafür sorgen, dass sie sicher zu Ihnen kommen.«

»Wer führt die Kolonne?«, fragte Hauptmann Martin.

»Ein Unteroffizier von der Infanterie«, antwortete Wachtmeister Hellbach. »Bei den Kosaken ist allerdings ein russischer Offizier, Chorunche nennt er sich, das heißt, glaube ich, Leutnant. Aber er hat sich dem Unteroffizier untergeordnet und bildet mit seinen Reitern so etwas wie den Geleitschutz. Trotzdem wäre es wohl zweckmäßig, wenn ich mich um die Versprengten kümmere, zumal ich ja auch meine Munition und den Sprit benötige.«

Hauptmann Martin stimmte zu.

»Fahren Sie los, Wachtmeister. Bringen Sie das Volk nach Lysselkowo. Wird zwar ein bisschen eng werden hier, aber ich nehme an, dass ich demnächst jeden Mann brauchen werde.«

Die Sturmgeschütze rollten kettenrasselnd auf der Spur davon, auf der sie vor kurzem gekommen waren.

Bei Hauptmann Martin, der ihnen gedankenvoll nachblickte, befand sich Leutnant Künzle. Der Leutnant war sogleich, nachdem seine Armwunde, ein Streifschuss, verbunden worden war, in die Feuerstellung zurückgekehrt und hatte gemeinsam mit seinem Batteriechef den Abwehrkampf geleitet.

»Wenn es so weitergeht, werden wir bald ein Regiment beisammen haben«, meinte er.

»Kann nicht schaden, Künzle«, entgegnete Hauptmann Martin. »Sobald der Russe klar sieht, wird er uns einigermaßen zu schaffen machen.«

»Wäre es nicht besser, Lysselkowo aufzugeben, Herr Hauptmann?«, fragte Leutnant Künzle. Sein rechter Arm hing in einer Schlinge aus Verbandstoff.

»Aufgeben«, wiederholte der Hauptmann, »und was dann? Wir wissen nicht, wo die Front zum Stehen kommt. Wir wissen ja überhaupt nichts außer der Tatsache, dass der Feind durch ist. Wenn wir uns in Lysselkowo zur Verteidigung einrichten, wie ich es befohlen habe, sind wir hier immer noch besser dran als draußen auf der Steppe auf einem Marsch ins Ungewisse. Einmal muss es ja mit der Funkverbindung wieder klappen. Bis dahin übernehme ich das Kommando und die Verantwortung.«

»Jawohl, Herr Hauptmann.«

Leutnant Künzle versuchte gewohnheitsmäßig die Hand zum Stahlhelmrand zu heben, unterließ es jedoch mit schmerzverzogenem Gesicht.

Vom Dorf her erschien Oberleutnant Mareiner.

Er winkte dem Hauptmann höchst unmilitärisch zu und rief im Näherkommen:

»Teufel, Teufel, ihr seid also auch mit den Brüdern fertig geworden!«

»War ziemlich knapp, Herr Mareiner«, gab Hauptmann Martin zurück, als der Tiroler im Schneehemd bei ihm anlangte. »Sozusagen in höchster Not waren auf einmal zwei Sturmgeschütze zur Stelle und unterstützten uns mit einem durchschlagenden Flankenangriff.«

»Nicht schlecht«, meinte Mareiner, »aber wo sind sie denn?«

»Sie geleiten einen Zug von Versprengten nach Lysselkowo«, erklärte der Hauptmann. »Und wie ist es Ihnen ergangen, Herr Mareiner?«

»Wir haben die drei Panzer natürlich geknackt«, antwortete der Oberleutnant. »Allerdings ist mein bester Unteroffizier gefallen. Drei meiner Pioniere sind verwundet.«

Hauptmann Martin nickte.

»Immerhin ist es Ihnen gelungen, mir die Flanke und den Rücken frei zu halten, Herr Mareiner. Übrigens sind auch bei mir Verluste eingetreten: drei meiner Kanoniere und ein Geschützführer sind tot, sieben Mann verwundet, davon zwei schwer. Wie haben sich denn die Italiener gehalten?«

»Soweit mir bekannt ist, recht tüchtig, Herr Hauptmann. Sie haben alle Brände gelöscht, die im Dorf entstanden sind. Augenblicklich sind sie beim Schanzen. Dieser Leutnant Favere scheint im Grunde ein zäher, brauchbarer Bursche zu sein.«

»Ja«, sagte Hauptmann Martin, »diesen Eindruck hatte ich sofort, als er sich bei mir meldete. Sind die gefangenen Russen schon zum Stellungsbau eingeteilt?«

»Jawohl, Herr Hauptmann«, erwiderte der Oberleutnant. »Nur die Panzerleute sind bei Leutnant Holler zur Vernehmung.«

Martin wandte den Blick den beiden Beutepanzern zu, die knapp hundert Meter vor dem Tannenwäldchen in der Nähe von zwei ausgebrannten Wracks im Schnee standen.

»Man müsste die beiden Kästen in die Ortsverteidigung einbeziehen«, sagte er. »Sobald mein Schirrmeister festgestellt hat, ob die Motoren noch intakt sind, lasse ich sie ins Dorf bringen. Notfalls werden sie von meinen Zugmaschinen abgeschleppt und von meinem Werkstatt-Trupp repariert.«

»Nicht schlecht«, meinte der Oberleutnant. »Bei einem Ausbruchsunternehmen können uns diese Kutschen von unschätzbarem Nutzen sein.«

»Ausbruchsunternehmen?«, warf der Batteriechef ein. »Dazu müssten wir ja erst einmal eingeschlossen sein.«

»Im Großen gesehen, sind wir's ja wohl schon weit gehend«, versetzte Mareiner im Ton einer sachlichen

Feststellung. »Außerdem bin ich überzeugt, dass die Rote Armee sich Lysselkowo vornehmen wird, sobald sie merkt, dass wir zwölf von ihren Panzern fertig gemacht haben.«

»Richtig«, sagte Hauptmann Martin, »und deshalb dürfen wir keine Zeit versäumen. Lysselkowo muss ein uneinnehmbarer Stützpunkt werden. Ihre Pioniere verstehen doch einiges vom Stellungsbau, Herr Mareiner.«

»Sind bereits eingespannt, Herr Hauptmann«, antwortete der Oberleutnant. »Aber wie steht es hier? Wollen Sie nicht die Feuerstellung aus dem Wäldchen zurückverlegen? Wir sollten die Bäume fällen und das Holz zum Bunkerbau verwenden.«

Der Batteriechef stimmte nach kurzem Überlegen zu. »Gut, Herr Mareiner. Legen Sie mir einen Plan vor, wie Sie sich den Ausbau des Stützpunkts Lysselkowo denken.«

Hauptmann Martin ging zum Gefechtsstand hinunter. Unteroffizier Kolb kam ihm entgegen.

»Wir haben einen verstümmelten Funkspruch aufgefangen, Herr Hauptmann«, sagte er. »Ich glaube fast, es war Fendt.«

Wachtmeister Hellbach traf gerade zur rechten Zeit bei den Versprengten ein.

Eine russische Lkw-Kolonne hatte in einiger Entfernung auf der Steppe Halt gemacht. Die Rotarmisten stellten sich zum Angriff bereit.

Unteroffizier Kirchwein, der Führer der ausgebluteten Kompanie, hatte gemeinsam mit dem Kosaken-Leutnant Marianow eine rasch improvisierte Abwehrfront aufgebaut. Die Pferde der sechzehn Kosaken waren in einer nahen Balka in Deckung gebracht worden. Die russischen Hiwis, die unbewaffnet waren, hatte Marianow zur Bewachung der Reittiere eingeteilt.

Mit einem Blick übersah Wachtmeister Hellbach die Lage.

Von seinem Sturmgeschütz aus rief er den Unteroffizier und den Kosaken-Leutnant, der etwas Deutsch sprach, heran.

»Ich greife an«, rief er den beiden zu. »Kirchwein, Sie folgen mir mit Ihrem Fußvolk, und Sie, Leutnant Marianow, holen Ihre Pferde und reiten mit Ihren Kosaken Attacke. Alles klar?«

»Alles klar, Herr Wachtmeister«, gab Kirchwein zurück.

Der Kosakenoffizier hob die Hand zum Zeichen, dass auch er verstanden hatte. Auf Russisch gab er die erforderlichen Befehle.

Die Rotarmisten, die etwa die Stärke einer Schützenkompanie aufwiesen, schienen die Absicht ihres Gegners erkannt zu haben, der durch die beiden Sturmgeschütze einen nicht zu unterschätzenden Zuwachs erhalten hatte.

Anstatt zum Angriff vorzugehen, richteten nunmehr sie sich im Schnee zur Verteidigung ein. Mit Maschinengewehren und einem Granatwerfer eröffneten sie das Feuer.

Wachtmeister Hellbach kam noch einmal zum Vorschein.

»Antreten!«, rief er und stieß die Faust zweimal hoch.

Gefolgt von Kirchweins Kompanie, die kaum mehr als Zugstärke hatte, und den tief in die Sättel geduckten Kosaken, die ihre schweren Säbel blank gezogen hatten, walzten die beiden Sturmgeschütze feuernd auf die Linie der Rotarmisten zu.

Als Erstes setzte Wachtmeister Hellbach mit einem Volltreffer den feindlichen Granatwerfer außer Gefecht. Noch ratterten die Maschinengewehre, aber kurz nacheinander verstummten auch sie. Die Rotarmisten sprangen auf und wandten sich zur Flucht, verfolgt von den krachend einschlagenden Granaten der Sturmgeschütze. Als diese das Feuer einstellten, übernahm Chorunche Marianow mit seinen Kosaken die Verfolgung des fliehenden Feindes.

Die Sturmgeschütze wandten sich den Lastkraftwagen zu, die beim Wenden durch den tiefen Schnee behindert waren.

Die Sturmgeschütze rollten an der Kolonne vorbei und verlegten ihr den Weg. Die russischen Fahrer sprangen ab und ergaben sich.

Währenddessen brachen die Kosaken in die Reihen der flüchtenden Rotarmisten ein und machten unter gellendem Kampfgeschrei alles nieder, was ihnen vor die Säbel kam. Marianows Kosaken-Abteilung hatte bei den Kämpfen am Tschir schwere Verluste erlitten. Sein Krieg gegen die Rote Armee war anders als der, den die Deutschen führten, die nicht an Vergeltung dachten.

Als die Kosaken nach der Vernichtung des letzten Gegners von der Verfolgung zurückkehrten, befahl Leutnant Marianow den russischen Lkw-Führern, ihre Plätze in den Fahrzeugen wieder einzunehmen und sich nach seinen Weisungen zu richten, wenn sie nicht das gleiche Schicksal erleiden wollten wie die Kompanie, die niedergeritten und erledigt worden war.

Die Lkw-Fahrer gehorchten ohne Widerspruch. Unteroffizier Kirchwein verteilte seine Infanteristen sowie die Rumänen, die Hiwis und die Verwundeten, die bei ihm waren, auf die Wagen. Unter dem Geleit der beiden Sturmgeschütze und der Kosaken setzte sich die Kolonne in Richtung Lysselkowo in Marsch, nachdem die im Schnee umherliegenden Waffen gesammelt und aufgeladen worden waren.

4

Hauptmann Martin, der Kampfkommandant von Lysselkowo, hatte die Einheitsführer in seinen Gefechtsstand rufen lassen.

Das Innere der Hütte, in der er mit Leutnant Holler, der jetzt sein Adjutant war, und dem Batterietrupp hauste, hatte sich wie das aller anderen Unterkünfte verändert. Im Lehmfußboden der beiden Stuben waren schmale und tiefe Gräben ausgehoben worden, die bei Artilleriebeschuss oder etwaiger Bombardierung des Dorfes Deckung bieten sollten.

Außer Oberleutnant Mareiner hatten sich Wachtmeister Hellbach, der Führer der beiden Sturmgeschütze, Unteroffizier Kirchwein, der Führer der dezimierten Grenadierkompanie, und Chorunche Sergej Wassiljewitsch Marianow, der Kosak, bei Hauptmann Martin eingefunden. Als Letzter erschien Leutnant Favere, der von seinem Gefechtsstand am Ostrand des Dorfes den weitesten Anmarschweg hatte.

Leutnant Künzle, dem der Hauptmann die Führung der Batterie übertragen hatte, war nicht zur Besprechung befohlen worden, da er den Ausbau seiner Stellungen überwachen musste, der noch nicht fertig gestellt war.

Hauptmann Martin, in Übermantel und Feldmütze, stand vor der Tür zu seiner Stube. Neben ihm stand Leutnant Holler, vor ihm hatten sich die Einheitsführer aufgebaut, der kantige Mareiner im Schneehemd, Wachtmeister Hellbach in einer erbeuteten wattierten Russenjacke, Kirchwein im schmutzig weißen Wintertarnanzug der Infanterie, Leutnant Favere im kurzen dunkelgrauen Mantel der italienischen Felduniform und der Kosakenoffizier in schwarzer Fellmütze und abgeschabtem Schafpelzmantel.

»Sie alle sind mit unserer Lage vertraut«, begann Hauptmann Martin. »Niemand von uns weiß, wie weit Lysselkowo von der gegenwärtigen Front entfernt liegt. Unser Dorf scheint sich außerhalb der Stoßrichtung des Feindes zu befinden. Dass die feindlichen Panzer, die von uns außer Gefecht gesetzt worden sind, in Richtung auf Lysselkowo vorgingen, mag Zufall gewesen sein. Vielleicht sollten sie sich durch einen Raum bewegen, den der Gegner für unbesetzt oder von uns aufgegeben hielt. Wir wissen es nicht. Die einzige Gewissheit, die wir haben, ist die, dass man über kurz oder lang Lysselkowo angreifen wird. Deshalb müssen wir unser ganzes Augenmerk darauf richten, unsere Stellungen so weit zu verstärken, dass sie jeder Belastung standhalten, und zu jeder Stunde gefechtsbereit zu sein.«

Hauptmann Martin brach kurz ab. Er wollte soeben fortfahren, als die Tür zum Gefechtsstand aufgerissen wurde. Im Rahmen stand Unteroffizier Kolb, der Nachrichtenstaffelführer. Sein Gesichtsausdruck zeigte den Grad seiner Erregung.

»Herr Hauptmann«, stammelte der Unteroffizier, »Herr Hauptmann – Wachtmeister Fendt –, wir haben Funkverbindung mit Fendt.«

Martin starrte den Unteroffizier an.

»Was?«, fragte er gedehnt. »Wirklich, Kolb?«

»Es ist so, Herr Hauptmann«, bestätigte der Unteroffizier, »wir haben Sprechfunkverbindung mit Fendt. Er sitzt vorn in der Don-Stellung in einem Bunker.«

Hauptmann Martin wandte sich den Einheitsführern zu.

»Besprechung beendet«, sagte er kurz. »Ich suche Sie später in Ihren Gefechtsständen auf.«

Schon war er an der Tür und rannte mit Kolb zur Vermittlung hinüber, wo sich auch die Funkstelle befand.

Als Hauptmann Martin eintrat, sagte der Dienst habende Funker ins Mikrofon:

»›Waldmaus‹ kommen – ›Waldmaus‹ kommen! Ich übergebe an Herrn Hauptmann.«

Er nahm den Kopfhörer ab, und Martin streifte ihn über.

»Martin«, sagte er, »Martin hier. Gehe auf Empfang. Bitte melden!«

Dann sprach Fendts vertraute Stimme durch den Kopfhörer zu ihm.

»Gott sei Dank«, sagte er. »Ich bin allein. Versuche mich durchzuschlagen, sobald es möglich ist. Gehe auf Empfang. Bitte kommen!«

»Hals- und Beinbruch, Fendt«, sagte Hauptmann Martin mit einer ihm selbst fremden, heiser belegten Stimme. »Ich schicke Ihnen einen Stoßtrupp entgegen. Und, Fendt, falls etwas schief gehen sollte – wir bleiben auf Empfang. Ende!«

»Ende!«, wiederholte Fendt und schaltete ab. Hauptmann Martin reichte den Kopfhörer dem Funker.

»Gut aufpassen!«, sagte er. »Kann immerhin möglich sein, dass Wachtmeister Fendt seinen Ausbruchsversuch verschieben muss.«

Ein Teufelskerl, dachte er, als er die Vermittlung verließ. Als Einziger saß er unter den Russen in einem Erdbunker und funkte mit einer Ruhe, als wäre alles in bester Ordnung.

Hauptmann Martin ging durch das Dorf, in dem die gefangenen Rotarmisten unter Bewachung ein Labyrinth von Laufgräben aushoben. Es war erstaunlich, mit welcher Geschicklichkeit die Russen mit Spaten und Brechstangen die tief gefrorene Erde aufwühlten. Ihre vom Frost geröteten Gesichter unter den Pelzhauben zeigten einen Ausdruck von Schicksalsergebenheit.

Der Hauptmann fragte sich, ob wohl keiner von ihnen an Flucht dachte. Nur höchst selten war es in den eineinhalb Kriegsjahren im Osten geschehen, dass russische Gefangene trotz zumeist unzureichender Bewachung ausgerissen waren. Lag es daran, dass sie harte Bestrafung zu erwarten hatten, wenn sie aus Gefangenschaft in die eigenen Linien zurückkehrten? Vielleicht war das auch ein Grund dafür, dass sich viele freiwillig zum Hilfsdienst in der deutschen Wehrmacht meldeten.

Hauptmann Martin begab sich zum Gefechtsstand der Pioniere.

Er fand Oberleutnant Mareiner im Quartier.

»Sie haben es ja mitbekommen, Herr Mareiner«, sagte er. »Dieser Fendt! Ich habe selbst mit ihm gesprochen. Nicht zu fassen. Er sitzt vorn am Don in einem Bunker. Will sich zu uns durchschlagen. Wir müssen etwas für ihn tun, Herr Mareiner. Ich habe ihm zugesagt, dass ihm ein Stoßtrupp entgegengeht.«

»Verstehe, Herr Hauptmann«, gab Mareiner gelassen zurück. Unbekümmert zündete er sich eine Zigarette an. »Machen wir! Wann sollen wir antreten?«

»Jetzt ist es vierzehn Uhr«, sagte Hauptmann Martin. »Ich denke, in einer Stunde. Um diese Zeit wird es allmählich dunkel. Sie wissen ja, Herr Mareiner, der Deckname von Fendt ist ›Waldmaus‹. Fendt muss es schaffen!«

»Wird er auch«, entgegnete Mareiner. »So einer wie der kommt überall durch. Was an uns liegt, wird geschehen, damit ihn der Russe nicht zu guter Letzt noch schnappt.«

An allen Fronten des Krieges entstanden Oasen der Stille, sobald der Sturm der Schlacht sich entfernte und neue Räume erfasste.

Am Ufer des eisbedeckten Don, das vor vier Tagen

noch in den Pulverrauch explodierender Granaten gehüllt war, regte sich nichts. Im Trichtergelände und in den streckenweise verschütteten Kampfgräben des Bataillons »Derrutti«, das wie Spreu im Wind zerstoben war, hielten die Toten stumme Wache – Italiener und Russen, nach blutigem Kampf in endgültiger Reglosigkeit vereint.

Dunkelheit hatte ihre Schleier über das verlassene Kampffeld gebreitet. Vom Schnee ging ein ungewisser fahler Schimmer aus, der jedoch kaum ausreichte, die Finsternis zu mildern. Tief hängende schwärzliche Schneewolken zogen von Nordosten her über den Himmel. Eisiger Wind fegte fauchend über die weiße, von dunklen Kratern zernarbte Fläche hin.

Behutsam erweiterte Wachtmeister Fendt die Öffnung über seinem Kopf zu einem Ausstieg. Das Funkgerät hatte er zerstört. Er hatte mit sich gekämpft, ob er das Gerät mitnehmen sollte, aber schließlich hatte er sich entschieden, es unbrauchbar zu machen. Der schwere Kasten hätte ihn auf seinem Weg durch den tiefen Schnee behindert. Zudem lag es durchaus im Bereich der Möglichkeit, dass die Russen ihn fassten, und falls dies eintreten sollte, durfte er ihnen nicht obendrein ein unversehrtes Funkgerät in die Hände spielen. Die einzige Waffe, die er besaß, war seine Pistole 08. Wo seine Maschinenpistole geblieben war, wusste er nicht. Vielleicht hatte er sie in der Hast im Laufgraben zurückgelassen, oder sie war unauffindbar unter den Balken und den Erdbrocken des halb eingestürzten Bunkers begraben.

Lautlos schob er den Oberkörper durch den Ausstieg, verhielt lauschend, stemmte sich höher und ließ seine Beine folgen, an denen die Füße wie frostklamme Klumpen hingen. Kriechend bewegte er sich zwischen Trichtern hindurch. Der Bataillonsgefechtsstand, von dem aus Capitano Berti seine Befehle gegeben hatte, war nur noch ein schwarz gähnendes Kraterloch.

Mörser, stellte Fendt sachlich fest. Solche Trichter schlugen nur Mörsergranaten.

Unendlich langsam, um jedes Geräusch zu vermeiden, kroch er durch den flaumigen Schnee, von dem ein Eishauch ausging. Dennoch war die Kälte jetzt weniger spürbar als beim Stillsitzen im Erdloch.

Nichts war zu hören, jedenfalls nicht im näheren Umkreis. Nur weit im Süden grollte Geschützdonner.

Fendt sah vor sich silhouettenhaft eine der kleinen Kanonen der Italiener. Die Spreizlafette ragte hoch, das Rohr hatte sich in den Schnee gebohrt, als wollte es ins Erdinnere feuern. Zwei verkrümmte Gestalten lagen hinter dem Geschütz. Einer der Toten reckte einen erstarrten Arm himmelwärts, als habe er dort oben in seinem letzten Augenblick Hilfe erfleht.

Wachtmeister Fendt robbte an dem Geschütz vorbei, horchte angespannt, erhob sich und stapfte geduckt durch den Schnee. Die Richtung, die er einschlagen musste, war für ihn klar.

Zweifellos hatte niemand die rückwärts vorbereitete Auffangstellung besetzt. Rasend schnell musste die Front nach Süden zurückgefallen sein, woher gedämpft das Rumpeln des Geschützfeuers kam. Aber die Lawine, vor der die Italiener zurückgewichen waren, musste an Lysselkowo vorbeigerollt sein. Jedenfalls stand die Batterie noch dort. Offenbar waren sie ohne Feindberührung, denn sonst hätte der Chef ihm nicht in Aussicht stellen können, ihm einen Stoßtrupp entgegenzuschicken.

Das Stapfen durch den Schnee war beschwerlich. Fendts Füße schmerzten bei jedem Schritt. In seinem Kopf stach es, als bohrten sich hundert Nadeln durch die Schädeldecke. Er verspürte quälenden Hunger. Aber der Gedanke an Essen verursachte ihm Übelkeit. Seine Lippen waren trocken und der Speichel im Mund versiegt, aber er versagte es sich, den Durst, der sich immer brennender bemerkbar machte, mit Schnee zu stillen.

Zeitweilig verfiel er in eine Art Halbschlaf und hob nur noch mechanisch die Füße. Aber immer wieder riss er sich wach, blieb lauschend stehen und stapfte dann entschlossen weiter.

Wenn die Frage vor ihm auftauchte, ob er in seinem elenden Zustand die weite Strecke schaffen würde, schüttelte er sie gewaltsam ab. Doch immer wieder bohrte die Sorge in ihm, dass er zusammenbrechen und liegen bleiben könnte.

Der Wind wehte immer heftiger. Einzelne Schneeflocken tanzten über der nächtlichen Steppe. Bald wurden es mehr, immer dichter fielen sie. Der Wind trug sie fauchend vor sich her.

Schneestangen mit Strohbüscheln hatten früher den Weg nach Lysselkowo gekennzeichnet. Die Winterstürme hatten die Zeichen umgerissen, doch immer wieder waren sie aufgerichtet worden. Seit vier Tagen allerdings hatte sich niemand mehr darum gekümmert. Nur etliche standen noch. Nach diesen versuchte Wachtmeister Fendt sich zu richten. Sein Kompass zeigte ihm zwar, wo Süden war, aber er zeigte nicht nach Lysselkowo. Und wenn er das Dorf oder den Stoßtrupp, der ihm entgegenkommen sollte, verfehlte, war er so oder so geliefert.

Der Wind fuhr ihm in den Rücken, überschüttete ihn mit Schnee, trieb ihn vor sich her. In seinem Kopf bohrte und stach der Schmerz, seine Füße schienen sich in Fremdkörper zu verwandeln, die nicht zu ihm gehörten. Immer schwerer fiel es ihm, sie zu heben.

Wieder entdeckte er eines der Schneezeichen, hielt sich an der schwankenden Stange fest und dachte, einmal rasten, nur einmal kurz rasten …

Oberleutnant Mareiner führte selbst den Skiläufertrupp. Wenn Perch noch gelebt hätte, hätte er ihm die Führung des Stoßtrupps, der eigentlich ein Spähtrupp war, überlassen können. Aber Unteroffizier Perch lag neben vielen anderen in einem Soldatengrab am Rand von Lysselkowo.

Mit der ihm eigenen Gewissenhaftigkeit hatte Oberleutnant Mareiner einen zwei Seiten langen Brief an Perchs Angehörige geschrieben. Doch die große Frage war, ob der Brief jemals befördert werden würde. Lysselkowo war wie eine Falle, die automatisch zugeschnappt war. Es fehlte nur noch der Jäger, der nachsah, ob das Wild darinnen saß. Er würde sich zwar einer fauchenden Bestie gegenübersehen, die mit den Tatzen nach ihm schlug, um ihn nicht heranzulassen, aber ungewiss war, ob es ihr gelingen würde, den Käfig zu sprengen und auszubrechen. Der Weg, der mitten im Feindesgebiet zurückzulegen war, verlängerte sich wohl täglich. Womöglich war es sogar so, dass es überhaupt keine Front mehr gab, dass der Wendepunkt im Osten gekommen war und die Rote Armee den eingedrungenen Feind vor sich herfegte. Auch Stalingrad war eine Falle, wenn auch eine größere als Lysselkowo. Nach den letzten Berichten, die Oberleutnant Mareiner gehört hatte, sah es so aus, als ob die 6. Armee in Stalingrad zum Untergang verurteilt wäre. Nach dem, was jetzt am Don und vermutlich auch am Tschir eingetreten war, hatte die Armee Hoth, die 4. Panzerarmee, deren Nordflanke allem Anschein nach offen war, keine Möglichkeit mehr, den in Stalingrad Eingeschlossenen Entsatz zu bringen.

Der Tiroler hielt die zwölf Mann, die bei ihm waren, dicht beisammen. Mühelos glitten die Skier durch den Schnee, aber der Wind, der von Nordosten über die Steppe brauste, erschwerte das Vorwärtskommen.

Es gibt Neuschnee, dachte der wetterkundige Mareiner. Er roch ihn förmlich. Beunruhigt trieb er seine Pioniere an. Bei Nacht im Schneesturm, wie er sich ankündigte, einen einzelnen Mann zu finden, wäre ein hoffnungsloses Beginnen gewesen, selbst wenn der Wachtmeister sich, wie zu erwarten war, an die Wegzeichen hielt.

Mareiner spürte die Flocken, die ihm vereinzelt ins Gesicht trieben. Die Dunkelheit nahm zu. Noch waren die Stangen am Wegrand zu erkennen, wenn man nah genug heran war. Aber würde man sie bei dichtem Schneefall sehen, sofern sie dann, wenn der Wind sich verstärkte, überhaupt noch standen?

Mareiner drehte sich um, wartete, bis der Hintermann heran war, und gab diesem zu verstehen, dass sie noch dichter aufschließen und Tempo zulegen sollten.

»Jawohl, Herr Oberleutnant«, antwortete der Pionier und gab den Befehl an den Nächsten weiter. Weit holte Mareiner mit den Skistöcken aus, stieß sich ab und unterstützte das Gleiten erneut mit kraftvollem Stockschub, den Oberkörper tief vorgebeugt, als versuche er, den Anprall der schräg von vorn kommenden Windstöße zu unterlaufen.

Auf einmal bremste er ab, wie durch einen sechsten Sinn gewarnt, warf sich in den Schnee, die Beine gespreizt, so dass die Skier einen Winkel bildeten. Die Pioniere folgten, zur Schützenkette ausschwenkend, seinem Beispiel, ohne dass es eines Befehls bedurfte.

Schatten tauchten voraus in der Dunkelheit auf. Eine Stimme, die unverkennbar einem Russen gehörte, brüllte:

»Stoj!«

Mareiner stemmte die Maschinenpistole gegen die Schulter. Wie eine Serie kurzer Blitze zuckten die Mündungsflammen des Feuerstoßes.

Mit einem Seitenblick vergewisserte sich Mareiner, indem er von neuem abzog, dass die Pioniere in rascher Folge ihre Karabiner abfeuerten.

Ein Aufschrei wurde laut. Ein russischer Fluch. Die Schatten waren verschwunden. Dort, wo sie aufgetaucht waren, fielen einzelne Schüsse. Ohne Schaden anzurichten, pfiffen die Geschosse über die flach in den Schnee gepressten Pioniere hinweg, die in ihren Tarnhemden eins waren mit dem winterlichen

Weiß, über dem wie greifbares schwarzes Gewebe die winddurchtoste Dunkelheit hing.

Als drüben die Schüsse verstummten und durch den Schnee gedämpftes Fußgetrappel hörbar wurde, gab Mareiner noch einmal einen kurzen Feuerstoß ab und rief seinen Leuten zu, die, wie üblich, nicht mehr aufhören wollten mit dem Schießen:

»Schluss jetzt! Feuer einstellen!«

Er erhob sich aus dem Schnee. Der Feind – sicherlich nur ein kleiner Trupp – hatte sich entfernt, als hätte die Nacht ihn verschluckt.

Mareiner glitt auf seinen Skiern dorthin, wo neben länglichen Mulden im Schnee einzelne Patronenhülsen lagen. Er glaubte, auch Blutspuren zu erkennen, aber wie stets bei solchen nächtlichen Zusammenstößen hatten die Russen ihre Verwundeten oder Toten mitgenommen.

Nach Oberleutnant Mareiners Schätzung hatten sie seit dem Aufbruch von Lysselkowo etwa fünfzehn Kilometer zurückgelegt. Wenn Wachtmeister Fendt vor Einbruch der Dunkelheit die zertrümmerte Don-Stellung verlassen hatte, und wenn ihm unterwegs nichts zugestoßen war, mussten sie bald mit ihm zusammentreffen. Es sei denn, Fendt wäre durch eine Verwundung behindert. Bei dem Funkgespräch hatte er nichts davon verlauten lassen.

Während des kurzen Feuergefechts hatte der Schneefall sich verstärkt. Vor Mareiner, der sich mit dem Aufwand aller Kraft voranschob, tanzten und wirbelten verwirrend die vom Wind gejagten Flocken, und die Böen warfen sich mit einer Wucht gegen ihn, als versuche die Natur dieser fremden Welt, ihm das weitere Vordringen zu verwehren. Er lachte bei diesem Gedanken. Wie oft hatte er – nicht nur im Krieg – die Natur besiegt! Im heimatlichen Hochgebirge, aber auch in den Bergen anderer Länder hatte er Wetterstürze und Schneestürme überstanden. Und die Männer, die bei ihm waren, hatten sich in der gemeinsam verbrachten Zeit als ebenso wetterhart erwiesen.

Auf einmal hielt Mareiner im Gleiten inne. Wenige Schritte vor sich sah er undeutlich etwas Dunkles, das vom dicht fallenden Schnee schon halb zugedeckt war. Ohne zur Waffe zu greifen, schob er sich zu der Gestalt hin, die ausgestreckt neben einer Schneestange lag. Noch war er nicht sicher, ob es der Gesuchte war. Ebenso gut konnte es ein versprengter Italiener sein, der in den Schnee gesunken und erfroren war, oder ein Russe, der verwundet liegen geblieben war.

Doch dann, als er sich niederbeugte zu der reglos im Schnee liegenden Gestalt und die weiße Schicht vom Mantel streifte, erkannte er die Silberlitze und den Stern auf den Schulterklappen. Es war Fendt. Lange konnte er nicht hier gelegen haben.

Mareiner winkte zwei seiner Leute heran.

»Wir brauchen einen Behelfsschlitten«, sagte er.

Die beiden Pioniere schnallten ihre Skier ab und verbanden die Spitzen und Backen miteinander. Währenddessen befühlte Mareiner das hagere Gesicht des Wachtmeisters, auf dem der Schnee nicht haften geblieben war. Es war kalt, aber es war nicht das Gesicht eines Toten. Er vermutete, Fendt habe vor Erschöpfung das Bewusstsein verloren. Vielleicht war er auch verwundet und hatte es verschwiegen. Doch hier, etwa zwanzig Kilometer vom Stützpunkt entfernt, war nicht der Ort, den Bewusstlosen zu untersuchen.

Mareiner streifte sein Schneehemd ab und zog den Mantel aus, den er darunter trug.

Sie wickelten Fendt in den Mantel und schnallten ihn mit zwei Koppelriemen auf den Skiern fest. Auf der eigenen Spur machten sie kehrt. Die beiden Pioniere, die jetzt zu Fuß waren, folgten hintereinander dem Oberleutnant. Zwei Mann auf Skiern zogen mit aneinander befestigten Stöcken den Behelfsschlitten, auf dem der Wachtmeister lag.

Als Fendt zu sich kam und die Augen öffnete, erblickte er wie einen Schemen der eisigen Winternacht eine weiße Gestalt, die ebenso wie er selbst, nur aufrecht, durch den Schnee glitt. Erst als seine Benommenheit von ihm wich, wurde er sich darüber klar, dass es ein Skiläufer war, der ein langes russisches Schneehemd trug, und dass er selbst auf einer Art flachem Schlitten lag.

Sie haben mich geschnappt, dachte er und erkannte zugleich, dass er auf dem Schlitten festgebunden war. Eine russische Ski-Patrouille musste ihn im Schnee gefunden haben. Wie war es nur gekommen, dass er seiner Schwäche nachgegeben hatte? Seltsam schien ihm allerdings, dass die Russen ihn nicht hatten liegen lassen.

Da beugte der Mann auf den stetig gleitenden Skiern sich zu ihm vor und sagte in kehligem Tirolerdeutsch:

»Bischt aufg'wacht, Herr Wachtmeister?«

»Dann seid ihr keine Russen?«, fragte Fendt verwirrt.

Der Mann lachte.

»Russen? Nein, mir sein Pioniere.«

Er glitt aus der Spur und schob sich an den anderen vorbei zum Oberleutnant.

Mareiner drehte den Kopf zur Seite, als er den Mann neben sich bemerkte.

»Was gibt's, Nadler?«

»Der Fendt ischt zu sich kemmen«, sagte der Pionier.

Mareiner nickte.

»Tatsächlich? Dann ist's ja gut! Wäre mir leid gewesen, einen Toten nach Lysselkowo zu bringen.«

Die ganze Zeit hatte ihn der Gedanke beschäftigt, dass Fendt den Transport nicht überstehen könnte. Aber diese Gefahr bestand jetzt wohl nicht mehr, nachdem der Mann zu sich gekommen war.

In scharfem Kommandoton spornte er seine Leute zur Eile an, zumal der Wind jetzt Sturmstärke erreicht hatte und alles in weiße Schwaden hüllte.

Die Spur war stellenweise zugeweht, aber Mareiner fand sie immer wieder. Es war nur gut, dass sie das Unwetter im Rücken hatten.

Endlich erblickte der Oberleutnant in geringer Entfernung die einzelne Tanne am Nordrand von Lysselkowo, die er auf Weisung von Hauptmann Martin als Richtpunkt hatte stehen lassen.

»Der Baum könnte Versprengten als Wegweiser dienen«, hatte Hauptmann Martin gemeint.

Jetzt zeigte es sich, dass er Recht gehabt hatte. Denn das tief verschneite Dorf war im Schneetreiben und in der Dunkelheit nicht zu erkennen.

Ein Vorposten rief durch das Tosen des Windes.

»Halt! Wer da? Parole!«

»Sommerurlaub«, antwortete Mareiner mit gleicher Lautstärke und nannte Dienstrang und Namen.

Sie brachten Wachtmeister Fendt zum Verbandsplatz, der mitten im Dorf eingerichtet worden war. Oberleutnant Mareiner begab sich zum Gefechtsstand des Kampfkommandanten, schnallte vor der Tür die Skier ab und trat ohne anzuklopfen ein.

Hauptmann Martin sprang vom Stuhl auf, als er den Offizier im Schneehemd erblickte.

»Unternehmen Fendt beendet«, meldete der Oberleutnant. »Alles in Ordnung, Herr Hauptmann. Fendt ist ein bisschen angeschlagen. Sonst ohne Neuigkeit.«

5

Wäre nicht neuer Schnee in großen Mengen gefallen, hätte Lysselkowo sich aus der Vogelperspektive russischer Flugzeuge wie ein lehmfarbener Schmutzfleck inmitten der weißen Öde ausnehmen müssen. Aber der Neuschnee hatte alle Spuren zugedeckt, die das zwei Tage und zwei Nächte hindurch ununterbrochen vor sich gehende Schanzen und Graben hinterlassen hatte.

Wären die Bewohner von Lysselkowo zurückgekehrt, die im Herbst, als der Kampflärm näher kam, ihr Dorf geräumt hatten, wäre es ihnen schwer gefallen, den Ort wieder zu erkennen. Nach dem von Oberleutnant Mareiner angelegten Plan war das mit

Soldaten überfüllte Lehmkatendorf in eine Festung verwandelt worden. Die Hütten an den Ortsrändern waren zu Kampfständen ausgebaut worden, deren Wände man mit einer meterdicken Eisschicht und mit den ins Eis eingefrorenen Bestandteilen der Panzerwracks verstärkt hatte. Außer den Zugmaschinen für die Geschütze, die in der Balka am Nordausgang des Dorfes abgestellt waren, den beiden erbeuteten und fahr- und kampfbereit in Stand gesetzten russischen Panzern und den beiden Sturmgeschützen waren sämtliche Fahrzeuge vernichtet worden. Die Holzteile waren zersägt und als Brennmaterial für die unterirdisch angelegten Bunkeröfen aufgestapelt worden, alles Übrige hatte den findigen Pionieren zur Verstärkung der Deckungs- und Kampfanlagen gedient. Die Hütten im Ortsinneren, soweit man sie nicht niedergelegt hatte, waren nur noch Attrappen der unter den Fußböden ausgeschachteten Wohnbunker und Gefechtsstände, die durch Stollengänge miteinander verbunden waren.

Ungestört hatte die Besatzung von Lysselkowo die Bauarbeiten nach Oberleutnant Mareiners Plan vollenden können. Auch die gefangenen Russen, deren Zahl mit denen, die Unteroffizier Kirchwein ins Dorf brachte, auf fünfundsechzig Mann angewachsen war, hatten sich mit unerwartetem Eifer am Ausbau der Festung Lysselkowo beteiligt und für sich selbst zwei geräumige Bunker geschaffen, als sei ihr eigenes Schicksal fortan unlösbar mit dem der Kampfgruppe Martin verbunden.

Die Einzigen, die man nicht zur Bauarbeit herangezogen hatte, waren Leutnant Marianows Kosaken. Sie waren fast ständig im Sattel ihrer kleinen struppigen Pferde auf Erkundung unterwegs gewesen. Ihrer Lebensweise als freie Reiter der Steppe entsprach es nicht, sich wie Wühlmäuse in die Erde zu graben. Zudem fühlte sich Sergej Wassiljewitsch Marianow in seinem Stolz verletzt, weil man ihn und seine Kosaken nicht zur Bergung des deutschen Wachtmeisters herangezogen hatte.

Am Abend des 23. Dezember, nachdem Oberleutnant Mareiner dem Kampfkommandanten die planmäßige Fertigstellung der Befestigungs- und Unterkunftsanlagen gemeldet hatte, erschien der Kosakenoffizier in Hauptmann Martins unterirdischem Gefechtsstand und erklärte, die freiwillig von ihm übernommene Erkundungsaufgabe sei beendet, er sehe keinen Anlass, sich mit seinen Reitern länger in Lysselkowo aufzuhalten.

Hauptmann Martin war durch diese Eröffnung einigermaßen überrascht. Nach seiner Erfahrung im Ostfeldzug hielten die Kosaken mit bedingungsloser Treue zu den Deutschen, in denen sie ihre Verbündeten im Kampf gegen die Bolschewiken erblickten. Hatte Leutnant Marianow einen besonderen Grund dafür, dass er mit seinen Kosaken aus Lysselkowo verschwinden wollte? Wusste er etwas von einem bevorstehenden Angriff? Oder erwartete er den baldigen Zusammenbruch der gesamten deutschen Ostfront?

»Sie wollen uns also verlassen, Leutnant Marianow«, sagte der Hauptmann, ohne sein Befremden zu verbergen. »Darf ich Ihre weiteren Absichten erfahren?«

Der Kosak strich lächelnd über seinen dunklen Schnurrbart.

»Ich lese Ihre Gedanken, Gospodjin Hauptmann. Nein, nicht die Furcht vor Stalin treibt uns von Lysselkowo fort. Ich reite zu nächstem deutschem Kommando und bringe Meldung, dass es in Lysselkowo noch eine Besatzung gibt. Zufrieden, Gospodjin Hauptmann?«

Hauptmann Martin streckte impulsiv die Rechte aus und ergriff die Hand des Leutnants, der breitbeinig vor ihm stand, in der Linken die aus Leder geflochtene Nagaika, auf dem runden Schädel die verwegen schräg sitzende schwarze Fellmütze.

»Ich danke Ihnen und wünsche Ihnen und Ihren Reitern Glück und Erfolg«, sagte der Hauptmann.

Leutnant Marianow legte die Hand grüßend an den Rand der Fellmütze, wandte sich ohne ein weiteres Wort zum Gehen und verschwand durch den Bunkerausstieg ins Freie.

»Ich frage mich, ob es nicht ein Fehler war, ihn gehen zu lassen, Herr Hauptmann«, bemerkte Leutnant Holler nachdenklich.

»Sie haben doch gehört, was er vorhat«, entgegnete Martin.

»Gehört schon«, meinte der Adjutant, »jedoch mir fehlt der Glaube. Ich fürchte, da steckt etwas dahinter. Wer kennt sich in diesen Russen aus?«

»Niemand«, gab Hauptmann Martin zu, »aber in diesem Falle bin ich überzeugt, dass wir nichts zu bereuen haben. Ich habe mir schon die ganze Zeit überlegt, wie wir mit der neuen Front, die sich ja irgendwo bilden muss, Verbindung aufnehmen könnten.

Wenn einer es schafft, Holler, dann ist es dieser Marianow.«

Leutnant Holler wiegte noch immer zweifelnd den Kopf.

»Hoffen wir, dass Sie Recht behalten, Herr Hauptmann.«

Nach einer Pause fügte er hinzu:

»Wir sprachen vorhin über die Weihnachtszuteilung, Herr Hauptmann. Haben Sie sich inzwischen entschieden?«

Hauptmann Martin nickte.

»Wir lassen für alle, auch für die russischen Gefangenen, Tee mit Rum ausgeben, dazu zehn Zigaretten pro Mann. Besser, die Männer liegen zu Weihnachten krumm, als dass später das fehlt, was wir jetzt allzu großzügig verteilen. Wer werden ohnehin den Gürtel enger schnallen müssen, wenn uns nicht falsche Vorratswirtschaft eines Tages zu übereilten Entschlüssen zwingen soll.«

Er schien noch etwas sagen zu wollen, unterließ es jedoch, zog den Übermantel an, drückte die Feldmütze aufs Haar, in das sich zusehends immer mehr graue Strähnen mischten, und verließ den Bunker zum abendlichen Rundgang durch das Höhlenlabyrinth.

Als Erstes suchte Hauptmann Martin wie stets den unter die Erde verlegten Verbandsplatz auf.

In Lysselkowo gab es keinen Arzt. Die Batterie war vom Abteilungsarzt versorgt worden, als man noch Verbindung mit der Abteilung hatte, deren Gefechtsstand am 12. Dezember nach Westen in die Gegend von Tschertikowo verlegt worden war. Auch die Pioniere waren nur mit zwei Sanitätsdienstgraden nach

Lysselkowo gekommen, und die Italiener hatten nicht einmal Krankenträger mitgebracht. Unter Kirchweins Hiwis jedoch befand sich ein ehemaliger Feldscher der Roten Armee, der jetzt dem Verbandsplatz als Chefsanitäter vorstand, da er als Einziger in der Lage war, leichtere chirurgische Eingriffe vorzunehmen. Jedenfalls hatte er erklärt, dass er es verstünde, wenn er auch bisher noch keine Operation hatte durchführen müssen. Die Verwundeten waren alle außer Lebensgefahr. In den beiden letzten Tagen hatte sich die Zahl von zweiundzwanzig »Liegenden«, unter denen auch sieben Italiener waren, nicht erhöht. Der einzige Patient, der keine Verwundung aufwies, war Wachtmeister Fendt. Seine Gehirnerschütterung hatte er nahezu überwunden, doch an beiden Füßen hatte der Feldscher Ignatij Nikolajewitsch Saburow schwere Erfrierungen festgestellt, die zu ernsten Befürchtungen Anlass gaben.

Wie alle anderen lag auch Fendt auf Stroh, das man ringsum an den Bunkerwänden aufgeschüttet hatte. Als er den Hauptmann erblickte, der gebückt durch den Stollengang in den Bunker kam, richtete er sich mit dem Oberkörper auf und versuchte so etwas wie Haltung anzunehmen.

Hauptmann Martin winkte ab.

»Machen Sie keine Geschichten, Fendt! Wir sind hier unter uns. Wie steht's mit den Füßen? Noch keine Besserung?«

»Bisher nicht, Herr Hauptmann«, antwortete Fendt. »Wenn ich mir vorstelle, dass es zum Ausbruch kommt. Auf den Händen kann man ja schlecht gehen.«

»Wenn es zum Ausbruch kommt«, erklärte der Hauptmann betont, so dass es jeder im Verbandsplatz auf sich beziehen konnte, »wenn es dazu kommt, was heute noch niemand sagen kann, bleibt hier keiner zurück, kein Verwundeter und kein Kranker. Aber es wird schon wieder, Fendt. Nur den Mut nicht sinken lassen.«

»Nein, Herr Hauptmann«, sagte Fendt, obgleich er wusste, dass es für seine Füße keine Heilung mehr gab. Hauptmann Martin ging von Mann zu Mann. Für jeden fand er ein Wort des Zuspruchs. Schließlich drückte er dem geschmeichelt lächelnden Feldscher die Hand und sagte:

»Ja, wenn wir Sie nicht hätten, Doktor.«

Den deutschen Sanitätern nickte er anerkennend zu, bevor er den Verbandsbunker verließ.

Er stieg hinauf ins Freie und ging durch den Laufgraben zu den Posten, die draußen in den MG-Ständen Wache hielten.

Als Nächstes begab er sich zum Gefechtsstand von Leutnant Favere, der den Verteidigungsabschnitt Ost befehligte.

»Wie fühlen Sie sich in Ihrer neuen Behausung, Favere?«, fragte er den Leutnant, der ihn in Mantel, Schal und Mütze empfing, obgleich der Ofen, den man auch bei ihm im Bunker aufgestellt hatte, geheizt war.

»Grazie, Signor Capitano, molto bene«, antwortete der Italiener, unterbrach sich und fügte auf Deutsch hinzu: »Verzeihung, Herr Hauptmann – es war sehr unhöflich, Ihnen in meiner Muttersprache zu antworten. Ich war – wie sagt man – abwesend mit meinen Gedanken.«

Hauptmann Martin beschwichtigte ihn mit einer abwehrenden Geste.

»Kein Grund, sich zu entschuldigen, Leutnant. Wie sieht es aus bei Ihrer Kompanie? Alles in Ordnung?«

»Jawohl, Herr Hauptmann, alles in Ordnung«, erwiderte Favere. »Nur die Stimmung ist etwas niedergedrückt, seitdem man erfahren hat, dass die Kosaken uns verlassen haben. Die Soldaten sehen darin ein schlechtes Vorzeichen. Auch mich hat es beeindruckt, wie ich gestehen muss.«

Hauptmann Martin nickte.

»Kann ich mir denken. Aber Sie sehen es falsch, Leutnant Favere. Auch ich war, ehrlich gesagt, betroffen, als der Kosakenoffizier sich und seine Reiter bei mir abmeldete. Aber Sie müssen wissen, weshalb die Kosaken nicht bei uns geblieben sind. Sie wollen sich nicht in Sicherheit bringen, wie man annehmen könnte. Ihre Absicht ist es, die Verbindung von Lysselkowo zu unserer neuen Front herzustellen.«

Plötzlich belebten sich die hageren Züge des Italieners.

»Dio mio!«, rief er aus. »Das bedeutet also, dass wir auf Entsatz hoffen können?«

Hauptmann Martin schüttelte bedächtig den Kopf.

»Ich glaube, Sie schießen übers Ziel hinaus, Favere. Entsatz – das käme wohl nur im Zuge eines Gegenangriffes zur Wiederherstellung der alten Frontlinie in Frage. Ich bezweifle stark, dass zu einer solchen Aktion die Kräfte ausreichen. Aber es ist schon viel gewonnen, wenn man überhaupt erfährt, dass wir noch existieren. Im Augenblick sind wir abgeschrieben, das heißt, niemand dürfte annehmen, dass in Lysselkowo noch eine gut bewaffnete kampfstarke Truppe steht, die immerhin im Stande ist, sich geraume Zeit zu halten. Wir wollen hoffen, dass die Kosaken durchkommen. Wenn es jemandem gelingt, dann nur diesen zähen, unverwüstlichen Steppenreitern, denen der Winter nichts anhaben kann.«

Faveres Begeisterung war abgeflaut.

»Jawohl, Herr Hauptmann«, sagte er. »Aber selbst wenn die Kosaken sich durchschlagen – wie soll es mit uns weitergehen? Mit einer Befreiung von außen rechnen Sie doch nicht?«

»Ich bin kein Prophet, Leutnant«, entgegnete Martin abweisend. »Wie soll ich in dieser Stunde die Entwicklung übersehen? Ich weiß ja ebenso wenig wie Sie, wie weit die Front zurückgeworfen worden ist. Zum Mindesten müssen wir abwarten, bis die Lage sich stabilisiert und bis wir – so oder so – von draußen etwas erfahren. Meine Funkstelle ist ständig auf Empfang. Außerdem sendet sie seit fünf Tagen zu gewissen Zeiten Notrufe aus. Ich vermute, was Sie denken, Leutnant Favere. Sie fragen sich, warum ich so viele Anstrengungen darauf verwendet habe, Lysselkowo in Verteidigungsbereitschaft zu bringen, und warum ich nicht stattdessen den Ausbruch befohlen habe. In diesen Tagen wäre es heller Wahnsinn gewesen. Jede Stunde hätten wir auf eine der russischen Kolonnen stoßen können, die ihren durchgebrochenen Angriffsspitzen folgen. Und was dann? Nein, Favere, ich bin kein Durchhalteapostel, für den mich vielleicht manche halten. Ich versuche nur, aus der Situation, wie sie nun einmal eingetreten ist, das Beste für uns zu machen. Versuchen Sie, Vertrauen zu fassen, Favere. Nur einer kann befehlen, und dieser eine bin ich als rangältester Offizier in Lysselkowo. Ich habe nichts gegen eine offene Aussprache, aber ich schätze es nicht, wenn Befehle, die ich gebe, diskutiert werden. Sie haben mich doch verstanden, Leutnant Favere?«

»Jawohl, Herr Hauptmann«, antwortete der Italiener steif, »ich habe verstanden.«

Hauptmann Martin verließ den Bunker, in dem der italienische Leutnant ganz allein in Gesellschaft des Feldtelefons hauste, das mit der Befehlszentrale durch eine unterirdisch verlegte Leitung verbunden war. Seine Melder hatte Favere in einem anderen Raum des Höhlenlabyrinths untergebracht. Vielleicht war seine selbst gewählte Einsamkeit daran schuld, dass er zu viel über Dinge nachdachte, an denen er am allerwenigsten etwas ändern konnte.

Hauptmann Martin stieg wieder ins Freie hinauf. Die eisige Schneeluft erfrischte ihn. Er ging zum Gefechtsstand von Leutnant Künzle und sprach mit dem zeitweiligen Batterieführer, der zwar den verwundeten Arm noch in der Schlinge trug, aber von seiner Unerschütterlichkeit nichts eingebüßt hatte.

Auch Oberleutnant Mareiner, den der Hauptmann anschließend aufsuchte, begrüßte ihn mit ungekünstelter Munterkeit. Ebenso war es bei Wachtmeister Hellbach und bei Unteroffizier Kirchwein. Sie alle hatten den vergangenen Winter an vorderster Front erlebt und überstanden und schienen nicht daran zu zweifeln, dass auch diesmal alles trotz der derzeit unklaren Lage einen guten Ausgang nehmen werde.

Als Hauptmann Martin, durch den lockeren Neuschnee stapfend, der die Sohle des Laufgrabens füllte, zu seinem Gefechtsstand zurückkehrte, sagte er sich, man müsse den italienischen Leutnant beizeiten etwas aufmuntern, bevor er den Mut vollends verlor.

Im Gefechtsstand angelangt, läutete er Oberleutnant Mareiner an und fragte ihn, ob unter seinen Tirolern einer sei, der Italienisch spreche.

»Das haben wir rasch festgestellt, Herr Hauptmann«, gab Mareiner zurück. »Worum handelt es sich denn, Herr Hauptmann?«

»Um Leutnant Favere«, sagte Martin. »Ich mache mir Sorgen um ihn. Wir sollten einen Verbindungsmann zu ihm schicken, am besten natürlich einen, mit dem er italienisch reden kann.«

»Verstehe«, sagte Mareiner, »werde mich sofort darum kümmern.«

»Was hat denn der für Probleme«, meinte Leutnant Holler, nachdem der Hauptmann aufgelegt hatte. »Favere sollte froh sein, dass er bei uns gelandet ist. Wenn Oberleutnant Mareiner nicht gewesen wäre, säße er jetzt beim Feind, wenn er überhaupt noch am Leben wäre.«

»So einfach, wie Sie es sehen, ist es nicht«, widersprach Hauptmann Martin. »Stellen Sie sich vor, Sie wären an Faveres Stelle, und Sie säßen als einziger deutscher Offizier in ähnlicher Lage unter lauter Italienern. Mir tut Favere Leid. Ich hoffe, ich habe ihn nicht zu schroff angefasst.«

Er wollte noch etwas hinzufügen, doch plötzlich läutete der Fernsprecher. Er hob den Handapparat ab.

»Hauptmann Martin. Wer spricht?«

Am anderen Ende der Leitung meldete sich Unteroffizier Kirchwein.

»Weiße Leuchtkugeln im Nordwesten«, sagte er. »Meine Posten haben es soeben beobachtet.«

»Gut«, sagte Martin. »Legen Sie auf! Ich komme.«

Bevor er den Gefechtsstand verließ, rief auch Oberleutnant Mareiner an und meldete die gleiche Beobachtung, die er selbst wahrgenommen hatte.

»Ich gehe zu Kirchwein«, sagte der Hauptmann. »Am besten wird sein, wir treffen uns dort.«

Nachdem er abgeläutet hatte, sagte er zu Holler:

»Alarmieren Sie Künzle, Favere und Hellbach. Sie sollen vorsorglich Gefechtsbereitschaft anordnen.«

Zu dritt standen sie neben einer der MG-Stellungen am Nordwestrand im Schnee: Hauptmann Martin, Oberleutnant Mareiner und Unteroffizier Kirchwein.

Noch immer zischten draußen über der Steppe helle Sterne hoch, zerplatzten und verbreiteten über der weißen Fläche ihr zitterndes kreidiges Licht. Man hätte es für eine Naturerscheinung halten können, aber es waren Leuchtkugeln, daran gab es keinen Zweifel. Doch eine Erklärung für das nächtliche Phänomen fand man nicht. Weiße Leuchtkugeln schoss man ab, um das Vorfeld vor den eigenen Stellungen in der Helligkeit des Magnesiumlichtes überblicken zu können. Aber dort draußen waren keine Stellungen und kein Vorfeld.

»Vielleicht soll es ein Erkennungszeichen sein«, meinte Mareiner.

»Möglich«, räumte Hauptmann Martin ein. »Jedenfalls sind dort Russen. Wenn es eigene wären, käme nur grünes Licht in Frage. Ich glaube, es ist ein Voraustrupp, der auf Verstärkung wartet. Wenn es so ist, müssen wir mit einem baldigen Angriff rechnen.«

Die Leuchtkugeln waren erloschen. Es folgten keine mehr nach. Der Feind hatte demnach sein Ziel erreicht.

Die Dunkelheit schien sich auf einmal verdichtet zu haben. Sacht begann es zu schneien.

Hauptmann Martin schärfte den Posten am MG äußerste Wachsamkeit ein.

»Ich bleibe am besten fürs Erste hier«, sagte Unteroffizier Kirchwein, der die größte Erfahrung von allen im Infanteriekampf hatte.

Hauptmann Martin und der Oberleutnant gingen ins Dorf zurück. Als sie sich bei Mareiners Gefechtsstand trennen wollten, ertönte weit draußen im Nordwesten ein Paukenschlag.

»Abschuss«, sagte Mareiner.

Schon jaulte es durch die Luft heran und schlug unter Blitzen und Krachen in der Nähe der Balka ein.

»Der Auftakt«, sagte Hauptmann Martin. »Wenn wir ihnen nicht dazwischenfunken, schießen sie sich in aller Ruhe mit einem Arbeitsgeschütz ein. Ich gehe zu Künzle. Mal sehen, wie weit er ist. Wie steht es übrigens mit dem Gesellschafter für Leutnant Favere? Haben Sie einen geeigneten Mann gefunden?«

»Mein Hauptfeldwebel erledigt das«, gab Mareiner zurück. »Allerdings dürfte es auch für unseren Bundesgenossen bald genügend Zeitvertreib geben.«

Wie zur Bestätigung feuerte das feindliche Geschütz zum zweiten Mal. Aber auch der zweite Einschlag lag noch ein gutes Ende vom Dorf entfernt.

Planschießen, sagte sich Hauptmann Martin, während er den Weg zur Feuerstellung der Batterie einschlug.

Leutnant Künzle kam dem Hauptmann entgegen.

»Batterie feuerbereit«, meldete er.

»Kommen wir mit dem Schwenkungsbereich hin?«, fragte Martin.

»Ich denke schon, Herr Hauptmann«, antwortete Künzle.

Die Batterie konnte jetzt wieder mit vier Rohren schießen. Das Geschütz, das während des Panzerangriffs beschädigt worden war, war inzwischen wieder in Stand gesetzt worden. Für die Kanoniere, die ausgefallen waren, hatte Leutnant Künzle Leute vom Tross herangeholt.

»Wir müssen es frei nach Schnauze versuchen«, sagte Künzle.

»Das Mündungsfeuer ist nur ganz schwach zu erkennen.«

Sie waren in der Feuerstellung angelangt, die etwas erhöht lag. Einige Häuser waren zur Erweiterung des Schussfeldes abgebrochen worden. Die Rohre der vier Geschütze waren schräg hochgekurbelt.

»Vierte Ladung Aufschlag, zwotes allein!«, befahl Künzle.

Im gleichen Augenblick, als die Ladekanoniere sich betätigten, sah man draußen in der Dunkelheit, durch die lautlos die Flocken fielen, ein fahles Aufblitzen, gefolgt vom gedämpften Knall des Abschusses.

»Feuer!«, befahl Leutnant Künzle.

Fast gleichzeitig mit dem Einschlag von drüben, der schon näher gerückt war, dröhnte schmetternd der Abschuss des zweiten Geschützes. Mit einem Feuerstrahl fuhr die Granate aus dem Rohr.

Hauptmann Martin und Leutnant Künzle starrten in die Dunkelheit, bis weit draußen ein rotes Aufflammen den Einschlag verriet.

»Machen Sie weiter, Künzle«, sagte Hauptmann Martin. »Die drüben sollen wissen, dass wir etwas auf dem Kasten haben. Aber gehen Sie nicht zu verschwenderisch um mit der Munition!«

Hauptmann Martin verließ die Feuerstellung. Als er sich dem Einstieg zu seinem Gefechtsstand näherte, rauschte es plötzlich bedrohlich über ihm. Am Ostrand des Dorfes donnerten die Detonationen einer ganzen Serie schwerer Granaten.

Das muss bei den Italienern gewesen sein, dachte Martin und stieg die steile Bunkertreppe hinunter.

Im Gefechtsstand, in dem eine Benzinlampe ihr grelles Licht verbreitete, empfing Leutnant Holler den Chef mit den Worten:

»Wachtmeister Hellbach hat soeben angerufen. Er vermutet, dass es den Bunker von Leutnant Favere erwischt hat. Hellbach ist mit seinen Leuten und ein paar Hiwis unterwegs, um nachzusehen.«

Von neuem schlug es draußen ein, diesmal mitten im Dorf.

Und gleichsam als Echo brüllten die Abschüsse der vier Haubitzen auf.

Wenig später läutete das Feldtelefon. Es war Wachtmeister Hellbach. Hauptmann Martin übernahm das Gespräch.

»Der Bunker hat gehalten, Herr Hauptmann«, meldete der Führer der Sturmgeschütze, »aber der italienische Leutnant muss gerade auf dem Weg nach oben gewesen sein. Er ist übel zugerichtet, wird gerade zum Verbandsplatz geschafft.«

»Sonstige Verluste?«, fragte der Hauptmann.

»Keine, soweit ich feststellen konnte«, antwortete der Wachtmeister.

Der Hauptmann befahl Leutnant Holler, im Verbandsplatz nach dem verwundeten Favere zu sehen.

»Gehen Sie durch den Stollen!«, sagte er, als Holler die Stufen hinaufsteigen wollte.

Wie gut, dass wir rechtzeitig vorgesorgt haben, dachte Hauptmann Martin. Wenn Faveres Bunker einem Volltreffer standgehalten hatte, war das ein Zeichen dafür, dass der Russe es mit seiner Artillerie nicht schaffen würde.

»Morphium – geben Sie Morphium!«

Der russische Feldscher schüttelte die Fäuste gegen den deutschen Sanitätsunteroffizier, der nur hilflos die Schultern zucken konnte.

»Wir haben nichts.«

Verzweifelt stieß der Hiwi russische Worte aus, die niemand verstand, und draußen dröhnten wie schwere Hammerschläge die Explosionen zerberstender Granaten.

Vier Mann hielten Leutnant Favere auf der Trage fest, auf der sie ihn zum Verbandsplatz gebracht hatten. Auf dem Weg durch den Stollen hatte der Leutnant geschrien. Jetzt schrie er nicht mehr, aber er wand sich und versuchte sich aufzubäumen, als wehre er sich gegen den Zugriff des Todes.

Granatsplitter waren ihm in die Brust und den

Leib eingedrungen, sein linkes Bein war verkrümmt, aus dem Stiefel quoll Blut, wie aus einem Gefäß, dessen Inhalt überlief. Das hagere Gesicht war grau, Schweiß perlte über die Stirn, die großen dunklen Augen waren verschleiert, als sei ihr Blick schon getrübt.

»Kann nicht helfen – kann nicht helfen«, rief der Feldscher Saburow, als Leutnant Holler im Bunker erschien.

Die Verwundeten starrten von ihrem Strohlager auf den sterbenden Italiener, der ohne Beistand grauenhafte Schmerzen erdulden musste. Auch ihnen hatte niemand schmerzstillende Mittel verabreicht, als sie auf dem Verbandsplatz eingeliefert wurden. Aber für sie war alles erträglich gewesen, weil sie den Tod nicht vor Augen hatten.

Leutnant Holler beugte sich zu Favere nieder. Mit seinem Taschentuch, das er selbst in aufgetautem Schneewasser gewaschen hatte, wischte er den Schweiß von der Stirn des Schwerverwundeten.

Favere dankte ihm mit einem Blick. Dann kamen abgehackte italienische Worte über seine Lippen. Leutnant Holler winkte einen der verwundeten Italiener heran.

Der Mann erhob sich ächzend aus dem Stroh. Sein rechter Arm war geschient und dick verbunden.

Holler deutete auf den Leutnant.

»Parlare«, sagte er, zeigte auf seine Lippen und machte die Bewegung des Sprechens.

»O si, si, capisco, Tenente«, sagte der Italiener und kniete neben seinem Leutnant nieder.

Favere öffnete noch einmal die Lippen, aber nur

ein Seufzer, mit dem er sein Leben aushauchte, entrang sich seiner Brust.

Der italienische Soldat bekreuzigte sich und presste die gesunde Hand vor sein Gesicht.

Leutnant Holler drückte dem Offizier vom zerschlagenen Bataillon Derrutti die Augen zu und verließ auf dem unterirdischen Weg, auf dem er gekommen war, den Bunker.

Als er im Gefechtsstand eintraf, fragte Hauptmann Martin:

»Wie steht es? Gibt es noch Hoffnung für ihn?«

Holler schüttelte den Kopf.

»Nein, Herr Hauptmann. Leutnant Favere ist tot.«

Hauptmann Martin wandte sich ab. Er drehte die Kurbel des Fernsprechers, hob den Handapparat und verlangte, als Unteroffizier Kolb sich in der Vermittlung meldete, den Gefechtsstand der Pioniere.

»Geben Sie mir Oberleutnant Mareiner«, sagte der Hauptmann. »Mareiner – hier Martin. Wir brauchen den Verbindungsmann nicht mehr. Leutnant Favere ist schwer verwundet worden und soeben im Verbandsplatz gestorben. Sie müssen wohl die Italiener mit übernehmen, Mareiner, wenn dort etwas eintritt. Am besten wird es sein, Sie stellen eine Gruppe mit einem zuverlässigen Unteroffizier als Rückhalt für den Ostabschnitt bereit. Können Sie es den Italienern mitteilen? Es wird ein schwerer Schlag für sie sein. Wie sieht es bei ihnen aus? Keine Verluste? Das ist erfreulich. Sie sehen, wie gut es war, dass wir in die Erde gegangen sind. Kommen Sie doch bei mir vorbei, wenn Sie bei den Italienern waren. Ich möchte den Verteidigungsplan noch einmal mit Ihnen durchsprechen. Wie meinen Sie? – Ja, der Russe schießt erstaunlich gut. Demnach muss Lysselkowo doch auf seinen Karten eingezeichnet sein.«

Hauptmann Martin legte auf. Was wird morgen sein, fragte er sich. Würde der Stützpunkt Lysselkowo auf die Dauer der Beschießung standhalten? Würde die Besatzung im Stande sein, den Feind abzuwehren, wenn er käme?

Mit einer heftigen Bewegung fuhr er sich über die Stirn, als wollte er die düsteren Gedanken, die ihn bedrängten, fortwischen wie etwas Lästiges. Nein, er hatte an alles gedacht. Die Kampfgruppe Martin, zu der er die Besatzung von Lysselkowo zusammengefügt hatte, würde nicht versagen. Sie musste durchhalten, nicht um ein sinnloses Opfer zu bringen, wie es höheren Ortes so oft gefordert wurde, sondern um eines Tages bei günstiger Gelegenheit den Anschluss zu finden an die zurückgeworfene eigene Front.

Kurz nach Mitternacht hatte die Beschießung, die sich zuletzt auf zeitweilige Feuerüberfälle beschränkt hatte, ganz aufgehört.

In Lysselkowo versuchte jeder, den Schlaf nachzuholen, aus dem man immer wieder aufgeschreckt worden war, wenn über den Köpfen die Granateinschläge krachten. Niemand zweifelte daran, dass der Russe bei Tagesanbruch kommen würde.

Gegen vier Uhr morgens erwachte Oberleutnant Mareiner in tiefer Dunkelheit. Er tastete nach der Taschenlampe, stellte die Uhrzeit fest, stand auf und zündete die Kerosinlampe auf dem wackligen Tisch an, auf dem die Schreibarbeiten für die Kompanie erledigt wurden. Das Feuer in dem kleinen Bunkerofen war längst erloschen. Es war so kalt geworden, dass es in dem frischen Tannenholz knackte, mit dem der Bunker versteift war.

Unteroffizier Mayerhofer und die fünf Mann des Kompanietrupps schliefen fest, bis zur Nase in ihre Decken gewickelt.

In Lysselkowo war es totenstill.

Oberleutnant Mareiner läutete die Vermittlung an und verlangte eine Verbindung mit Hauptmann Martin. Gut, dass man das Fernsprechnetz doch nicht abgebaut hatte.

Sekunden später hörte Mareiner die Stimme des Hauptmanns vom anderen Ende der Leitung.

»Was halten Sie davon, Herr Hauptmann, wenn ich mich mal in der näheren Umgebung ein bisschen umsehe?«, fragte Mareiner.

»Kein schlechter Gedanke«, meinte Martin, »aber wollen Sie das nicht einem Ihrer Unteroffiziere überlassen? Sie verstehen mich, Mareiner.«

»Durchaus, Herr Hauptmann«, gab der Pionieroffizier zurück. »Aber solche Sachen führe ich am liebsten selbst durch. Wir sollten doch wissen, wie wir dran sind, nicht wahr? Ich veranschlage etwa drei Stunden für das Unternehmen. Um sieben hoffe ich zurück zu sein.«

»Also gut«, tönte es in der Hörmuschel, »Hals- und Beinbruch, Mareiner. Ich werde die Posten unterrichten lassen, damit Sie nicht womöglich bei der Rückkehr angeschossen werden.«

Mareiner läutete ab und weckte einen seiner Melder.

Während der Pionier loszog, um eine Gruppe vom

ersten Zug auf die Beine zu bringen, schnürte Mareiner die unangenehm steifen Skischuhe zu, die einmal einem russischen Patrouillenführer gehört hatten.

In der Feldflasche war noch ein Schluck eiskalten Ersatzkaffees von der Abendverpflegung. Mit dem kalten, bitter schmeckenden Getränk spülte Mareiner ein Stück trockenes Kommissbrot hinunter.

Der Melder kam zurück.

»Gruppe Horn, wie befohlen, zum Abmarsch angetreten, Herr Oberleutnant.«

Mareiner holte Unteroffizier Mayerhofer, den Kompanietruppführer, aus seinen Decken hoch und übertrug ihm für die Zeit seiner Abwesenheit das Kommando. Dann streifte er das erbeutete russische Schneehemd über, nahm die Maschinenpistole und die Fausthandschuhe und verließ über die Treppe, die nach oben führte, seinen Gefechtsstand. Seine Skiausrüstung war von der Gruppe des Obergefreiten Horn hinaufgebracht worden.

Draußen war noch tiefe Nacht. Es schneite ohne Wind in dichten kleinen Flocken. Das fahle, ungewisse Licht, das von der winterlichen Hülle ausging, reichte aus, um die Zerstörungen zu erkennen, die der nächtliche Artilleriebeschuss angerichtet hatte. Zahlreiche der kleinen Lehmkaten des Dorfes waren in sich zusammengestürzt oder wiesen riesige Löcher auf, die der Luftdruck der Explosionen oder Granatsplitter gerissen hatten.

Der Obergefreite Horn, weiß vermummt wie alle anderen, meldete sich.

Sie schnallten die Skier an und glitten durch das schlafende Dorf.

In der Batteriestellung stand bei jedem der vier Geschütze eine Wache.

»Was habt ihr denn vor?«, fragte einer der Posten den Oberleutnant, den er in dem Schneehemd nicht erkannte.

»Frühsport«, sagte Mareiner. »Wollt ihr nicht mitmachen?«

»Nee«, gab der Posten, ein Berliner, zurück, »und mit euren Holzpantinen schon gar nicht.«

Als der kleine Spähtrupp die MG-Stellungen der Infanterie passierte, schärfte Mareiner dem Wachhabenden ein, sie sollten sich, wenn er zurückkäme, nicht verschauen.

»Wir passen schon auf, Herr Oberleutnant«, sagte der Gefreite. »Ich werde auch der Ablösung, die um fünf kommt, Bescheid geben.«

Die Schneeschuhpatrouille glitt in die Weite der nächtlichen Steppe hinaus.

Eigentlich ist Lysselkowo wie eine Insel, dachte Mareiner. Aber es hatte wenigstens den Vorteil, dass man kein Schiff brauchte, um abzulegen.

Dann fiel ihm unvermittelt ein, dass der 24. Dezember begonnen hatte. Vor einem Jahr hatte er, damals noch Leutnant, mit seiner Kompanie, die der erste russische Winter zu einem Drittel verschlungen hatte, eine Stellung am Donez gehalten. Nun würde es wohl bald wieder der Donez sein, wenn es nach den bisherigen Rückschlägen überhaupt noch einmal zur Bildung einer festen Frontlinie kam. War es nicht eine womöglich folgenschwere Fehldisposition von Hauptmann Martin gewesen, als er sich entschloss, Lysselkowo als Stützpunkt auszubauen? Dass er blieb, anstatt die sofortige Räumung des Dorfes zu befehlen, als feststand, dass die Don-Front der Italiener zusammengebrochen war? War nicht die Lage der in Stalingrad abgeschnittenen 6. Armee ein Beispiel dafür, dass man mit dem Ausbruch nicht zögern durfte? Im vergangenen Winter mochte die damals angewandte Stützpunkttaktik trotz der hohen Verluste, die sie zur Folge hatte, eine Katastrophe verhindert haben. Inzwischen hatte der Russe erheblich dazugelernt und sich umgestellt. Sein Vorgehen gegen die Stalingrad-Armee bewies es mehr als deutlich. Andererseits aber war Hauptmann Martin ein außerordentlich fähiger Truppenführer, der nicht nur den Verstand eines Artilleristen hatte. Selbst wenn Martin den Befehl dazu erhielte, würde er niemals bereit sein, die Besatzung von Lysselkowo zu opfern. Er musste im Ausharren am Ort, so bedrohlich es sich auch auswirken mochte, einen Sinn erblicken, der sich nicht ohne Weiteres erkennen ließ.

Der Spähtrupp hatte Lysselkowo in nordwestlicher Richtung verlassen. Im Nordwesten waren am Abend die weißen Leuchtkugeln hochgestiegen. Dort hatte auch das Mündungsfeuer des Artilleriebeschusses geflackert.

Der feine, lautlos rieselnde Schnee fiel immer dichter. Nach Mareiners Schätzung hatte die Kälte zwanzig Grad erreicht. Doch da Windstille herrschte, war der Frost nicht so schneidend, zumal man in ständiger Bewegung war.

Sie mochten etwa vier Kilometer zurückgelegt haben, als nicht weit voraus ein heftiger Knall, der einem sekundenschnellen Aufblitzen folgte, die Stille der Winternacht zerriss. Und die Stille kehrte nicht zurück. Die Paukenschläge der Granatabschüsse hallten in so rasender Folge, dass man sie nicht voneinander unterscheiden konnte. Ein wildes Geflacker hob an. Über den kleinen Spähtrupp hinweg zogen jaulend die Granatsalven der auf engem Raum aufgefahrenen feindlichen Batterien.

Plötzlich verhielt Oberleutnant Mareiner und warf sich in den Schnee. Die Gruppe folgte seinem Beispiel. Nah voraus tauchten schattenhafte Gestalten aus den Schleiern der senkrecht fallenden Flocken auf. Schweigend stapften sie in geringer Entfernung an den Pionieren vorbei, die sich flach in den tiefen Schnee pressten. Immer mehr rückten heran und verschwanden wieder.

Als niemand mehr nachfolgte, erhob sich Mareiner mit Hilfe der Skistöcke. Auch der Obergefreite Horn und seine Gruppe waren im Nu auf den Beinen.

Im Bogen nach Süden ausholend, glitten sie, indem sie alle Kraft in die Schubwirkung der Stöcke legten, mit weit ausgreifenden Langlaufschritten durch den Schnee, um den im Artilleriefeuer liegenden Stützpunkt rechtzeitig vor den Angreifern zu erreichen.

Um fünf Uhr dreißig erschien der Sanitätsunteroffizier Frey im Gefechtsstand bei Hauptmann Martin.

»Was sollen wir tun, Herr Hauptmann?«, sagte er. »Die Füße von Fendt sind nicht mehr zu retten. Der Russe behauptet, er muss amputieren. Aber wie, Herr Hauptmann? Es fehlt ja alles. Der russische Sani sagt, es geht jetzt um Stunden. Wenn der Brand auf die Beine übergreift, ist Fendt geliefert.«

Hauptmann Martin starrte an dem Unteroffizier vorbei.

Was war dazu zu sagen? Er war kein Arzt. Er konnte das fehlende Operationsbesteck nicht herbeizaubern.

»Gibt es denn keine Möglichkeit, Herr Hauptmann?«, fragte der Unteroffizier.

Martin hob beide Hände, mit einer Geste, die zum Ausdruck brachte, wie gern er hülfe, wenn er einen Ausweg wüsste.

Der Unteroffizier nahm Haltung an und wandte sich zum Gehen.

Leutnant Holler, der sich beim Erscheinen des Sanitätsunteroffiziers von seinem Lager erhoben hatte, sagte:

»Fendt hat es nicht verdient, dass man ihn einfach draufgehen lässt, Herr Hauptmann.«

»Das hat keiner«, warf Hauptmann Martin bitter ein. »Aber sagen Sie doch selbst, Holler, welchen Weg gäbe es denn? Wir sind abgeschnitten, oder richtiger: abgeschrieben. Wir müssen es durchstehen. Kapitulation kommt nicht in Betracht, ganz davon abgesehen, dass der arme Fendt keinen Vorteil davon hätte. Oder glauben Sie, die Russen würden sich überschlagen, um einen unserer Verwundeten zu retten?«

Leutnant Holler gab dem Hauptmann Recht, und doch wehrte sich etwas in ihm gegen den Gedanken, dass man einen Mann, der sich bewährt hatte wie kein anderer, einfach umkommen ließ.

Unvermittelt blickten der Hauptmann und sein B-Offizier hoch.

Die feindliche Artillerie feuerte wieder. Der Bunker zitterte unter der Wucht der Einschläge.

Die Männer vom Batterietrupp, die jetzt den Stab des Kampfkommandanten bildeten, sprangen aufgeschreckt von ihrem Strohlager hoch.

Hauptmann Martin läutete bei den Pionieren an.

»Ist Oberleutnant Mareiner schon zurück?«, fragte er.

»Nein«, hieß es, »noch nicht zurück.«

Das feindliche Feuer verstärkte sich immer mehr. Leutnant Holler alarmierte auf Weisung des Chefs die Besatzung von Lysselkowo. Der überfallartige Beschuss konnte nur eines bedeuten: die Einleitung eines Angriffs zur Beseitigung des deutschen Stützpunkts, den der Feind seinerseits als Bedrohung seiner rückwärtigen Verbindungen ansehen mochte.

Eine halbe Stunde lang hielt die Beschießung an, zuletzt etwas schwächer. Schon nach den ersten Einschlägen hatte Leutnant Künzle mit seinen vier Geschützen, die auch in der neuen Stellung nahezu splittersicher eingebaut waren, das Feuer erwidert, und wenn er auch sparsam umgehen musste mit der Munition, hatte es doch den Anschein, als habe er einige der feindlichen Geschütze außer Gefecht gesetzt oder zumindest zum Stellungswechsel gezwungen.

Plötzlich tappten Schritte die Treppe herunter. Mit von der Kälte und der Anstrengung gerötetem Gesicht erschien Oberleutnant Mareiner im Gefechtsstand.

»Sie kommen von Nordwesten – Stärke mindestens zwei Schützenkompanien – Panzer nicht beobachtet«, rief er aus, drehte sich um und jagte die Treppe wieder hinauf.

Als er seinen eigenen Gefechtsstand erreichte, feuerten am Ortsrand schon die Maschinengewehre.

Der Oberleutnant schob zwei Reservemagazine für seine MP in die Tasche des Schneehemds und begab sich zu seiner Kompanie, in die sich die Gruppe Horn mittlerweile wieder eingereiht hatte.

Auch Unteroffizier Kirchwein befand sich bei seinen Leuten, gegen die sich der Hauptstoß des Feindes zu richten schien.

Leutnant Künzle hatte die Bekämpfung der feindlichen Batterien eingestellt. Mit Abprallern, die dicht über der Schneefläche explodierten, versuchte er die schemenhaft heranwogende Angriffswelle zu zersprengen.

Im Laufgraben hinter Kirchwein lag eine Grenadiergruppe als Gegenstoßreserve bereit.

Schon hörte man schwach unter dem Rattern der MG und dem Peitschen der Karabinerschüsse das vielstimmige »Urrää« der angreifenden Rotarmisten.

Bei Unteroffizier Kirchwein erschien ein Melder von Wachtmeister Hellbach, rief »Feuer einstellen, sobald die Sturmgeschütze vorrollen!«, und hetzte weiter zu den Pionieren.

Wachtmeister Hellbach hatte mit seinen beiden Sturmgeschützen die Deckung verlassen.

Er fuhr an der Balka vorbei, erreichte die freie Fläche und eröffnete auf kurze Distanz das Feuer auf den Feind, der zuletzt nur noch sprungweise vorgegangen war.

Die von den Pionieren angelegten Minensperren meidend, stießen die beiden Sturmgeschütze unter ständigem Feuern in die Flanke des Feindes. In dem ungewissen Licht war zu erkennen, dass zahlreiche Angreifer sich aufrafften und in kopfloser Flucht davonhasteten. Doch viele blieben liegen, und Einzelne näherten sich zögernd mit erhobenen Händen dem Dorf.

»Angriff abgeschlagen«, meldeten Oberleutnant Mareiner und Unteroffizier Kirchwein fast gleichzeitig durch den Draht dem Kampfkommandanten.

Ein Kommando der Pioniere wurde ausgeschickt, um verwundete Rotarmisten zu bergen und die auf dem Gefechtsfeld verstreuten Waffen zu sammeln.

Bei einem der Toten, dem Arzt, der die beiden Kompanien seines Schützenbataillons beim Angriff begleitet hatte, fand man eine Tasche mit Instrumenten, Aderpressen, Verbandszeug und Medikamenten.

»Bringt das zum Verbandsplatz«, sagte Oberleutnant Mareiner, als man ihm die große Tasche nordamerikanischer Herkunft übergab, »die werden es sicher brauchen können.«

Wie gut der Feldscher von Lysselkowo den Inhalt der Sanitätstasche brauchen konnte, wusste Oberleutnant Mareiner freilich nicht, da ihm nicht bekannt war, wie schlecht es um Wachtmeister Fendt stand.

Der Pionier, der zum Verbandsplatz trabte, übergab das Beutestück dem Sanitätsunteroffizier und sagte dabei:

»Mit einem schönen Gruß von der Roten Armee.«

Als die russischen Verwundeten – zwölf Mann mit zumeist leichten Verletzungen – eingeliefert wurden, lag Wachtmeister Fendt bereits auf dem Gestell, das man als Operationstisch benutzte, im Ätherrausch. Der russische Feldscher Saburow machte sich unter

Assistenz der deutschen Sanitäter an die blutige Arbeit, um den deutschen Wachtmeister am Leben zu erhalten.

6

Im Bunker der Nachrichtenstaffel brannte mit leisem Zischen die Petromax-Lampe. Ihr starkes weißes Licht fiel auf die verschlossenen Gesichter der auf ihrem Strohlager hockenden Männer, die heißen Tee mit Rum aus den Trinkbechern schlürften und an ihr Zuhause dachten, das für sie ebenso fern war wie für die in Stalingrad eingeschlossene 6. Armee.

In der Mitte des Bunkerraumes hatten sie eine Spitze der draußen im Wäldchen gefällten Tannen aufgestellt. Die Zweige waren mit Silberpapier von Zigarettenpackungen und weißen Papiersternen geschmückt.

Unteroffizier Kolb, der Führer der Staffel, saß, den Kopfhörer übergestreift, vor dem Funkgerät und drehte langsam die Skala. Er hörte russische Worte, Morsezeichen, die er nicht beachtete, da er sie doch nicht entschlüsseln konnte, Bruchstücke der Weihnachtsringsendung, die von Station zu Station der »Festung Europa« übersprang, und dann die bekannte Stimme, die wie aufgezogen grölte:

»Stalingrad – Massengrab – Stalingrad – Massengrab –«

Die Frequenz, auf der die Batterie bis zum 15. Dezember Befehle und Weisungen empfangen hatte, war tot.

Kolb blickte auf seine Armbanduhr und schaltete um. Mechanisch drückte er auf die Taste. Stündlich – Tag und Nacht – sendeten sie den Notruf. Aber es war, als sei Lysselkowo auf einen anderen Stern geraten. Niemand antwortete.

Kolb lauschte angespannt, als könnte er die Gegenstelle zwingen, sich endlich bemerkbar zu machen. »Bitte kommen – bitte kommen – gehen auf Empfang –«

Wie oft hatten seine Leute und er diese Zeichen hinausgegeben – jede volle Stunde in acht langen Tagen und sieben noch längeren Nächten.

Plötzlich fuhr Kolb zusammen, als habe ihm die Faust eines Unsichtbaren einen Schlag versetzt. Die Gegenstelle, die so lange geschwiegen hatte, meldete sich.

Alle im Bunker blickten auf den Unteroffizier, der mit fliegender Hand die Zeichen, die man irgendwo in der Ferne morste, auf das Blatt warf, das vor ihm bereit lag.

Schließlich schaltete er um und funkte:

»Haben verstanden – melden uns wieder zwanzig Uhr dreißig – Ende.«

Er streifte die Kopfhörer ab und wandte sich um. »Sie sind wieder da«, sagte er, bevor er den Klartext, den er routinemäßig entschlüsselte, auf ein Blatt des Funkmeldeblocks schrieb.

Die niedergedrückte Stimmung im Bunker verwandelte sich unversehens in Ausgelassenheit. Alle sprachen durcheinander, als habe sich auf einmal ein Bann gelöst, als sei ein Wunder geschehen und alles Düstere mit einem Schlag beseitigt worden.

Kolb blickte auf die Botschaft, die durch den Äther zu ihnen in ihrer Verlassenheit gedrungen war. Sie lautete:

»Gehen halbstündlich auf Empfang – gebt Lagemeldung – ist Luftversorgung möglich – Ende.«

Der Unteroffizier läutete den Gefechtsstand von Hauptmann Martin an.

Leutnant Holler meldete sich.

»Ja, Kolb, gibt's was Neues?«

»Jawohl, Herr Leutnant. Funkverbindung mit draußen wieder hergestellt.«

»Großartig«, sagte Leutnant Holler, »bringen Sie den Spruch 'rüber, Kolb. Der Chef ist bei den Sanis. Wird gleich zurück sein.«

Unteroffizier Kolb schlüpfte in seinen Mantel, zog den Kopfschützer über und drückte den weiß gestrichenen Stahlhelm darauf. Um zu Hauptmann Martin zu gelangen, musste er sich an die Oberfläche begeben, da ein Stück des Stollengangs durch einen Granattreffer eingestürzt war.

Es schneite immer noch. Die eisige Winternacht umfing das Dorf in friedlicher Stille. Seit dem fehlgeschlagenen Angriff am Morgen schwieg die feindliche Artillerie.

Bei einer der zerstörten Katen traf der Unteroffizier mit Hauptmann Martin zusammen.

»Sie haben sich endlich gemeldet, Herr Hauptmann«, sagte er.

»In Ordnung«, entgegnete der Hauptmann, anscheinend ohne allzu viel Interesse. »Kommen Sie mit, Kolb. Ich sehe mir den Spruch an und setze unsere Antwort auf.«

Er war im Verbandsplatz gewesen, um nach Fendt zu sehen. Der Wachtmeister war noch nicht aus seiner Bewusstlosigkeit erwacht. Aber nach der Ansicht des Feldschers und des Sanitätsunteroffiziers würde er durchkommen. Der Gedanke, dass Fendt als hilfloser Krüppel ohne Füße in dem Bunker lag, bedrückte Martin schwer. Er war es gewesen, der Fendt zu den Italienern geschickt hatte.

Schweigend gingen sie zum Gefechtsstand. Hauptmann Martin las den Funkspruch und gab das Blatt Leutnant Holler.

»Wenigstens etwas«, sagte er. »Die Anfrage wegen der Luftversorgung ist ein Lichtblick.«

Nach kurzer Überlegung schrieb er die Antwort nieder. Es war eine nüchterne Schilderung der derzeitigen Lage.

Zum Abschluss fügte der Hauptmann die Anfrage hinzu, wie man die Ausbruchmöglichkeiten für die Besatzung von Lysselkowo beurteile.

Draußen hatte man ein klares Bild von der Stärke des durchgebrochenen Feindes, während hier jeder Überblick fehlte.

»Schön, Kolb«, sagte er, »das wär's im Augenblick.«

Der Unteroffizier entfernte sich. Sehr rosig sieht es wohl nicht aus, dachte er. Hauptmann Martin jedenfalls, der sonst über jeder Situation stand, machte keinen übermäßig zuversichtlichen Eindruck. Wer hätte vor einer Woche geahnt, wie es zu Weihnachten in Lysselkowo aussehen würde? Überall war der Teufel los gewesen, aber in dem kleinen Lehmkatendorf hatte man beinahe in Ruhe gelegen ebenso wie bei den

Italienern, bei denen es nur gelegentliche Spähtrupptätigkeit gab.

Kolb stieg in seinen Bunker hinunter. Jemand spielte auf der Mundharmonika die Melodie von »Stille Nacht ...« Zwei, drei Mann sangen halblaut den Text des alten Weihnachtsliedes. Die anderen schwiegen. Anstatt milden Kerzenscheins verbreitete die Benzinlampe ihr grelles Licht.

Als der Unteroffizier sich anschickte, den Spruch abzusetzen, begann unvermittelt wieder das Höllenkonzert der feindlichen Geschütze, die unterdessen durch eine Stalinorgel verstärkt worden waren.

Sogleich antwortete die eigene Batterie. Aber auf zehn Schuss von drüben feuerte sie nur einen ab, da niemand vorauszusagen vermochte, wie lange man mit dem vorhandenen Munitionsvorrat würde Haus halten müssen, noch was der Feind plante, in dessen Vorstellung Lysselkowo wohl kein unlösbares Problem war.

Das Einzige, was die Soldaten mit einer gewissen Sorglosigkeit erfüllte, war die Tatsache, dass die nach Oberleutnant Mareiners Plan angelegten Bunker allem Anschein nach jedem Kaliber standhielten. Sie hatten geflucht, als man sie zum Schippen anstellte, zumal es harte Arbeit gewesen war, in die tief gefrorene Erde einzudringen, aber seitdem die russische Ari Lysselkowo unter Feuer nahm, zeigte es sich, dass man sich nicht vergebens abgeschunden hatte.

Nach einer Stunde, gegen halb zehn Uhr, verstummten die feindlichen Geschütze, als hätte man drüben in den Batteriestellungen erkannt, dass man die Munition sinnlos verpulverte.

In den MG-Stellungen am Dorfrand waren die Posten verstärkt worden, doch der erwartete Nachtangriff der feindlichen Infanterie blieb aus.

Der Morgen des ersten Weihnachtstages begann ruhig.

Leutnant Künzle nützte die Feuerpause aus, um die Geschütze in eine neue Stellung am Westrand des Dorfes zu schaffen, die er schon vor Beginn der feindlichen Angriffstätigkeit hatte vorbereiten lassen.

Die Ruhe zerrte zwar ebenso an den Nerven wie die vorhergegangenen Granatüberfälle, aber Zeit zum Nachdenken gab es nicht.

Hauptmann Martin hatte bereits am frühen Morgen die weitere Verstärkung der Deckungs- und Befestigungsanlagen befohlen.

In der klirrenden Kälte des trüben Wintertages waren Arbeitstrupps, verstärkt durch die Hiwis und die russischen Gefangenen, dabei, das Gebälk aus den Trümmern der zerstörten Hütten zu bergen, soweit es nicht gänzlich zersplittert war. Mareiners Pioniere versteiften damit die Bunker und Stollen, während andere den unterirdischen Verbandsplatz erweiterten, um Raum zur Aufnahme neuer Verwundeter zu schaffen.

Aus der vom Kommandanten befohlenen Betriebsamkeit schlossen die Landser, dass die Führung zu beabsichtigen schien, sich für die Dauer in Lysselkowo einzurichten.

»Vielleicht gehen wir hier in Winterschlaf«, meinte einer von Kirchweins Grenadieren, der die halbe Nacht draußen am MG gelegen hatte, »und wenn es dann im Frühjahr wieder losgeht, wecken sie uns.«

»Im Frühjahr«, sagte ein anderer, »im Frühjahr geht der Russe in Berlin spazieren, und alles, was dann von der großdeutschen Wehrmacht noch übrig ist, sitzt in den Bunkern von Lysselkowo, die wir bis dahin in Teufels Küche hinunter verlegt haben.«

Einige lachten über die Prognose, aber die meisten schippten und arbeiteten mit verdrossenen Mienen. Es war Weihnachten, und die Post von zu Hause war ausgeblieben. Der Tee mit Rum, den es gestern Abend gegeben hatte, und die Sonderzuteilung an Zigaretten zählten nicht angesichts des unbestreitbaren Umstandes, dass man in Lysselkowo abgeschnitten war und dass vermutlich wenig Aussicht bestand, jemals wieder Anschluss an die weit zurückgefallene Front zu gewinnen.

Kaum einer wollte es begreifen, weshalb man nicht sofort abgerückt war, als sich das ganze Ausmaß der eingetretenen Katastrophe abzeichnete. Man munkelte von Geheimbefehlen, nach denen Hauptmann Martin so unverständlich handelte. Wie oft wären schon weit größere Verbände als die Besatzung von Lysselkowo geopfert worden, weil man ihnen die Aufgabe zugedacht hatte, Kräfte des Feindes zu binden und dadurch die bedrohte Front zu entlasten.

Am Mittag, nach der kärglichen Mahlzeit, die durchaus nicht daran erinnerte, dass Weihnachten war, befahl Hauptmann Martin die Einheitsführer in seinen Gefechtsstand.

Als Kompanieführer der Italiener kam Sergeant Matteoni, der als dienstältester Unteroffizier die Stelle des gefallenen Leutnants Favere eingenommen hatte. Matteoni, ein kräftiger schwarzlockiger Neapolitaner, traf als Letzter ein, nachdem es ihm nur mit Mühe gelungen war, seine Landsleute zu beschwichtigen, die ihn aufgefordert hatten, beim deutschen Kommandanten die Kapitulation zu verlangen und, falls er dies nicht erreiche, selbstständig zu handeln.

Matteoni war Berufssoldat. Er hatte zu Hause in Neapel eine Frau und sieben Kinder. Wie viele andere seiner Armee hatte er sich schon lange Zeit gefragt, was sie in Russland zu suchen hätten.

Als er den Gefechtsstand des Kampfkommandanten betrat, war er entschlossen, mit allem Nachdruck die Forderung der Kompanie Favere zu vertreten.

Er grüßte steif. Sein mürrisches Gesicht verriet, dass auch seine eigene Stimmung auf dem Nullpunkt angelangt war.

Hauptmann Martin fragte als Erstes nach dem Stand der Arbeiten, die er am Morgen befohlen hatte. Oberleutnant Mareiner als Leiter des Festungsbaues erstattete in groben Zügen Bericht.

»Wie steht es bei Ihnen, Sergeant?«, fragte er, sich unterbrechend, in mühsam zusammengesuchtem Italienisch. »Sie haben keine Vollzugsmeldung abgegeben.«

»Meine Soldaten wollen nicht arbeiten«, erklärte der Sergeant mit finsterem Ausdruck, »sie wollen sich ergeben – Kapitulation.«

Oberleutnant Mareiner übersetzte es mit unbewegter Miene für Hauptmann Martin, der ohnehin bereits den Sinn der Worte des Italieners halbwegs erraten hatte.

»Sagen Sie dem Sergeanten, er erweist seinem gefallenen Leutnant keine Ehre«, gab Martin zurück, »und erklären Sie ihm, dass ich ihn mit sofortiger Wirkung seines Postens enthebe und seine Leute auf die übrigen Einheiten verteile.«

Matteoni senkte betroffen den Blick, nachdem der Oberleutnant ihm die Antwort des Kommandanten vermittelt hatte.

Plötzlich hob er trotzig den Kopf und sprudelte zungenfertig eine Serie italienischer Worte hervor. Mareiner erfasste nicht alles, aber eines schien festzustehen: der Italiener weigerte sich, die Befehlsgewalt des deutschen Kommandanten über Angehörige der italienischen Armee anzuerkennen.

Als Hauptmann Martin im Bilde war, winkte er Leutnant Holler heran.

»Der Sergeant steht unter Arrest«, sagte er, »veranlassen Sie alles Weitere, Leutnant!«

Holler trat an den verdutzten Italiener heran und nahm ihm, ehe Matteoni sich versah, die Beretta-Pistole ab, die der Sergeant von seinem gefallenen Leutnant übernommen hatte.

Oberleutnant Mareiner erklärte Matteoni, er sei festgenommen.

»Es war nicht so gemeint«, versuchte der Italiener mit weinerlicher Stimme einzulenken.

Eine Handbewegung des deutschen Hauptmanns brachte ihn zum Schweigen.

Zwei Mann des Batterietrupps führten den aufsässigen Sergeanten durch den Stollengang zu dem Bunker ab, in dem die russischen Gefangenen untergebracht waren.

»Das erste Exempel«, bemerkte Hauptmann Martin. Zum Kompaniechef der Pioniere gewandt, fügte er hinzu: »Alles Übrige veranlassen Sie nach der Besprechung, Mareiner.«

Oberleutnant Mareiner nahm Haltung an. »Zu Befehl, Herr Hauptmann.«

Er war sich darüber klar, dass die Italiener, die nicht mehr kämpfen wollten, in den Einheiten, denen man sie zuteilte, ein Element der Unruhe bilden würden. Doch auch wenn ihm die Entscheidung zugefallen wäre, hätte er keine andere Lösung gewusst. Für Hauptmann Martin kam es nur darauf an, die Kampfkraft und die Disziplin aufrechtzuerhalten. Für die Fehler der höchsten Führung, auf deren Veranlassung die 8. italienische Armee am Don eingesetzt worden war, konnte man den deutschen Batteriechef, der durch das Versagen der Italiener in Mitleidenschaft gezogen worden war, nicht verantwortlich machen.

»Sie werden erfahren haben, dass wir wieder Funkverbindung nach rückwärts haben«, sagte Hauptmann Martin mit ruhiger Stimme, als habe er den durch den Sergeanten Matteoni verursachten Zwischenfall bereits vergessen. »Im Augenblick ist es für uns von nicht allzu großer Bedeutung, aber es kann die Stunde kommen, in der diese Verbindung lebenswichtig für uns wird. Ich meine die Stunde unseres Ausbruchs. Heute Früh ist mir bestätigt worden, dass ich richtig gehandelt habe. Zwischen Lysselkowo und der inzwischen entstandenen neuen Front, die etwa auf der Linie Morazowka–Millerowo und dann nach Norden verläuft, sind von unserer Luftaufklärung starke feindliche Marschkolonnen festgestellt worden. Wir gehen schweren Zeiten entgegen, zumal wir nicht zu übersehen vermögen, wie lange wir in Lysselkowo aushalten müssen. Entsatz von außen fällt flach. Damit müssen wir uns abfinden. Aber wir haben wenigstens die Gewissheit, dass wir unser weiteres Vorgehen mit denen draußen abstimmen können, und das ist in unserer Lage viel. Noch eine Mitteilung kann ich Ihnen übrigens machen. Im letzten Spruch, der vor einer Stunde eingegangen ist, hat man mich davon unterrichtet, dass der Kosakenleutnant Marianow mit seinen Reitern unsere Frontlinie erreicht hat. Marianow hat das Kommando über eine Abteilung Donkosaken übernommen, die vom Tschir zurückgegangen sind. Heute Abend will er aufbrechen und versuchen, sich mit einigen Versorgungsschlitten zu uns durchzuschlagen. Ab morgen Früh werden wir durch Spähtrupps nach Süden und Südwesten aufklären. Das betrifft Sie, Oberleutnant Mareiner. Was sagen Sie zu Marianow? Wenn er auch das Land wie seine Hosentasche kennt und dadurch viele Vorteile für sich hat, ist es doch zu bewundern, was dieser Mann für uns auf sich nimmt.«

»Davon könnten sich die Italiener eine Scheibe abschneiden«, sagte Mareiner.

Hauptmann Martin winkte ab.

»Wir müssen uns bemühen, die Haltung der Italiener zu verstehen. Sie sind keine Russlandkämpfer. Das hätte unsere oberste Führung bedenken müssen. Bei den Rumänen war es nicht anders. Auch ihnen hat man exponierte Flanken anvertraut, und was war das Ergebnis? Die Durchbrüche im Norden und Süden und die Einschließung von Stalingrad.«

Leutnant Holler kam zurück.

»Haben Sie den Hitzkopf zu den Russen gesteckt?«, fragte Hauptmann Martin.

»Jawohl«, antwortete Holler, »aber die Gegner sind gleich von ihm abgerückt. Ich glaube, Herr Hauptmann, die meisten von denen wären bereit, als Hiwis bei uns mitzumachen. Ihr Arbeitseifer ist erstaunlich. Die Posten sagen, dass viele von einer Mittagspause nichts wissen wollten. Wie ist das nur zu erklären?«

»Sehr einfach«, meinte Hauptmann Martin. »Jetzt, wo sie einmal in Gefangenschaft geraten sind, unterstützen sie uns, weil sie hoffen, dass sie auf diese Weise am billigsten davonkommen. Wenn die Rote Armee Lysselkowo einnähme, gerieten sie in die Mühle ihrer Militärjustiz. Ein Rotarmist, der lebend in die Hand des Gegners fällt, wird hart bestraft.«

Er wandte sich zu Wachtmeister Hellbach, dem Führer der Sturmgeschütze, die sich bei dem Angriff am Vortag wieder so hervorragend bewährt hatten.

»Was ist mit den Beutepanzern?«, fragte er. »Kommen Ihre Leute damit zurecht?«

»Noch nicht, Herr Hauptmann«, entgegnete Hellbach. »Aber wenn die Gefangenen so zutraulich sind, könnte man doch bei den russischen Besatzungen anfragen, ob sie ihre Kästen für uns fahren wollen.«

»Gut«, sagte Hauptmann Martin, »versuchen Sie's, Hellbach. Aber halten Sie die Augen offen! Es hat auch schon Fälle gegeben, in denen man sich ganz erheblich verrechnet hat.«

Die Besprechung war beendet. Mareiner, Künzle, Kirchwein und Hellbach verließen die Zentrale, um ihre eigenen Gefechtsstände aufzusuchen.

Oberleutnant Mareiner hatte die wenig erfreuliche Aufgabe vor sich, die italienische Kompanie aufzulösen. Außerdem musste der Ostabschnitt neu besetzt werden. Zu diesem Zweck wollte er einen Zug seiner Kompanie mitnehmen, um diesen gleich an Ort und Stelle einzugliedern.

Am 20. Dezember, als man beim Befehlshaber des Katastrophenabschnitts »Don« die Folgen des Zusammenbruchs der italienischen Front überblickte, war der Verbindungsstab »Schranz« in den »Auffangstab« gleichen Namens verwandelt worden. Major Schranz, bisher gern gesehener Gast in den Kasinos der italienischen Stäbe, hatte mit seinen Offizieren und Mannschaften alle Mühe darauf verwandt, den fluchtartigen Rückzug in geordnete Bahnen zu lenken und in dem Abschnitt, den man ihm zugewiesen hatte, aus Versprengten und den Angehörigen rückwärtiger Dienste eine erste Widerstandslinie aufzubauen. Der Umsicht und Tatkraft des alten Schranz, wie ihn seine Untergebenen nannten, war es gelungen, bei Millerowo unter Verwendung alter russischer Stellungen einen nach Nordosten vorspringenden Frontbogen so lange zu halten, bis durch die Heranführung von Reserven vom Donez die ärgste Gefahr beseitigt war. Daraufhin war Major Schranz zum Abschnittskommandanten ernannt und mit der Verteidigung des willkürlich entstandenen Frontbogens beauftragt worden.

Die ersten tastenden Vorstöße der russischen Angriffsspitzen waren abgewehrt worden. Major Schranz hätte mit einiger Zuversicht in die Zukunft blicken können, wenn Lysselkowo nicht gewesen wäre. Der kleine Ort südlich des Don lag etwas mehr als achtzig Kilometer von den Stellungen der Kampfgruppe Schranz entfernt und war, wie aus einer Anzahl von Funksprüchen hervorging, noch von einer kleinen eigenen Kräftegruppe besetzt, die sich zwar zunächst zur Verteidigung eingerichtet hatte, aber offensichtlich zu schwach war, sich gewaltsam durch den Feind zur neuen Front durchzuboxen.

Major Schranz hatte bereits im Jahre 1918 als junger Leutnant in der Ukraine die Kosaken kennen gelernt. Als sich Leutnant Marianow nach seinem Gewaltritt durch den Feind bei ihm gemeldet hatte, war es dem alten Offizier sogleich gelungen, Marianows Vertrauen zu gewinnen. Nach der ersten Unterredung war Leutnant Marianow verschwunden. Als er nach einiger Zeit wieder auftauchte, hatte er Major Schranz berichtet, siebzig Donkosaken, die er führungslos angetroffen habe, hätten sich seinem Befehl unterstellt. Nun habe er den Plan gefasst, mit seinem verstärkten Reitertrupp nach Lysselkowo zurückzukehren.

Major Schranz als Kenner der selbstbewussten, eigenwilligen Kosaken hatte keinen Einwand erhoben. Stattdessen hatte er Marianow vorgeschlagen, eine Anzahl Versorgungsschlitten zu dem weit entfernten Stützpunkt durchzuschleusen. Marianow hatte begeistert zugestimmt.

Jetzt war der russische Leutnant erneut im Gefechtsstand von Major Schranz, der sich in einem halb zerschossenen Kolchosgebäude befand.

Marianow war diesmal bei dem deutschen Major, mit dem er wie mit einem Landsmann russisch sprechen konnte, erschienen, um sich abzumelden.

Major Schranz reichte dem Leutnant ein bis an den Rand gefülltes Glas Wodka, schenkte sich selbst ein und sagte:

»Auf Ihre Gesundheit, Chorunche, und auf gutes Gelingen!«

Marianow dankte, leerte sein Glas und warf es nach Kosakensitte gegen die Wand.

»In Lysselkowo braucht man uns«, sagte er. »Wir werden dem deutschen Hauptmann beistehen, wenn der Zeitpunkt zum Ausbruch aus Lysselkowo kommt. Ich habe nur eine Frage, Gospodjin Major.«

»Sprechen Sie, Sergej Wassiljewitsch«, ermunterte Major Schranz den Kosakenoffizier. »Was haben Sie auf dem Herzen?«

Marianow strich über seinen dunklen Schnurrbart. »Ich möchte wissen, wann die deutsche Armee wieder angreift. Ihre Armee hat im Herbst das Wohngebiet der Donkosaken befreit. Aber seither hat es schwere Rückschläge gegeben. Viele unserer Stanizen sind wieder von der Roten Armee besetzt worden. Wann werden Ihre Soldaten wieder zum Don marschieren?«

»Ich weiß es nicht«, gab Major Schranz offen zu. »Ich glaube, erst müssen wir uns von den Rückschlägen erholen, die Sie selbst erwähnt haben, Sergej Wassiljewitsch.«

Der Kosak schüttelte den Kopf, auf dem die schwarze Schaffellmütze saß.

»Sie haben schon einmal einen Fehler gemacht, Gospodjin Major, den Sie nicht wiederholen dürfen. Ihre sechste Armee hätte Ende November Stalingrad räumen und den Don-Bogen besetzen sollen.«

»Ich weiß«, sagte Major Schranz, »aber ich bin nicht Armee-Oberbefehlshaber. Ich bin nur ein kleiner Abschnittskommandant. Im Augenblick bereitet mir die Besatzung von Lysselkowo die größte Sorge.«

»Wir werden tun, was in unserer Macht steht, um Ihnen diese Sorge abzunehmen«, erklärte Marianow, ergriff zum Abschied die Hand des Majors und verließ den Gefechtsstand.

Draußen im Schnee warteten seine Reiter. Sie saßen bereits in den Sätteln. In der Nähe stand eine Kolonne von einem Dutzend beladener Schlitten bereit, die mit kleinen struppigen Pferden bespannt waren. Auch die Schlittenführer waren Kosaken. Ihre Reittiere, von denen sie sich niemals trennten, sollten als Handpferde mitgeführt werden.

Leutnant Marianow stieg in den Sattel seines kräftigen schwarzen Hengstes und gab das Zeichen zum Abmarsch.

Major Schranz hatte seine Vorposten verständigen lassen, so dass die Kosaken ohne Behinderung die Frontlinie überschreiten konnten.

Die Nacht war sehr dunkel. Es begann wieder zu schneien. Leutnant Marianow bildete mit einem kleinen Trupp seiner Reiter die Vorhut. Schon kurz nach Einbruch der Dunkelheit hatte eine Kosakenpatrouille das Vorgelände erkundet und dabei festgestellt, dass es frei vom Feind war. Der starke Frost zwang auch die Rote Armee, während der Nacht in Ortschaften Zuflucht zu suchen. Der nächste Ort im Norden, ein vom Hin und Her der Kämpfe schwer mitgenommenes Dorf, war sieben Kilometer entfernt.

Leutnant Marianow schlug einen Bogen um das

Dorf und ritt dann wieder in nördliche Richtung. Er benötigte keinen Kompass, um Lysselkowo in der Weite seiner heimatlichen Steppe zu finden, zumal das Dorf früher eine Kosaken-Stanize gewesen war, bevor sich dort auf Veranlassung des örtlichen Sowjets Siedler aus dem oberen Wolgagebiet niedergelassen hatten.

Die eisige Winternacht schien mit ihrer undurchdringlichen Finsternis mit den Kosaken im Bunde zu stehen. Außer dem vom Schnee gedämpften Hufschlag der stetig trabenden Pferde und dem gelegentlichen Klatschen einer Nagaika war nichts zu hören. Auch die leicht gleitenden Schlitten verursachten kein Geräusch.

Um durch den tiefen Schnee nicht behindert zu werden, hielt sich Marianow an die von deutschen und italienischen Rückzugskolonnen gepflügten Bahnen, die später auch von der Roten Armee als Vormarschrouten benutzt würden und noch nicht völlig zugeschneit waren.

Bis Tagesanbruch hoffte er zwei Drittel der vor ihm liegenden Strecke zu bewältigen. Für den Fall, dass die Gegend im Süden Lysselkowos nicht feindfrei sein sollte, wollte er sich bis zur kommenden Nacht in einer Balka verbergen.

Als die Sonne blutrot im grauen Dunst des eisigen Wintermorgens aufging, brach Marianow mit einem starken Aufklärungstrupp auf, um die Gegend zu erkunden, bevor er mit der langen Kolonne seiner Reiter und den schwerfälligen, das Marschtempo erheblich behindernden Panjeschlitten den Weg nach Lysselkowo fortsetzte.

Immer häufiger stießen sie auf zerschossene Fahrzeuge der italienischen Armee. Oft waren es ganze Pulks, die von feindlichen Panzern überrollt worden waren. Erstarrte Tote lagen halb zugeweht im Schnee. Manche der gefallenen Italiener, von denen viele verwundet dem Frost erlegen sein mochten, waren halb entkleidet. Den Kosakenleutnant Marianow berührte dies nicht. Für ihn gehörte es zu den Rechten des Siegers, den Gegner auszuplündern.

Auf dem Kamm einer Bodenwelle, in metertief angewehtem Schnee, hielt Marianow an mit seinem Reitertrupp. Voraus, in Richtung zum Don, bewegte sich etwas. Mit bloßem Auge war nicht zu erkennen, ob es sich um Reiter, um Fußvolk oder um Fahrzeuge handelte. Marianow zog das Fernglas, das Major Schranz ihm hatte aushändigen lassen, unter seinem Schafpelzmantel hervor. Mit klammen Fingern schraubte er am Glas. Plötzlich setzte er es ab und sagte zu einem der Reiter, einem jungen Burschen mit einer Mütze aus zottigem Widderfell:

»Weißt du, was wir da vor uns haben, Söhnchen? Gefangene. Den Uniformen nach sind es hauptsächlich Italiener. Aber auch deutsche Soldaten sind dabei.« Er stieß die Faust hoch. »Dawai! Bistra! Vorwärts, Kosaken!«

Die Schneedecke wurde niedriger; sie kamen schnell voran. Nur langsam bewegte sich der Tross der Gefangenen, der immer deutlicher zu erkennen war. Die Rotarmisten, die den langen Zug als Wachmannschaft eskortierten, mussten die näher kommenden Reiter bemerkt haben. Aber sie hielten sie wohl für Angehörige der Roten Armee, die, wie im November gegen die Rumänen, auch gegen die Italiener starke berittene Verbände zum Einsatz gebracht hatte. Erst als die Kosaken dicht heran waren und Marianow mit einem gellenden Kampfruf den schweren Reitersäbel blankzog, machten die verwirrten Wachtposten ihre Karabiner schussbereit. Doch kein Schuss fiel. Alle befolgten Marianows laut gebrüllten Befehl, die Waffen in den Schnee zu werfen. Beherzte Gefangene stießen die Wächter zur Seite, hoben die Waffen auf und hielten ihrerseits die verstörten Rotarmisten in Schach.

Marianow ritt zu einem Trupp, der abgesondert an der Spitze des stehen gebliebenen Zuges marschiert war. Er vernahm Zurufe in italienischer und deutscher Sprache und winkte den Befreiten lachend mit seinem Säbel zu.

An der Spitze des Zuges angelangt, stellte er rasch fest: Die von den übrigen Gefangenen – etwa vierhundert insgesamt, darunter an die hundert Deutsche – Abgesonderten waren russische Landsleute in deutscher Uniform.

»Sie haben für die Deutschen gekämpft«, erklärte bereitwillig einer der Wachtposten, der aus freien Stücken seine Waffe weit von sich geschleudert hatte. »Sie sind zu uns übergewechselt, wollten wieder mitmachen bei der Roten Armee. Wir hatten Befehl, sie zur Aburteilung nach Jelankskaja zu bringen.«

»Wir standen unter Zwang, Brüderchen«, rief einer der deutsch uniformierten Russen. »Die Deutschen in Schepetowka hätten uns liquidiert.«

Marianow spie aus. »Hätten sie's nur getan! Hunde wie ihr haben nichts anderes verdient!«

Er rief ein paar seiner Kosaken heran und befahl ihnen mit harter Stimme, die dreißig Hiwis, die bereit waren, zum dritten Mal die Farbe zu wechseln, mit den Säbeln niederzumachen.

»Wir sind dicht am Feind und wollen keine Schießerei«, setzte er kalt hinzu, ohne das Jammern der Betroffenen zu beachten.

Einer der Deutschen, ein älterer Hauptmann, kam zu ihm heran. Er bat für die Hiwis, die er als arme Teufel bezeichnete.

Hochfahrend unterbrach Marianow den Hauptmann mit einer Handbewegung.

»Wir Kosaken führen diesen Krieg auf unsere Art«, erklärte er. »Haben Sie freie Kosaken gesehen, die den Bolschewiken in die Hände gefallen sind?«

Ein scharfes Kommando. Die Reiter, die gezögert hatten, als der deutsche Offizier den Chorunche ansprach, schwangen ihre Säbel.

Der Hauptmann, dessen ausgezehrte Wangen ein dichter Stoppelbart bedeckte, wandte sich ab. Wir haben uns mit Barbaren verbündet, dachte er. Aber war nicht der ganze Feldzug im Osten schon längst zu einer ungehemmten Barbarei geworden?

Während die verräterischen Hiwis einer nach dem andern in den Schnee sanken, der sich rot färbte von den Strömen ihres Blutes, zündete Marianow sich eine seiner langen Papirossy an.

»Wir dürfen keine Zeit verlieren«, sagte er gelassen in seinem unbeholfenen Deutsch zu dem Hauptmann. »Rufen Sie alle deutschen und italienischen Offiziere zusammen!«

»Wohin wollen Sie uns bringen?«, fragte der

Hauptmann bedrückt. »Wissen Sie nicht, dass wir uns mitten im Feind befinden?«

Marianow lachte. »Der Feind sind wir, Gospodjin Hauptmann. Wir greifen die Rote Armee an, wo wir sie treffen. Dawai! Stellen Sie eine Marschkolonne zusammen. Wir bringen sie nach Lysselkowo.«

»Lysselkowo«, entgegnete der Hauptmann befremdet. »Dort sitzt doch längst die Rote Armee.«

Marianow lachte erneut. »Lysselkowo ist eine Festung. Der deutsche Kommandant wird erfreut sein, wenn wir ihm nicht nur Versorgungsschlitten, sondern auch eine große Anzahl von Kämpfern zuführen.«

Unter den Befehlen der wenigen deutschen und italienischen Offiziere formierte sich die Kolonne. Mit einigen seiner Reiter setzte Marianow sich an die Spitze. Die übrigen Kosaken bildeten die Eskorte zu beiden Seiten und am Schluss des langen Zuges.

Marianow war sich darüber klar, dass der unerwartete Zuwachs eine Belastung für ihn war und dass sie an diesem Tag Lysselkowo keinesfalls erreichen würden, denn viele der Deutschen und der Italiener, die sich schon auf dem Marsch nach Sibirien gesehen haben mochten, waren schlecht zu Fuß. Seinen ursprünglichen Plan, sich mit seinem Haupttrupp und den Schlitten bis zum Einbruch der frühen winterlichen Dunkelheit in einer Balka zu verbergen, hatte er aufgegeben. Halb erfrorene Soldaten nützten dem deutschen Hauptmann Martin in Lysselkowo nur wenig. Unnötige Fresser brauchte der Kommandant von Lysselkowo nicht.

7

Die Division war in den Sog, in die Mühle, in den Reißwolf des Rückzuges geraten, der abschnittsweise in kopflose, wilde Flucht ausgeartet war. Zerfleddert, zersprengt, zerschlagen waren die Verbände. Kleine Gruppen kämpften, oft gemeinsam mit Italienern, bis Panzerrudel, Kavallerie oder die Übermacht der scharf nachdrängenden russischen Schützenbataillone sie erneut zurückwarf, zermahlte, zerrieb. Ein Erdrutsch, eine Lawine, wie Major von Talvern, der Ia, vorausgesagt hatte, eine neue Katastrophe im Schatten des widernatürlichen Wahnsinns von Stalingrad.

Trotz ständiger Vorstellungen des Generals beim Hauptquartier, Schepetowka als Sitz des Führungsstabes aufzugeben, war es der Operationsabteilung versagt worden, sich aus dem von weit tragender russischer Artillerie und von feindlichen Fliegern bedrohten frontnahen Ort zurückzuziehen.

Major von Talvern vertrat die Meinung, es habe den Anschein, als beabsichtige man, nach dem Muster des eingeschlossenen Stalingrad, dem Gegner Gelegenheit zu geben, eine Anzahl neuer Kessel und Kesselchen zu bilden um Schepetowka, um das weit entfernte Lysselkowo und eine Anzahl anderer Orte, in denen sich noch verzweifelt ringende Kampfgruppen behaupteten. Als beabsichtige man von oben her, von ganz oben her, die Ostfront auszuhöhlen und ostwärts des Donez, der schon einmal Schicksalsfluss war, im Blut ertrinken zu lassen. Talvern ging so weit, im Kasino des Führungsstabes offen zu fragen, ob im Führerhauptquartier bei Rastenburg Stalin an Hitlers

Stelle getreten sei. Mit betretenem Schweigen hatte man Talverns bittere Frage quittiert. Und Leutnant Walter, der gehbehinderte O1, hatte später zu Talvern gesagt: »Ein Glück, dass Major Hostege das nicht gehört hat!«

Hostege war mit einem Handschreiben des Generals unterwegs zum Hauptquartier; er sollte noch einmal unter Darlegung aller Gründe um die Verlegung aus der Falle Schepetowka nachsuchen.

Eine Nacht war seither vergangen. Eine Nacht, mehrfach gestört durch Artilleriebeschuss, der jedoch in Schepetowka nur wenig Schaden anrichtete. Die Flieger waren diesmal ausgeblieben. Vielleicht weil wieder Nebel herrschte. Oder war es so, dass der Russe jetzt alle seine Flugzeuge konzentrierte, um erst einmal die 6. Armee in Stalingrad auszulöschen?

Talvern hatte die Nacht, wie alle Nächte zuvor seit Beginn des feindlichen Durchbruchs bei den Italienern, in seinem Dienstraum im Schulhaus verbracht. Einige Stunden hatte er auf einem Klappbett geruht, nur mit seinem Uniformmantel zugedeckt.

Jetzt stand er, tadellos rasiert wie jeden Morgen, das Einglas vor dem Auge, am Kartentisch. In der Rechten hielt er den Kohlestift, mit der Linken hob er von Zeit zu Zeit die Tasse mit dem erfreulicherweise echten und angenehm aufmunternden Kaffee zum Mund.

Er blickte zum Fenster, aber nichts war zu sehen, die mit Papierstreifen beklebten und wunderbarerweise noch immer heilen Scheiben waren dick vereist.

Drunten, vor dem Schulhaus, fuhr ein Sanka vor. Soldaten mit verbundenen Armen, Beinen oder Köpfen hingen in Trauben hinten am Einstieg und vorn an den beiden Seitentüren. Auf den Trittbrettern waren sie in der Eiseskälte bis Schepetowka gefahren.

Aus dem Führerhaus des mit roten Kreuzen gekennzeichneten Sankas kletterte ein Offizier, ein Oberleutnant im schmutzig weißen Kampfanzug, auf dem Kopf die pelzbesetzte Wintermütze, das graue, stoppelbärtige Gesicht alterslos wie bei allen, die aus dem Inferno der Abwehrschlacht kamen.

Zum Posten am Eingang des Stabsgebäudes sagte der Oberleutnant, der sich vorgebeugt bewegte, als ziehe ihn etwas vornüber: »Zum Ia. Wichtige Meldung!«

Ein Läufer wurde aus der Wachstube im Erdgeschoss geholt. Der Mann führte den Oberleutnant zum ersten Stockwerk hinauf. Auf der Treppe musste er ihm helfen.

Als der Oberleutnant, leicht schwankend und nach Worten suchend, vor den Ia hintrat, bellte Talvern gereizt, wie es sonst niemals seine Art war: »Was wollen Sie hier? Begeben Sie sich zu Ihrer Truppe!«

»Truppe begeben«, wiederholte der Oberleutnant, lallend und stieren Blickes, als wäre er betrunken.

Auf einmal wurde sein Gesicht weiß, er ruderte wie Halt suchend mit den Händen in den dicken Fäustlingen, er sackte, wie aller Spannkraft beraubt, in sich zusammen und fiel schwer auf den Rücken. In Koppelhöhe quoll plötzlich Blut durch den Kampfanzug. Blut, immer mehr Blut, auf dem Fußboden bildete sich eine Lache.

Als Talvern sich neben den Oberleutnant niederkniete, ihm den Kopf hob, sagte der mit schwerer Zunge: »Panzer …«

Es war sein letztes Wort. Er starb in Talverns Arm. Talvern drückte ihm die Augen zu. Es fiel ihm schwer, sich zu erheben. Mit rauer Stimme rief er Leutnant Walter.

Aus der Wachstube wurde eine Trage gebracht. Man trug den Toten hinaus, nachdem Leutnant Walter das Soldbuch, das Halbstück der Erkennungsmarke, das Foto einer jungen, sehr hübschen Frau, ein paar Feldpostbriefe und den sonstigen Besitz des Oberleutnants an sich genommen hatte.

Wie in Betäubung blieb Talvern zurück, aus der ihn das plötzliche Klingeln des Feldtelefons weckte. Er hob ab. Am anderen Ende meldete sich Major Wiebe, der seit zwei Tagen, seit dem Tod des Kommandeurs, den Rest von I. R. 836 führte.

»Sie haben den Gegenangriff befohlen, Talvern«, schrie Major Wiebe in höchster Erregung. »Wie stellen Sie sich das vor? Mit dem, was ich noch habe? Unmöglich! Hören Sie? Unmöglich!«

»Es bleibt bei dem Befehl«, sagte Talvern kalt, »Ende!« Er legte auf und drehte die Kurbel.

Mit einer jähen Bewegung ergriff er sein Einglas und schleuderte es gegen die Wand, wo es zersplitterte. Das Ritterkreuz, das er sich vom Hals riss, folgte dem Einglas nach.

Im gleichen Augenblick trat, ohne anzuklopfen, Dekan Maier ein, der katholische Divisionspfarrer. Er war im weißen Tarnanzug. Die zerdrückte Feldmütze nahm er vom Kopf.

»Sieht nach Tobsuchtsanfall aus«, sagte er, hob das Ritterkreuz auf und reichte es dem Major. »Für solche unbedachten Handlungen hat schon mancher den Kopf verloren, das wissen Sie doch, Herr von Talvern.«

»Ja«, gab Talvern zu, »ich weiß. Um das Monokel ist es nicht schade. Es war so etwas wie eine Art Schutzschild gegen diese verfluchte Zeit. Alles Krampf! Wir stehen mitten drin. Hier ist ein Mann tot umgefallen. Ich hatte ihn vorher noch angebrüllt.«

»Ich weiß«, sagte der Dekan. »Drunten steht ein Sanka. Ich habe mit den Verwundeten gesprochen. Der Oberleutnant war frisch operiert, Bauchschuss. In den Verbandsplatz von Regiment 836 sind russische Panzer eingebrochen. Er wollte es Ihnen melden, Talvern.«

»In den Verbandsplatz«, rief Talvern entgeistert. Er warf einen Blick auf die Karte. »Und ich habe gerade Major Wiebe bestätigt, dass er auf jeden Fall angreifen muss.«

Heftig drehte er die Kurbel des Feldtelefons. »Regimentsgefechtsstand von 836«, schrie er in den Handapparat, als die Vermittlung sich meldete. »Major Wiebe! Beeilung!«

»Die Leitung ist tot, Herr Major«, hieß es wenig später.

»Setzen Sie Störungssucher in Marsch!«, brüllte Talvern und warf den Handapparat auf den Kasten.

Dekan Maier hatte sich auf einen der plumpen Stühle gesetzt. »Sie müssen die Nerven behalten«, sagte er, »wenigstens Sie! Ich bin nur auf eine Minute hier, wollte mir die Heimatanschrift des Toten geben lassen. Leben Sie wohl, Major von Talvern! Ich muss wieder nach vorn. In unserem Abschnitt hat das große Sterben angefangen, wenn wir auch wahrscheinlich noch weit entfernt sind von dem, was den Eingeschlossenen von Stalingrad geschieht.«

Talvern nickte. »Das Ende.«

Der Divisionspfarrer schüttelte den Kopf mit dem vorzeitig ergrauten Haar. »Sie täuschen sich, wenn Sie das ernsthaft annehmen. Für uns kommt das Ende erst, wenn die letzte Patrone verschossen ist. Ja, Herr von Talvern, ich habe es doch besser als Sie. Ihre Aufgabe ist es, die Männer in den Tod zu schicken, die meine dagegen, ihnen auf dem schweren Weg nach drüben zu helfen. Oder denen Trost zu spenden, die Aussicht haben, wenigstens mit dem Leben davonzukommen.«

Der Pfarrer verabschiedete sich und verließ den Dienstraum, in dem Befehle weitergegeben wurden, die von oben kamen. Wie der letzte, der den völlig sinnlosen und zweifellos schon im Ansatz zum Scheitern verurteilten Gegenangriff des Regiments 836 kategorisch verlangte. Die ganz oben, im Hauptquartier, konzipierte Aktion hatte die spätere Entsetzung der in Lysselkowo stehenden Kampfgruppe Martin zum Ziel. Doch jedem, der die tatsächliche Lage kannte, musste klar sein, dass Major Wiebe mit seinen ausgebluteten Kompanien nicht über die Ausgangsstellung hinauskommen würde.

Widerlich war das alles, speiübel konnte einem werden. Talvern holte die Wodkaflasche aus dem Wandschrank, in dem in friedlicher Zeit Unterrichtsmaterial aufbewahrt worden war, und schenkte sich ein. Er leerte das Glas auf einen Zug. Wie sah es denn aus? Hoth war mit der 4. Panzerarmee im Aksai-Abschnitt angehalten worden, und Paulus blieb zweifellos in Stalingrad stehen, obgleich Manstein ihm nahe gelegt hatte, unverzüglich auszubrechen, solange Hoth noch bei Aksai stand. Der Führerbefehl galt mehr als eine Armee mit einem Anhang von Versprengten, die zahlenmäßig mehr als zwei Korps ausmachten. Wahnwitz war das, und man selbst drehte sich mit im Totentanz, und wenn man ausstieg, kam ein anderer, der »Jawohl« sagte, der sich womöglich noch tiefer duckte und wie ein Papagei nachplapperte, was die auf Hochtouren laufende Propagandamaschine von sich gab.

Talvern schenkte sich noch einmal ein. Als er das Glas absetzte, hörte er das tief dröhnende Brummen von Flugzeugmotoren. Fast gleichzeitig begann die am Ortsrand postierte Flak zu feuern. Das eine 8,8-Geschütz, das auch zur Bekämpfung überraschend auftauchender Panzer vorgesehen und deshalb noch nicht abgezogen worden war aus Schepetowka, und die in wildem Stakkato hämmernde Maschinenflak.

Nur mit halbem Ohr achtete Talvern auf das Schießen und die offenbar in nicht allzu großer Höhe fliegenden Maschinen. Zumal es dem dumpfen Brummen nach zweifellos Bomber waren, nicht die gepanzerten Iljuschin II, die sich häufig auf sich stauende Rückzugskolonnen stürzten. Wahrscheinlich war wieder Rostow an der Reihe. Rostow am Don, der Angelpunkt und wichtigste Versorgungsplatz der weit im Süden stehenden beiden Kaukasus-Armeen. Oder der Flugplatz von Nowo-Tscherkessk, von wo aus man versuchte, die Eingeschlossenen von Stalingrad aus der Luft zu versorgen.

Talvern beugte sich wieder über die Karte. Das

menschliche Vorstellungsvermögen war außer Stande, sich vor Augen zu führen, was geschehen war und laufend geschah. Eine Kettenreaktion sich überstürzender Ereignisse von uneindämmbarer Dynamik, die weit jenseits jeder militärischen Ordnung war. Der Rückzug an sich, ein in allen Generalstabsplänen vorgesehenes Mittel der Kriegsführung zur Erhaltung der eigenen Schlagkraft bei gegnerischer Übermacht, wurde in Clausewitz' grundlegendem Werk »Vom Kriege« mit der gleichen Sorgfalt und Systematik behandelt wie der Angriff. Aber das, was seit dem Morgen des 16. Dezember geschah, war kein Rückzug – es war Flucht, regellose Flucht, unaufhaltbar, und die eigene Division war mit einem wesentlichen Teil ihres Bestandes, der sich längst nicht mehr unter Kontrolle befand, mitgerissen worden von der Tod bringenden Flut.

Talvern richtete sich auf und griff nach einer Zigarette. Heiß war es im Raum. Der General hatte eingesehen, wie verschroben es gewesen wäre, in einem Haus zu frieren, das früher oder später doch in Flammen aufgehen oder unter dem Explosionsdruck von Granaten oder Bomben zusammenstürzen würde. Die Schulbänke waren bereits verheizt, demnächst würde die Wandverkleidung, soweit sie aus Holz war, an der Reihe sein, sofern der Russe nicht den dünnen Verteidigungsgürtel durchbrach, der nördlich von Schepetowka noch vorhanden war. Dann würde aus Schepetowka ein neues kleineres Stalingrad werden oder ein Trümmerhaufen, ein riesiges Grab.

Plötzlich horchte Talvern auf. War jetzt dieser Zeitpunkt gekommen? Jetzt schon? Hatten die feindlichen Bomber kehrtgemacht auf ihrem Kurs? Oder waren neue im Anflug? Das Bellen und Hämmern der Flak, vor kurzem verstummt, setzte wieder ein. Dann folgten andere Geräusche: Pfeifen, Rauschen, donnerndes Krachen und Bersten. Talvern hatte das Gefühl, eine Riesenfaust packe ihn. Sie schien ihn in einen grundlosen schwarzen Abgrund zu stoßen.

Sekunden später kam Talvern wieder zu sich. Er lag auf dem Fußboden, das Haus bebte, und ringsum donnerten ohrenbetäubend die Detonationen explodierender Bomben. Dann trat Stille ein, auch die Flak schwieg. Oder hatte sie schon vorher ihr Feuer eingestellt?

Leicht benommen stand Talvern auf. Das Schulhaus, dem doch sicher der Angriff der Bomber gegolten hatte, war allem Anschein nach nicht getroffen worden. Die überklebten, vereisten Fensterscheiben allerdings hatten dem Luftdruck nicht standgehalten. Überall Glasscherben und -splitter. Und ein stickiger Geruch von Pulverqualm und beißendem Rauch.

Talvern säuberte die Uniform vom Kalk- und Mörtelstaub. Mit dem Taschenkamm fuhr er sich durchs Haar. Auf sein Äußeres legte er stets besonderen Wert, selbst im dicksten Rabatz.

Er stieß die Tür zum Vorzimmer auf. Leutnant Walter hinkte auf ihn zu, grau im Gesicht und keines Wortes fähig. Der Ia-Schreiber war nicht im Zimmer.

»Wo ist der General?«, fragte Talvern.

Leutnant Walter hustete. »Ich weiß nicht, Herr Major«, krächzte er heiser.

»Dann sehen Sie nach!«, befahl Talvern mit schneidender Stimme. »Oder soll ich es tun?«

Wortlos entfernte sich Leutnant Walter.

Talvern drehte die Kurbel des Feldfernsprechers. Tot. Die Divisionsvermittlung meldete sich nicht.

»Verdammt«, murmelte Talvern und kehrte in sein Dienstzimmer zurück. Schon drang die Kälte von draußen ein.

Talvern schloss den Wandschrank auf. Die Wodkaflasche und das Glas waren unversehrt. Er goss sich ein, legte den Kopf zurück und leerte das Glas. Heiß und belebend durchströmte ihn das scharfe Getränk. Talvern stellte das Glas und die Flasche in den Schrank zurück. Er drehte sich um.

In der offenen Tür stand der General, groß, schlank, die abgenützte Feldmütze auf dem dünnen, ergrauten Haar. Sein schmales, zerfurchtes Gesicht zeigte einen Ausdruck äußerster Erschöpfung, wenn er sich auch aufrecht hielt wie immer.

»Talvern«, sagte er mit brüchiger Stimme, »es ist furchtbar. Halb Schepetowka ist dem Erdboden gleichgemacht. Furchtbar, Talvern. Möglicherweise hat der Angriff gar nicht uns gegolten, sondern einer italienischen Kraftfahrzeugkolonne, die sich am Ortsausgang auf der Rollbahn gestaut hatte. Man kann nur hoffen, dass die Verluste nicht allzu groß sind.«

Der General schwieg. Sein hart zusammengepresster Mund war wie ein mit einem Griffel eingeritzter Strich.

»Wie sieht es vorn aus, Herr General?«, fragte Talvern. Der Alte hat Glück gehabt, dachte er. Vermutlich hatte Warnke, der Generalsfahrer, irgendwo draußen in der Steppe angehalten, als das Inferno über Schepetowka losbrach.

»Vorn?« General Körner starrte seinen Ia an wie einen Fremden. »Sagten Sie ›vorn‹, Talvern? Wir haben ein paar halb erfrorene Männer in Schützenlöchern gefunden, einen Leutnant, der am MG lag – mitten im Schnee –, und eine Pak, die von einem Feldwebel und zwei Mann der zweiten Panzerjägerkompanie bedient wird.

Der Feldwebel behauptete, er wüsste nichts von der übrigen Kompanie. Das war ›vorn‹, Talvern, unsere Hauptkampflinie. Und was ist mit Wiebe?«

»Ich weiß es nicht, Herr General«, antwortete Talvern. »Kurz bevor die Flugzeuge kamen, hatte ich mit Major Wiebe am Telefon gesprochen. Er glaubte nicht an den Erfolg des befohlenen Gegenangriffes. Wenig später kam ein Sanka mit Verwundeten vom Verbandsplatz des Regiments. Sie waren gerade noch davongekommen. Russenpanzer waren im Verbandsplatz eingebrochen. Ich rief sofort bei Major Wiebe an, aber er meldete sich nicht. Leitung gestört. Ich habe sofort das Nötige veranlasst. Und jetzt sieht es so aus, als ob wir ohne Nachrichtenverbindung wären. Die Vermittlung schweigt.«

Bei Talverns letzten Worten war Leutnant Walter eingetreten.

»Eine Bombe hat die Gefangenensammelstelle getroffen«, meldete er jetzt. »Volltreffer. Hauptmann Wedenkamm war mit Rittmeister von Ehrenfeld dort zu einer Vernehmung. Hauptmann Wedenkamm ist tot.«

»Und Ehrenfeld?«, fragte Talvern.

»Wie durch ein Wunder unverletzt.«

Major von Talvern wandte sich zum General. »Ich

schlage vor, dass Rittmeister von Ehrenfeld vorläufig die Geschäfte des Ic übernimmt.«

General Körner nickte. »Veranlassen Sie das, Talvern. Und sehen Sie zu, dass hier im Haus die Fenster abgedichtet werden. Bei dieser Hundekälte kann ja niemand arbeiten.«

»Damit wird es ohnehin bald zu Ende sein, Herr General«, versetzte Talvern bitter, »einmal, weil wir bald nichts mehr haben werden, was zu führen wäre, und zum Zweiten, weil Schepetowka wohl in Kürze überrollt sein wird.«

Wortlos verließ der General den Raum.

Um fünf Uhr Früh setzte Oberleutnant Mareiner zwei Spähtrupps auf Skiern in Marsch. Ursprünglich hatte er vorgehabt, selbst nach den Kosaken Ausschau zu halten, aber dann hatte er eingesehen, dass er in Lysselkowo unabkömmlich war. Die italienischen Soldaten hatten zwar die Auflösung ihrer Kompanie mit Gleichmut hingenommen, doch ihre Aufteilung bedeutete eine Schwächung der Rundumverteidigung, da man ihnen nur noch untergeordnete Aufgaben zuzuweisen wagte. Dagegen war Unteroffizier Kirchweins Vorschlag, die Hiwis zu bewaffnen, die er vom Tschir mitgebracht hatte, von Hauptmann Martin abgelehnt worden. Mareiner glaubte, Hauptmann Martins Standpunkt zu verstehen. Es wäre für die Italiener eine nicht zu verschmerzende Demütigung gewesen, wenn man die Russen ihnen vorgezogen hätte, zumal ja Hauptmann Martin die Auflösung der Kompanie Favere nur als vorbeugende Maßnahme befohlen hatte. Sergeant Matteoni, der wegen Auflehnung in Haft genommen worden war, hatte zwar im Namen seiner Landsleute die Kapitulation gefordert, doch gemeutert hatte niemand, und Hauptmann Martin hatte die Einheitsführer angewiesen, streng darauf zu achten, dass die Italiener von allen als gleichwertige Kameraden behandelt würden.

Die feindliche Artillerie hatte während des ganzen vergangenen Tages und ebenso im Laufe der Nacht, die sich nun ihrem Ende näherte, geschwiegen, aber niemand in Lysselkowo zweifelte daran, dass es nur eine Pause war und dass die Beschießung in jedem Augenblick wieder beginnen konnte. Vielleicht gruppierte man drüben um.

Hauptmann Martin hatte mittlerweile von Major Schranz durch Funk die Zusage erhalten, dass die Luftwaffe, sobald die vordringliche Versorgung der Stalingrad-Armee es zulasse, Infanteriemunition und Verpflegung über Lysselkowo abwerfen werde. Er selbst hielt nicht übermäßig viel von der Versorgung aus der Luft, wenn es sich um kleine Plätze wie Lysselkowo handelte, da Versorgungsbomben allzu leicht ihr Ziel verfehlten und häufig dem Feind in die Hände fielen. Aber er unterschätzte die moralische Wirkung nicht, die das Erscheinen der eigenen Luftwaffe erfahrungsgemäß auf Eingeschlossene oder Abgeschnittene ausübte. Zudem konnte die einförmige Verpflegung, die seit dem 19. Dezember auf ein Minimum reduziert worden war, eine Aufbesserung vertragen. Freilich war die Schlittenkolonne angekündigt, die der Kosakenleutnant Marianow nach Lysselkowo eskortieren sollte, doch an den Erfolg dieses Unternehmens wagte kaum jemand ernsthaft zu glauben.

Seit dem Aufbruch der beiden Spähtrupps war eine Stunde vergangen. Oberleutnant Mareiner hatte sich wieder zu den Männern seines Kompanietrupps aufs Stroh gepackt. Aber er war nicht mehr eingeschlafen. Die verdächtige Stille beunruhigte ihn. Zweifellos plante der Russe etwas. Doch wie sollte man das herausfinden? An gewaltsame Erkundung durch einen starken Stoßtrupp war nicht zu denken. Jeder Mann in Lysselkowo wurde zur Verteidigung benötigt.

Mareiner hielt es nicht länger auf dem Strohlager in dem eiskalten Bunker aus. Er stand auf, zog die Skistiefel und den Mantel an, streifte den Kopfschützer über und griff zur Maschinenpistole.

Bedächtig stieg er die vereisten Stufen hinauf.

Die Dunkelheit war noch so dicht, dass man kaum den allernächsten Umkreis erkennen konnte. Ein leichter Wind wehte von Nordosten und trieb einzelne Flocken vor sich her.

Mareiner stand lauschend beim Bunkereinstieg. Nichts war zu hören.

Plötzlich vernahm er gedämpfte Stimmen. Vorn bei den MG-Ständen, die in befestigte Hütten eingebaut waren, rief einer der Posten: »Halt! Parole!«

Jemand antwortete mit dem Kennwort, das am Abend ausgegeben worden war.

Dann folgte das Einsetzen von Skistöcken und das leise Schleifen der langen Bretter.

Der Obergefreite Horn tauchte mit seiner Gruppe auf.

»Was ist los, Horn?«, fragte Mareiner. »Wieso kommen Sie jetzt schon zurück?«

»Wir sind mit einer russischen Skipatrouille zusammengestoßen, Herr Oberleutnant«, meldete Horn. »Es hat nur einen kurzen Feuerwechsel gegeben. Zwei Mann haben wir gefangen genommen, darunter den Offizier, der die Patrouille geführt hat. Es war ein Leutnant. Jedenfalls behauptete er, dass er Leutnant wäre. Ich dachte, es wäre gut, die Gefangenen gleich zu Ihnen zu bringen, Herr Oberleutnant. Manchmal wissen sie etwas und sagen aus. Ich erklärte den beiden, so gut ich es auf Russisch konnte, sie sollten ›dawai, dawai‹ mitkommen nach Lysselkowo. Aber der russische Offizier sträubte sich. ›Njet, njet Lysselkowo!‹, sagte er ein paar Mal. Ich hielt ihm den Karabiner vor die Nase. Da fuhr er auf einmal mit einem Messer, das wir beim Durchsuchen übersehen hatten, auf mich los. Und der andere Russe fiel über den Gefreiten Holzbauer her, der neben mir war. Ich schlug dem Leutnant das Messer mit dem Karabiner aus der Hand, und den anderen Russen brachte meine Gruppe zur Vernunft.«

»Wo sind die beiden?«, fragte Mareiner ungeduldig. Horns Art, auch die kleinste Einzelheit aufzuzählen, steigerte seine Nervosität.

»Das ist's ja, Herr Oberleutnant«, sagte der Obergefreite. »Sie machten das größte Theater, weil wir sie nach Lysselkowo bringen wollten. Schließlich gaben sie klein bei oder stellten sich wenigstens so, als ob sie sich nicht weiter wehren wollten. Und dann waren sie auf einmal weg – spurlos verschwunden. Es war wie verhext, Herr Oberleutnant. Wir konnten sie nicht mehr finden. Und da bin ich auf jeden Fall zurückgekommen, um Ihnen den Zwischenfall zu melden. Ich meine, die beiden Russen hatten einen besonderen Grund für ihr Verhalten.«

»Das scheint mir auch so, Horn«, räumte Mareiner ein. »Sie bleiben vorerst hier. Ich werde gleich mit Hauptmann Martin sprechen.«

Er ging zum Gefechtsstand des Kampfkommandanten, weckte den Hauptmann und berichtete ihm, was der Spähtruppführer gemeldet hatte.

»Ich habe schon die ganze Zeit so ein dummes Gefühl«, fügte Mareiner hinzu. »Irgendetwas hat der Russe vor. Meiner Meinung nach bedeutet das Verhalten der beiden Gefangenen nichts anderes, als dass etwas gegen uns im Gange ist und nicht mehr lange auf sich warten lassen wird. Die unnatürliche Ruhe bestätigt das nur.«

»Ich glaube, Sie haben Recht, Herr Mareiner«, meinte Hauptmann Martin nachdenklich. »Aber uns sind ja die Hände gebunden. Unser Pech, dass die Gefangenen entwischt sind. Immerhin ist es ein Zeichen dafür, dass sie eher eine Kugel riskieren wollten, als zu uns zu kommen. Zum Mindesten können wir damit rechnen, dass der Russe bald wieder zu trommeln anfängt, und dass er diesmal alles daransetzen wird, aufs Ganze zu gehen. Aber unsere Bunker sind gut. Da haut nicht so leicht etwas durch.«

»Stimmt«, gab Mareiner zu. »Es müssten schon schwere Mörser sein oder Fliegerbomben. Aber auch da wäre es fraglich. Trotzdem, Herr Hauptmann, ich kann nur sagen, dass es Zeit wird, zusammenzupacken. Wir müssen 'raus, Herr Hauptmann. Das ist meine Ansicht.«

»So kenne ich Sie ja gar nicht, Herr Mareiner«, entgegnete Hauptmann Martin lächelnd. »So eilig haben Sie es auf einmal. Aber im Ernst: Wir müssen zum

Mindesten abwarten, ob die Kosaken zu uns durchkommen. Wenn dieser Marianow es tatsächlich schafft, obendrein mit einer Schlittenkolonne, dann, meine ich, können wir daran denken, unseren Ausbruch vorzubereiten.«

»Hoffentlich ist es bis dahin nicht zu spät«, wandte Mareiner ein. Ohne ein weiteres Wort verließ er den Gefechtsstand.

Zur gleichen Zeit führten zwei Soldaten einen humpelnden Kosaken zum Quartier von Major Schranz. Ein Vorposten, der die Nerven verlor, hatte dem unter lautem Rufen in der Dämmerung heransprengenden Reiter das Pferd unter dem Sattel abgeschossen. Beim Sturz, der durch den tiefen Schnee gemildert wurde, hatte der Kosak sich den Fuß verstaucht.

Major Schranz schlief wie jeder in jener Zeit in voller Uniform. Nicht einmal die Filzstiefel hatte er auszuziehen gewagt. Als die beiden Landser mit dem Kosaken den eiskalten Raum betraten, in dem man das Lager für den Abschnittskommandanten aufgeschlagen hatte, war Major Schranz im Nu hellwach.

Der Kosak, der sein Pferd, das verendet draußen im Schnee lag, in neunstündigem Ritt halb zu Schanden gepeitscht hatte, brachte eine Meldung von Chorunche Marianow.

Marianow teilte dem deutschen Major, der der russischen Sprache wie ein Einheimischer kundig war, in der schriftlich abgefassten Meldung mit, das Gebiet, durch das er bis zum Einbruch der Nacht gezogen sei, sei frei vom Feind. An diese Mitteilung schloss sich die Bitte, den Kampfkommandanten von Lysselkowo zu verständigen und ihm nahe zu legen, Lysselkowo zu räumen und sich an einem von Marianow bezeichneten Punkt im Süden des Ortes mit den Kosaken zum gemeinsamen Ausbruch zu vereinigen. In einer Nachschrift meldete Marianow, er habe eine nicht näher bezeichnete Zahl deutscher und italienischer Gefangener aus der Hand des Gegners befreit und gebe diesen Soldaten mit seinen Kosaken Geleitschutz.

Major Schranz setzte, ohne lange zu überlegen, einen entsprechenden Spruch für Hauptmann Martin auf und schickte diesen durch eine Ordonanz zur Funkstelle seines Stabes.

»Ich danke dir, mein Sohn«, sagte Schranz zu dem Kosaken. »Man wird dich jetzt zum Doktor bringen, und wenn dein Fuß wieder gesund ist, geben wir dir ein neues Pferd.«

Der Kosak hob grinsend die rechte Hand an die Pelzmütze und ließ sich von den beiden Landsern zum Verbandsplatz führen.

Unterdessen hob Major Schranz den Handapparat des Feldfernsprechers ab und verlangte bei der Vermittlung eine Verbindung mit dem Ia des Divisionsstabes in Schepetowka.

Er behielt den Hörer am Ohr. Gleich darauf hieß es am anderen Ende, Schepetowka melde sich nicht, auch die Funkstelle von Lysselkowo gebe keine Antwort.

»Versuchen Sie es weiter!«, befahl der Major und knallte den Hörer auf den Kasten. Seit dem 16. Dezember, an dem die Italiener vorn am Don aufs Haupt geschlagen wurden, ging alles, aber auch alles schief.

Wie zur Bestätigung der schwarzen Gedanken des

alten Majors ertönte plötzlich draußen der Ruf: »Alarm! Die Russen kommen!« Fast gleichzeitig fielen in einiger Entfernung Gewehrschüsse, ein MG begann zu rattern, und dann bellte die Pak, die man als herrenloses Gut der abgerückten Italiener vereinnahmt hatte.

Major Schranz fuhr in die Ärmel seines Mantels, schnallte um, setzte den weiß gestrichenen Stahlhelm auf und griff zur Maschinenpistole.

Draußen verstärkte sich der Gefechtslärm, man vernahm das Gedröhne von Panzermotoren, dann schlugen die ersten Panzergranaten in dem dünn besetzten Stützpunkt ein.

Beim Batterietross war das Gerücht aufgekommen; wie ein schwelender Brand griff es um sich in den unterirdischen Unterkünften, den Katakomben von Lysselkowo. Der Alte, Hauptmann Martin, hieß es, habe am 16. den einzig möglichen Zeitpunkt zum Abmarsch aus der Mausefalle verstreichen lassen, weil er auf den Funkspruch von Wachtmeister Fendt wartete. Dann, als der Spruch kam, habe er auf Fendt selbst gewartet, und danach habe er sich gegen alle Vernunft in Lysselkowo sesshaft gemacht, weil Fendt keine Füße mehr hatte. Eine bittere Unterstellung, geschürt von der Furcht vor dem Ungewissen, das jede Stunde höllische Gewissheit werden konnte.

Auch Wachtmeister Fendt in der Verwundetensammelstelle mitten im Ort war das Gerücht zu Ohren gekommen. Ein Leichtverwundeter, der täglich zum Verbandswechsel kam, hatte es dem hilflos auf dem Stroh liegenden Doppelamputierten hinterbracht, ohne sich viel dabei zu denken. »Jetzt schieben sie Ihnen den Schwarzen Peter zu, Herr Wacht, diese Idioten. Der Alte ist doch kein Blödmann. Wegen einer einzigen Figur setzt der nicht die Batterie und alles Drum und Dran aufs Spiel. Ich hab' schon immer gesagt, der Häuptling hat was auf dem Kasten, der hört die Läuse husten, der hat ganz genau gewusst, warum er in Lysselkowo sitzen geblieben ist.«

»Sie haben's erfasst«, stimmte Fendt lächelnd zu, »wäre ja noch schöner, dieser ganze Aufwand. Und alles meinetwegen – einfach zum Lachen ...«

Zum Lachen war es, doch viele nahmen es ernst, und diese waren randvoll angefüllt mit Groll gegen den Chef und gegen den vermeintlich Schuldigen, der in ihren Augen die Ursache ihres Elends war. Dazu kam für sie die Legende von den Versorgungsschlitten, die angeblich unterwegs sein sollten. Ausgerechnet mit den Kosaken. Die Schlitzohren waren doch längst über alle Berge – entweder mitsamt den Schlitten drüben beim Iwan oder irgendwo im Hinterland. In Rostow oder gar schon in Taganrog. Und jetzt war auch noch der Generator des großen Funkgeräts beim Teufel. Auch das hatte sich windschnell herumgesprochen.

Mit Sorge registrierten die Offiziere das Absinken der Stimmung. Sie sank gleichzeitig mit der Quecksilbersäule im Thermometer, die jetzt wieder zwanzig Grad unter Null anzeigte. Mit doppelter Sorge, denn alles deutete darauf hin, dass der Russe den entscheidenden Schlag gegen Lysselkowo vorbereitete. Das anhaltende Schweigen seiner Artillerie war das sicherste Zeichen für baldigen Umschwung.

Man wartete. Zum Zerreißen gespannt waren die Nerven.

Als es kam, als aus vollkommener Stille jäh das Donnergetöse des Feuerschlages einsetzte, empfand man es fast wie Erlösung und Erleichterung. Aber nicht alle hatten diese Empfindung.

Oberleutnant Mareiner war einer von denen, die völlig anders über den Beginn des Höllenkonzertes dachten. Er war auf dem Weg zu den Vorposten seiner Pionierkompanie, die den Feuerschutz für Leutnant Künzles schwere Feldhaubitzen bildeten. Er lag im Schnee, während sich das Wüten des Trommelfeuers von Sekunde zu Sekunde steigerte, als ob der Russe immer mehr Geschütze herankarrte. Auch Stalinorgeln waren dabei.

Der Melder, der bei Mareiner war, nur wenige Meter hinter ihm, hatte nur einmal kurz aufgeschrien. Die Hände in den Schnee verkrallt, war er gestorben, ehe Mareiner auch nur den Kopf wenden konnte.

Mareiner kroch zu dem Melder zurück. Er sah, dass es keine Hilfe mehr gab, und drückte dem Toten die Augen zu. Wie so vielen, die in den langen Jahren an seiner Seite gefallen waren.

Ich muss zur Batteriestellung und zu den Vorposten, sagte sich Mareiner, aber jedes Mal, wenn er sich anschickte, hochzuspringen, zwangen ihn neue Einschläge wieder in die fragwürdige Deckung, die der Schnee ihm bot. Schließlich versuchte er sich robbend fortzubewegen, aber nach einigen Metern presste er sich wieder in das kalte, lockere Weiß, halb betäubt und von dem grausigen Gefühl durchdrungen, dass sein Körper seinem Willen nicht mehr gehorchte.

Als der Feuerschlag endlich nachließ, um dann jäh ganz zu verstummen, hätte Oberleutnant Mareiner nicht anzugeben vermocht, ob er nur Minuten oder Stunden im Schnee gelegen hatte.

Mit Unruhe erfüllte ihn die bange Frage, was er weiter vorn antreffen würde, wo reihenweise die Schneefontänen der Einschläge hochgestiegen waren und wo jetzt eine Wolke von Pulverqualm wie schmutzig brauner Nebel lag.

Als er in der Feuerstellung ankam, über der die dichten Rauchschleier sich hoben, erblickte er als Ersten Leutnant Künzle, den Batterieoffizier. Der Leutnant lag auf dem Rücken im Schnee. Ein Teil seines Gesichts war unter dem Stahlhelm weggerissen, in der rechten Hand hielt er noch das Megafon. Die Geschütze schienen unbeschädigt zu sein, ihre weiß gestrichenen Rohre wiesen zum Feind. Die Kanoniere kamen aus ihren tiefen Deckungslöchern hervor. Sie stapften zu ihrem Leutnant, der ihnen keine Befehle mehr geben konnte.

Noch halb benommen bahnte Oberleutnant Mareiner sich weiter durch den tiefen Schnee. Wer befehligt jetzt die Batterie, wenn sie angreifen, fragte er sich. Doch zunächst war es seine Aufgabe, nach den Vorposten zu sehen.

Unteroffizier Guggemoos, ein Tiroler aus Ehrwald, kam ihm entgegen und meldete, als er beim Kompaniechef anlangte, gelassen: »Keine besonderen Vorkommnisse, Herr Oberleutnant.«

»Niemand verwundet?«, fragte Mareiner.

»Nein, kein Kratzer.«

Mareiner nickte. »Schön. Halten Sie die Augen offen! Wird sich bald etwas rühren, schätze ich.«

Er ging in seiner Spur zurück. In der Feuerstellung betteten sie den toten Leutnant auf eine Trage. Mareiner ging weiter, so rasch der hohe Schnee es zuließ. Sein Ziel war der Gefechtsstand des Kampfkommandanten. Er traf Hauptmann Martin am Einstieg zum Befehlsbunker.

Über ganz Lysselkowo lagerte nur langsam weichender Pulverdampf. Etliche Katen waren zusammengestürzt. Überall gähnten hässliche Trichter im Schnee.

»Was bringen Sie, Mareiner?«, fragte Hauptmann Martin.

»Ich bringe nichts, Herr Hauptmann«, gab der Oberleutnant zurück, »aber Ihre Kanoniere, die bringen Leutnant Künzle. Er ist gefallen. Und deshalb komme ich zu Ihnen, Herr Hauptmann. Wer gibt, wenn es losgeht, der Batterie die Feuerkommandos?«

»Wer anders als ich«, meinte der Hauptmann nach kurzem Nachdenken.

Mareiner schüttelte energisch den Kopf.

»Unmöglich! Überlegen Sie doch, Herr Hauptmann: Sie sind Kampfkommandant, haben andere Aufgaben.«

»Ich bin auch Batteriechef«, warf Hauptmann Martin ein. »Außerdem – der Schießende, der das Feuer einer Batterie leitet, muss Artillerist sein. Unter meinen Leuten ist keiner, der Künzle ersetzen könnte. Also komme nur ich in Betracht.«

»Oder Fendt«, sagte Mareiner.

»Sind Sie wahnsinnig?«, brüllte Hauptmann Martin entrüstet. »Ein frisch Amputierter, ein Mann, dem beide Füße fehlen!«

Mareiner hob die Schultern.

»Wenn wir hier überleben wollen, müssen wir genauso hart werden wie der Gegner. Der Russe kennt keine Skrupel, keine Rücksichtnahme. Der jagt seine Rotarmisten bedenkenlos ins Feuer, auch Verwundete, sogar halb Tote, wenn es sein muss. Wichtig ist dem nur der Effekt.«

»Schöne Theorie – Assimilierung, das fehlte noch«, versetzte Hauptmann Martin gereizt. Er musterte den Pionieroffizier, als sähe er ihn zum ersten Mal.

»Der Unterschied ist nicht mehr groß«, sagte Mareiner gelassen. »Aus dem rückwärtigen Gebiet hört man von Dingen, die Stalin genauso gut befohlen haben könnte!« Nach einer Pause setzte er einlenkend hinzu: »Mir geht es wie Ihnen um die Besatzung von Lysselkowo, Herr Hauptmann.«

Hauptmann Martin nickte schwer. »Das ist es ja. Wissen Sie, was Verzweiflung ist? Ich glaube: die Summe aller Zweifel. Was würden Sie sagen, wenn ich vom Schneider in meinem Batterietross aus irgendeinem Fetzen eine weiße Fahne nähen lasse, wenn ich die Fahne nehme und mit ihr hinüber zum Russen gehe? Wenn ich Lysselkowo dem Feind übergebe?«

»Das werden Sie nicht tun«, entgegnete Mareiner betroffen.

»Und warum nicht? Wäre es nicht das Beste – das Vernünftigste –, gerade auch für Fendt und die anderen im Sanitätsbunker.«

Mareiner schüttelte den Kopf.

»Sie wissen genau, dass keiner von denen durchkäme, Herr Hauptmann. Auf dem Marsch in die Gefangenschaft müssten wir die Verwundeten tragen. Die Schwerverwundeten – bei diesem Frost. Auch von denen, die noch ihre gesunden Knochen haben, blieben viele auf der Strecke. Wer in den Schnee fällt, bleibt liegen. Der Russe hebt keinen auf.«

Hauptmann Martins Gesichtsausdruck veränderte sich, wurde hart und verschlossen. »Die Verantwortung ist riesengroß«, sagte er, »man weiß nicht, was kommt. Wir wissen nicht einmal, was die nächste Stunde bringt – die nächste Minute.« Und dann: »Ich gehe in die Feuerstellung. Sie vertreten mich, bis ich zurück bin.«

In seinem langen, fast bis zu den Füßen reichenden Übermantel stapfte er in seinen plumpen Filzstiefeln den Trampelpfad entlang, der wie ein Laufgraben tief in den Schnee eingefräst war.

Mareiner blickte ihm nach. Wie tot lag Lysselkowo in der grauen Winteröde. War es nicht so, als wäre die Gestalt in dem langen feldgrauen Mantel der einzige Überlebende in dem verwüsteten russischen Dorf? Bedrückend war die Stille, die nach dem heftigen Feuerschlag wieder eingetreten war.

Wann geschieht etwas, fragte sich Mareiner, wann brechen wir endlich aus – wann?

Der Regimentsgefechtsstand befand sich in einer Balka, einer Schlucht mit steilen Wänden. Vor zwei Tagen hatte der Regimentsstab die bereits vorhandenen Unterstände bezogen. Wandbilder des Duce und anderes, was bei dem überstürzten Abmarsch zurückgeblieben war, gaben zu erkennen, dass bis zum Katastrophentag ein italienischer Stab in der Schlucht gehaust hatte. Die Eingänge der Bunker waren mit Decken oder Zeltbahnen verhängt. Nur der Kommandeursbunker wies eine Tür auf. In dem höhlenartigen, durch ein Kanonenöfchen beheizten Raum, in dem eine blakende Kerosinlampe brannte, gab es einen Tisch, zwei Stühle und ein eisernes Bettgestell, die wie die Tür aus einem nahe gelegenen, halb zerschossenen Kolchos stammten.

An dem Tisch saß Major Wiebe wie ausgeleert. Seine linke Hand war dick verbunden. Sein graublondes Haar war struppig und vom Stahlhelm zerdrückt. Die untere Hälfte seines hageren grauen Gesichts war von einem blonden Stoppelbart überwuchert.

Er war allein. Er blickte sich nicht um, als die Tür aufging. Zwei Soldaten traten ein. Weiß gestrichener Stahlhelm, schmutzig weißer Tarnanzug. Beide waren mit Karabinern bewaffnet. Der eine hatte einen Feldfernsprecher umgehängt, der andere eine Rolle Leitungsdraht.

Sie bauten vor Major Wiebe, der langsam den Kopf zu ihnen drehte, ihr Männchen wie auf dem Kasernenhof. Der mit dem Fernsprechgerät meldete: »Obergefreiter Friedrich und Gefreiter Horn vom Entstörungstrupp eins-sechsunddreißig.« Auf einmal wurde er familiär: »Schöner Mist, Herr Major. Die kaputte Strippe ist geflickt, aber jetzt muss in Schepetowka was entzweigegangen sein. Da hat der Russe vielleicht abgeladen! Wir waren grade zehn Minuten 'raus oder so, als die Bomber kamen. Da hat die Wand gewackelt.«

Der Major sagte nichts. Stumpf sah er zu, wie der Obergefreite Friedrich wie wild an einem der beiden Fernsprechgeräte kurbelte, die auf dem Tisch standen.

Hauptsache, dass sich der verdammte Talvern nicht

bemerkbar machen kann, dass sie mir meine Ruhe lassen, dachte Major Wiebe. Gegenangriff! Krankhafter Irrsinn! Womit denn, bitte sehr? Wir sind angetreten, dachte Major Wiebe, natürlich sind wir angetreten, was denn sonst, Befehl ist Befehl. Und das Ergebnis: Festgefahren, abgeschmiert, zurückgeworfen auf die Ausgangsstellung. Oberleutnant Fürst, Regimentsadjutant, Reliquie der vom Russen ausgelöschten ersten Garnitur des Stabes, war unterwegs, um die Höhe der Verluste und den Zustand der vom russischen Artilleriefeuer zerhackten Stellungen festzustellen. Sauerei das Ganze. Halten, halten, während sie links und rechts türmten! Und dann dieser Irrsinnsbefehl zum Gegenangriff!

Major Wiebe zuckte zusammen. Der Obergefreite am Fernsprechgerät sprach auf einmal mit irgendeiner Gegenstelle. Und dann sagte er: »Jawohl. Übergebe an Herrn Major.«

»Hallo, Wiebe«, tönte es im Mikrofon des Hörers, »hier spricht Talvern – Talvern –, hören Sie mich? Wie sieht's aus bei Ihnen?«

»Wir sind wieder da, wo wir vorher waren«, sagte Wiebe mit tonlos leiernder Stimme, »Gegenangriff misslungen. Mir haben sie die Flosse angekratzt. Der Teufel soll euch alle holen!«

Talvern am anderen Ende der Leitung quittierte den freundlichen Wunsch mit trockenem Auflachen. »Das wäre beinahe geschehen. Was ist aus den Feindpanzern geworden, die zum Verbandsplatz durchgebrochen waren?«

»Die hat der Panzervernichtungstrupp geknackt.«

»Na, wenigstens etwas«, sagte Talvern.

»Ja, wenigstens etwas«, wiederholte Major Wiebe böse. »Vier Mann im Kampf gefallen. Das Haus, das voll gepfercht war mit Verwundeten, in Brand geschossen. Stabsarzt Fromm ist mit allen, die im Haus waren, in den Flammen umgekommen.«

Talvern am anderen Ende ging nicht darauf ein. Natürlich, dachte Major Wiebe, die machen ihren Krieg am Kartentisch, ab und zu fallen ein paar Bomben, das ist alles, aber wir und die vorn in den eisigen Schützenlöchern, die armen Schweine!

»Geben Sie mir jetzt Ihren Gefechtsbericht«, sagte Talvern nach kurzem Schweigen. »Vor allem Ihre Verluste. Ich brauche es für unsere Meldung nach oben.«

»Der Angriff brach im Feuerriegel des Gegners zusammen«, schnarrte Wiebe in die Sprechmuschel des Handapparates. »Eigene Artillerievorbereitung völlig unzureichend. Im feindlichen Sperrfeuer blieben meine Männer liegen. Zuletzt gab ich den Befehl, auf die Ausgangsstellungen zurückzugehen.«

»Sie gaben den Befehl?«

»Jawohl, mein Herr, wenn Sie gütigst erlauben. Es kann ja nicht im Sinne der höheren Führung sein, die Reste eines ausgebrannten Regiments absichtlich zu verheizen. Man braucht uns doch noch, nicht wahr? Und was die Verluste betrifft – Oberleutnant Fürst ist dabei, sie zu ermitteln. Meine Nachrichtenverbindungen nach vorn, zu dem, was einmal unsere Bataillone waren, sind zurzeit zerstört.«

Talvern schien es auf einmal eilig zu haben. »Sobald Sie Klarheit haben, schriftlicher Bericht durch Melder. Sie haben es ja nicht mehr weit zu uns.«

»Nein, Herr von Talvern, nicht mehr weit«, bestätigte Major Wiebe. »Und wenn jetzt zur Abwechslung der Russe wieder angreift, wird die HKL bald vor Ihrer Haustür sein.«

»Sie belieben zu scherzen, Herr Wiebe«, versetzte Talvern eisig. »Ich erwarte, dass die Linie, die Sie jetzt besetzt haben, gehalten wird – um jeden Preis. Ende.«

Major Wiebe knallte den Handapparat auf den braunen Kasten. Sein graues Gesicht war verzerrt. Er schien so sehr mit Zorn geladen zu sein, als wollte er jeden Augenblick explodieren. Aber er fasste sich rasch. Es half nichts, man war hineingestellt, es gab keinen Ausweg, Talvern war nicht schuldig, auch der General nicht, die Suppe, die der einfache Soldat und der Frontoffizier auslöffeln mussten, wurde anderswo gekocht. Talvern war selbst nur Befehlsempfänger. Und wer sich auflehnte, war erledigt.

»Seht zu, dass ihr in der Feldküche etwas Warmes bekommt«, sagte Wiebe zu den beiden Nachrichtenmännern. »Ich glaube, die Küche ist jetzt so weit.«

Im gleichen Augenblick, als der Obergefreite und der Gefreite nach zackigem Gruß den Kommandeursbunker verließen, kam Oberleutnant Fürst zurück. Er hatte unter dem Kopfschützer einen Verband um die Stirn. Das Blatt des Meldeblocks, das er dem Regimentsführer reichte, enthielt die blutigen Verluste der letzten Stunden. Einige Kompanien waren jetzt völlig aufgerieben. Ein glattes Rechenexempel, dachte Major Wiebe nach einem Blick auf die von Fürst aufgezeichneten Zahlenreihen, noch ein paar Tage wie dieser, und das Regiment ist ausgelöscht.

Die feindliche Artillerie begann wieder zu schießen.

»Sie sind verwundet«, sagte Oberleutnant Fürst, »ich habe Ihre Hand gesehen. Schaut hässlich aus. Sie müssen sich verarzten lassen, Herr Major.«

»Und Sie, mein Bester«, entgegnete Major Wiebe grinsend, »Ihr Kopf ist ein viel edlerer Körperteil. Nein, nein, Fürst, lassen Sie das! Wer soll denn das Regiment führen, wenn ich mich verdrücke?«

Die durchschossene Hand schmerzte, aber noch viel mehr schmerzte der Gedanke an die Männer, die bei dem Gegenangriff gefallen waren, bei dem Gegenangriff, der nach menschlichem Ermessen von vornherein zum Scheitern verurteilt war. Der Gedanke an die Toten und an die vielen Verwundeten, von denen nur wenige den Hauptverbandsplatz lebend erreichen würden. Sofern es bei dem heillosen Durcheinander überhaupt noch einen Hauptverbandsplatz gab.

Die Kolonne hielt an! Die mit mageren Pferdchen bespannten Versorgungsschlitten, die Reiter mit den hohen Fellmützen, die frierenden, erschöpften Soldaten, Deutsche und Italiener getrennt.

Ein berittener Spähtrupp, fünf Mann stark, kam im Galopp über den Rand der weiten verschneiten Mulde. Vor Chorunche Marianow sprangen die Reiter aus den Sätteln.

Der Spähtruppführer, ein junger Kosak, kaum zwanzigjährig, meldete ohne Spur von Erregung, sie hätten im Nordwesten etwa siebzig feindliche Panzer gesichtet und eine endlose Marschsäule von Rotarmisten mit bespannten Trossen.

Marianow winkte mit herrischer Geste den deutschen Hauptmann heran, der das Kommando über die aus den Händen der Roten Armee befreiten deutschen und italienischen Soldaten übernommen hatte. Elende Gerippe, hohläugig, entkräftet vom Rückzug, von pausenlosen Gefechten und dem Hungermarsch unter der erbarmungslosen Knute jener Bewacher, die jetzt als Gefangene mittrotteten.

Hauptmann Wirth, der Älteste im Kreis der deutschen und italienischen Offiziere, begab sich zu Sergej Wassiljewitsch Marianow, dem Kosakenführer, dem man in der mörderischen winterlichen Donsteppe auf Gedeih und Verderb überantwortet war.

»Sie wollen mich sprechen«, sagte Hauptmann Wirth mit der ihm geboten erscheinenden Zurückhaltung. Zweifellos schuldete man den Kosaken Dank. Durch sie war man vor einem bösen Schicksal bewahrt worden. Doch die Niedermetzelung der wehrlosen Hiwis war etwas, an das man nur mit Abscheu denken konnte.

»Wir müssen schneller marschieren, Cherr Chauptmann«, sagte Marianow in seinem unbeholfenen Deutsch, »Krasnaja Armija, Rotarmee mit viel Tank, mit viel Soldat dort.«

Vom Sattel aus wies Marianow nach Nordwesten, wo sein Spähtruppführer die feindliche Marschkolonne gesichtet hatte.

»Schneller?«, widersprach Hauptmann Wirth. »Das ist unmöglich. Unsere Soldaten sind am Ende ihrer Kräfte.«

»Wir müssen«, versetzte Marianow scharf.

Die Kolonne trat an, an der Spitze Marianow mit der berittenen Vorhut, gefolgt von den müde durch den Schnee stapfenden Deutschen und Italienern, den russischen Gefangenen und den bespannten Schlitten, an die sich jetzt der Haupttrupp der Kosaken anschloss.

Einzelne Reiter sprengten an den Reihen der Marschierer entlang. Sie feuerten die Erschöpften durch ständige Rufe an. »Dawai! Paschli!« Hauptmann Wirth zweifelte nicht daran, dass die Kosaken von ihren Nagaiki, ihren mehrschwänzigen Peitschen, Gebrauch machen würden, wenn sie es für notwendig hielten.

Flüche wurden laut. Wohin? Was hat das alles für einen Zweck, verdammt! Hatte man schon vergessen, dass man sich vor kurzem in der Gewalt der Roten Armee befunden hatte, dass man von den Kosaken, die jetzt zur Eile antrieben, befreit worden war?

Unruhe entstand in der Kolonne. Ein junger Soldat, dessen verbundener rechter Arm in einer Schlinge hing, war, nur noch mühsam humpelnd, immer mehr zurückgefallen. Plötzlich sank er in den Schnee. Zwei andere hoben den Gestürzten auf, versuchten ihn mitzuschleppen. Die Beine des Verwundeten schleiften durch den Schnee wie leblose Gegenstände. »Ich sterbe«, wimmerte der Junge, »ich sterbe.«

Marianow ritt zurück. Er befahl den Kosaken, den jungen Soldaten auf einen der Schlitten zu laden.

»Ist Ausnahme«, sagte er, als er wieder vorn bei dem Hauptmann anlangte, »wer liegen bleibt, bekommt Kugel. Kugel besser als Erfrieren.«

Hauptmann Wirth protestierte. Aber sein Protest klang lahm. Was zählte ein Mensch in der grausamen Steppe, was war das Leben eines Einzelnen im unerbittlichen russischen Winter?

Werden wir Lysselkowo erreichen, fragte sich Hauptmann Wirth, und was wird sein, wenn wir dort ankommen? Wird die Besatzung sich bis dahin halten, werden wir mit ihnen zu Grunde gehen? Oder gab es noch einmal ein Entkommen, die Rückkehr zur eigenen Front, die irgendwo war?

»Wollen Zigarette?«, fragte Marianow vom Sattel herab. An einer Lunte, die er geduldig zum Glimmen brachte, brannte er eine Zigarette an und reichte sie dem Hauptmann. Gierig griff Hauptmann Wirth danach. Seit Tagen hatte er nicht geraucht.

»Wie weit ist es nach Lysselkowo?«, fragte er den Kosakenoffizier.

»Man weiß es nicht«, antwortete Marianow, »müssen uns nach Rotarmee richten, Rotarmee stärker.«

Die schlappen Hunde sind Ballast, dachte er, sie halten uns auf, wir wären schon bald in der Balka, die der Meldereiter dem deutschen Major genannt hat. Doch war es nicht fraglich, ob bei den umfangreichen Feindbewegungen, wie sie neuerdings festzustellen waren, der Kosak sein Ziel erreicht hatte. Ob der Stützpunkt, zu dem Mischa reiten sollte, noch bestand. Ob der deutsche Major, der so gut Russisch sprach, überhaupt noch am Leben war. Alles war fraglich, vielleicht war sogar Lysselkowo bereits überrannt.

Marianow drehte sich im Sattel um und rief einem seiner Reiter zu: »Dawai! Paschli! Treibt die lahmen Hunde an! Oder wollt ihr, dass die Bolschewiken uns wie Ungeziefer zertreten?«

Oberleutnant Mareiner war mit seiner Skiläufergruppe unterwegs. Nach der Panne vom frühen Morgen, als zwei wertvolle Gefangene entkommen waren, hatte er selbst wieder die Erkundung übernommen. Der zweite Spähtrupp, der im Süden von Lysselkowo nach den Kosaken Ausschau halten sollte, war bei seinem Abmarsch noch nicht zurückgekehrt. Mareiner hoffte, dass die Männer in den russischen Schneehemden und mit der russischen Skiausrüstung nicht dem Feind in die Hände gefallen waren. Sollte dies zutreffen, war zu befürchten, dass der Gegner mit den Pionieren kurzen Prozess gemacht hatte.

Vor knapp einer Stunde hatte es bei mäßigem Wind wieder zu schneien begonnen. Der dichte Schneefall bot den schemenhaft Mann hinter Mann gleitenden Skiläufern Deckung, aber er verwehrte auch die Sicht. Jede Sekunde konnte man mit einer bösen Überraschung rechnen. Trotzdem brach Oberleutnant Mareiner den Vorstoß ins Niemandsland, das vielleicht mittlerweile vom Feind besetzt worden war, nicht ab.

In Lysselkowo griff Unruhe um sich. Unruhe und Furcht. Nach der schweren Beschießung am Morgen war nichts erfolgt, nicht der erwartete Angriff, dem Hauptmann Martin in der Batteriestellung begegnen wollte, und kein neuer Feuerschlag der feindlichen Artillerie. Jeder ahnte: die fragwürdige Stille barg eine neue Teufelei des Gegners in sich. Deshalb war Mareiner mit seinen Pionieren angetreten. Nichts wirkte lähmender als Ungewissheit. Zumal die Widerstandsfähigkeit der Besatzung von Lysselkowo merklich nachzulassen begann. Die karge, streng rationierte Verpflegung und das Hausen in den kalten unterirdischen Höhlen waren nicht geeignet, tatenfrohe Kampfesstimmung zu erwecken. Der vergangene

Winter hatte gelehrt, wie schwierig es war, die Besatzungen von isolierten Stützpunkten bei Stimmung zu halten, sie nicht den Glauben an ihre Stärke, die trotz allem immer noch vorhanden war, verlieren zu lassen.

Nachdem so viele Tage vergangen waren, ohne dass etwas Entscheidendes geschehen war, gab auch Oberleutnant Mareiner sich keinen Illusionen mehr hin. Ein eigener Gegenangriff zur Entsetzung von Lysselkowo war nicht zu erwarten. Zu weit war die Front oder das, was sich Front nannte, nach den Funksprüchen der letzten Tage zurückgefallen. Unüberbrückbar war die Kluft, die bereits nach dem Durchbruch des Russen am Don entstanden war. Immer mehr hatte diese Kluft sich verbreitert. Und nun, nach dem Ausfall des Generators, war die Funkverbindung endgültig abgerissen. Die Funkverbindung, die, als sie wieder einsetzte, so viel Hoffnungen erweckt hatte.

Mareiner gab das Zeichen zum Anhalten. Er hob das Glas vor die Augen und spähte durch das Flockengewirbel. Immer wieder wurden Schneeflocken vor die Linsen geweht.

Etwas war nicht klar; Mareiner spürte es instinktiv. Vorsichtig bewegte er sich weiter, beide Skistöcke in der Linken und rechts, in der Armbeuge, die Maschinenpistole.

Plötzlich tauchten voraus, aus einer Mulde, Gestalten auf, undeutlich erkennbar, gleichsam umrisslos wie Nebelwesen. Und dann brüllte dort drüben jemand mit überschnappender Stimme: »Stoyj! Rukij wjärch!«

Mareiner überlegte blitzschnell, ob noch Zeit zum

Kehrtmachen, zum Abhauen war, doch dann rief er: »Hinlegen! Feuerbefehl abwarten!« Erst mussten die drüben näher kommen, noch boten sie kein sicheres Ziel.

Die Pioniere warfen sich in den Schnee, gestaffelt hinter dem Kompanieführer, um freies Schussfeld zu haben.

Zu seiner Verwunderung vernahm Mareiner jetzt von drüben, vom Rand der Mulde her, wo die anderen unversehens verschwunden waren, das deutsche Kommando: »Feuer frei!«

Schon pfiffen die ersten Geschosse über die Pioniere hinweg.

»Nicht schießen!«, schrie Mareiner. »Nicht schießen! Deutsche Soldaten!«

An eine Kriegslist des Gegners glaubte er nicht. Für ihn war es sicher, dass dort drüben Deutsche waren, die seine Leute und ihn für Rotarmisten hielten.

»Nicht schießen!«, wiederholte er mit der ganzen Lautstärke, deren seine Stimme fähig war.

Das Feuer wurde eingestellt. Ein erstes Aufatmen für Mareiner und seinen kleinen Spähtrupp.

»Wer seid ihr?«, rief jemand aus der Schneemulde.

»Pioniere von der Kampfgruppe Lysselkowo«, antwortete Mareiner. »Und Sie?«

»Kommen Sie ’rüber«, hieß es auf der Gegenseite, »kommen Sie ohne Waffe!«

Mareiner erhob sich, auf seine Skistöcke gestützt. Die MP reichte er einem der Pioniere.

»Vorsicht, Herr Oberleutnant, das kann ein Trick sein«, warnte der Mann im Schneehemd.

Mareiner glitt zu der Mulde hinüber. Jemand kam

ihm im Schneetreiben entgegen, das der stärker aufkommende Wind schräg vor sich herjagte. Mareiner sah eine Gestalt in pelzbesetzter Mütze und weißem Tarnanzug. Ich habe ja noch meine Pistole – für alle Fälle, dachte er. Doch auch der andere hatte keine sichtbare Waffe bei sich.

Als sie voreinander standen, hob der andere die Hand an die Mütze. »Das nennt man eine Überraschung«, sagte er, »ich bin Leutnant Kaupisch, Sturmkompanie Kaupisch.«

Mareiner nannte gleichfalls Dienstgrad, Namen und Truppenteil. Sie reichten einander die Hände in den dicken Fäustlingen.

»Wo kommen Sie her?«, fragte Mareiner.

Kaupisch, ein junger Mann mit hellem Bartflaum, antwortete: »Das wäre was für Homer. Eine Odyssee. Nach dem Russendurchbruch am Don habe ich meinen Haufen zusammengestellt. Ich habe auch Italiener bei mir. Wir hörten heute früh Artilleriefeuer und sagten uns, wo Geschütze feuern, muss etwas von uns sein. Wie sich jetzt zeigt, haben wir richtig getippt. Sie gehören nach Lysselkowo, Herr Mareiner, nicht wahr?«

»Wir haben uns dort festgesetzt«, gab Mareiner zurück, »eine verhältnismäßig starke Kampfgruppe mit schwerer Artillerie, Sturmgeschützen und erbeuteten Panzern. Es war das einzig Richtige in dem allgemeinen Durcheinander. Es dürfte jetzt zweckmäßig sein, dass ich Sie mit meinen Pionieren auf dem schnellsten Weg nach Lysselkowo bringe. Oder ziehen Sie es vor, auf eigene Faust zu versuchen, Anschluss an die Front zu finden?«

Kaupisch verneinte mit Entschiedenheit. Er ging zu seinen Männern zurück und erteilte die notwendigen Befehle.

Als Mareiner die im dichten Schneetreiben aufmarschierende Sturmkompanie Kaupisch sah, schüttelte er verwundert den Kopf. Hier zeigte sich eine Truppe, wie sie in dieser Zeit der Auflösung kaum vorstellbar war. Die Männer waren schwer bewaffnet, es gab sogar einen Tross, eine ganze Anzahl langer niedriger Schlitten, die allerdings nicht von Pferden, sondern von Soldaten gezogen wurden.

Leutnant Kaupisch kam an Mareiners Seite. Die Pioniere bildeten die Spitze der ziemlich langen Marschkolonne.

»Wie stark sind Sie?«, fragte Mareiner den Leutnant.

»Ein Offizier, zwölf Unteroffiziere und einhundertsiebzig Mann«, gab Kaupisch gelassen zurück.

»Wie haben Sie das nur fertig gebracht?«, wollte Mareiner wissen.

Kaupisch lachte. »Ich habe dem Volk gut zugeredet, als es in unserer Ecke zappenduster wurde, und ich habe die Männer überzeugt, dass es vernünftiger wäre, mit Fritze Kaupisch zu marschieren, als sich vom Feind vereinnahmen zu lassen. Sie haben mir geglaubt, das war alles.«

»Sie sind ein Teufelskerl«, meinte Mareiner.

»Halb so wild«, versetzte Kaupisch, »halb so wild, Herr Mareiner. Teufelskerle sind wir letzten Endes alle. Sonst hätten die Russen uns längst kassiert.«

Unvermittelt blieb Leutnant Kaupisch zurück. Mareiner vernahm ein scharfes Kommando. »Ein Lied!«

Und dann: »O du schöner Weeesterwald …« Aus

vollen rauen Kehlen. Vielleicht sangen sogar die Italiener mit.

Als Kaupisch wieder aufholte – er hatte es ohnehin nicht leicht, mit dem auf seinen Skiern durch den Schnee gleitenden Oberleutnant Schritt zu halten –, als Kaupisch also wieder an seiner Seite war, fragte Mareiner: »Ist das nicht übertrieben?«

»Wieso?«, entgegnete Kaupisch. »Bei diesem Wind! Übrigens: der Iwan singt doch auch. Als wir in einem Wäldchen nah am Don in Lauerstellung lagen, zogen sie in rauen Mengen vorüber. Mit Gesang. Nachts brachen wir dann durch.«

»Sie brachen durch?«, warf Mareiner ungläubig ein.

»Klar. Mit Gebrüll und Geknalle. Wir haben doch schon auf der Kriegsschule gelernt, dass man beim Feind Verwirrung stiften soll. Das war's. Seither sind wir keinem Russen mehr begegnet.«

»Wahrscheinlich hatten sie Manschetten und machten einen Bogen um unseren Verein«, fügte Leutnant Kaupisch nach einer Pause trocken hinzu. Er schien es selbst zu glauben.

Für Lysselkowo ist dieser Kaupisch mit seiner aus der Not entstandenen »Sturmkompanie« eine unschätzbare Bereicherung, dachte Mareiner. Vor allem auch für den Ausbruch, sagte er sich, wenn Hauptmann Martin sich endlich dazu entschließt.

»Komisch, dass der Russe euch nicht eingeschlossen hat«, meinte Leutnant Kaupisch nach einer Weile.

»In großem Maßstab hat er es wohl«, erwiderte Mareiner, »wahrscheinlich denkt er, lass die im eigenen Saft schmoren. Mag auch sein, dass seine Kräfte zurzeit etwas angespannt sind. Das Ganze ist doch ein groß angelegter Fischzug. Erst zerschlugen sie die 3. rumänische Armee. Das brachte ihnen die Einschließung von Stalingrad ein. Dann überrannten sie hier bei uns die Italiener. Für meine Begriffe richtet sich ihr Hauptstoß jetzt nicht zum Donezbecken, das ihnen über kurz oder lang ohnehin wieder zufallen dürfte. Das große Ziel ist vermutlich Rostow. Wenn sie dort die Donbrücken sperren, dann haben sie auch unsere beiden im Kaukasus stehenden Armeen in einem neuen Riesensack.«

»Sie haben ein helles Köpfchen, Herr Mareiner«, bemerkte Leutnant Kaupisch anerkennend. »Es ist wirklich so, wie Sie sagen. Und wenn der Feind könnte, würde er jetzt mit einem Schlag mit unserer südlichen Ostfront aufräumen. Ich weiß es.«

»Und woher? Haben Sie Beziehungen zu Rokossowskij oder Konjew persönlich?«

»Nicht direkt. Aber wir haben ein intaktes Funkgerät. Da bekommt man, wenn man ein bisschen Russisch versteht, manches mit, was nicht für unsereinen bestimmt ist.«

»Sie haben ein intaktes Funkgerät?«, rief Mareiner, »Mann, Sie kommen wirklich wie vom Himmel! Wir haben seit gestern keine Verbindung mehr mit der Außenwelt. Von unserer Front zu sprechen, wäre wohl zu euphemistisch.«

Sie hatten sich Lysselkowo unterdessen so weit genähert, dass Mareiner es für angebracht hielt, die Leuchtpistole zu ziehen und dreimal Grün hochzujagen. Schließlich hatte nur ein kleiner Spähtrupp auf Skiern den Stützpunkt verlassen, und nun rückte eine respektable Streitmacht an. Und aus den Kampfständen um Lysselkowo spähten viele Augen, und viele MG- und Karabinerläufe waren nebst anderem auf die weite Schneefläche rings um den Ort gerichtet.

»Ich werde Sie anmelden, Herr Kaupisch«, sagte Oberleutnant Mareiner, als aus Lysselkowo die Antwort kam: drei grüne Leuchtkugeln, die trotz des Schneetreibens deutlich erkennbar über dem Stützpunkt hochstiegen und zerplatzten.

Kraftvoll stieß sich der Tiroler mit seinen Skistöcken ab. Jetzt fehlen nur noch die Kosaken, dachte er, dann wird Hauptmann Martin mit dem Ausbruch nicht mehr zögern. Zumal dank der Umsicht des unbezahlbaren Kaupisch jetzt wieder die Möglichkeit bestand, Funkverbindung mit der Division aufzunehmen, sofern diese noch vorhanden war.

Als Mareiner rechts von der Batteriestellung Unteroffizier Kirchweins MG-Bunker erreichte, der aus einer meterdick mit Eis gepanzerten Kate bestand, erschien der Unteroffizier im Freien. Er hob sein Fernglas vors Auge und fragte: »Was bringen Sie denn da für einen Haufen, Herr Oberleutnant?«

»Dieser Haufen ist die Sturmkompanie Kaupisch«, gab Mareiner zurück, »seien Sie nett zu den Herren, Kirchwein, die kommen uns nämlich sehr zupass. Sie werden lachen: das ist ein Gesangverein. Wahrscheinlich werden Sie gleich eine Probe zu hören bekommen.«

Verdutzt blickte der Unteroffizier den Chef der Pioniere an.

Im nächsten Augenblick verzog sein Gesicht sich zu einem verständnisvollen Grinsen. Denn soeben stimmte der heranmarschierende »Gesangverein« das allbekannte Lied von Erika an, dem Blümelein, das auf der Heide blüht.

Mareiner schnallte die Skier ab und steckte sie zu den Stöcken in den Schnee.

»Ist Hauptmann Martin in seinem Gefechtsstand?«, fragte er den Unteroffizier.

»Der Herr Hauptmann ist noch in der Feuerstellung«, gab Kirchwein zurück.

»Lassen Sie Leutnant Kaupisch zum Gefechtsstand von Hauptmann Martin führen«, befahl Mareiner.

An der Balka vorbei, wo die längst demontierten und mittlerweile verheizten oder in den Befestigungsanlagen verbauten Versorgungsfahrzeuge der Batterie gestanden hatten, ging der Oberleutnant im langen Russenschneehemd durch den Laufgraben, den nur sein Kopf in der weißen Kapuze überragte.

Er fand Hauptmann Martin in Leutnant Künzles verwaistem Bunker. Der Hauptmann war allein. Auf dem aus dem Holz von Munitionskisten zusammengenagelten Tisch sichtete er Briefschaften, zerknitterte Fotos, Auszeichnungen aller Art und sonstige Habseligkeiten, wie man sie den Taschen von Gefallenen entnahm.

»Ah, Sie sind's, Mareiner«, sagte er, »schon zurück? Haben Sie etwas Besonderes festgestellt?«

»Jawohl, Herr Hauptmann, wir haben draußen auf der Steppe eine große Versprengtengruppe angetroffen und sie nach Lysselkowo geschleust.«

»Um Gottes willen«, rief Hauptmann Martin, »das bedeutet eine neue Kürzung der Rationen und damit zweifellos eine weitere Verschlechterung der Stimmung.«

»Das glaube ich kaum, Herr Hauptmann«, widersprach Mareiner mit leichtem Lächeln, »die Leute führen Verpflegung, übrigens auch Munition, auf Handschlitten mit. Sie sind gut bewaffnet. Augenblicklich marschieren sie mit Gesang in den Stützpunkt.«

»Mit Gesang? Das glauben Sie doch selbst nicht, Herr Mareiner«, warf Martin zweifelnd ein.

»Es ist aber so, Herr Hauptmann. Sie haben auch draußen auf der Steppe gesungen. Es ist die Therapie ihres Führers, eines gewissen Leutnant Kaupisch. Er meint, mit Gesang gehe alles besser, und beruft sich dabei auf die Russen. Wahrscheinlich hat er Recht. Wer singt, denkt nicht ans Sterben, vereinfacht ausgedrückt.«

»Ans Sterben«, wiederholte Hauptmann Martin mit halber Stimme. »Wachtmeister Fendt ist tot, Mareiner. Eine Kreislaufschwäche nach der schweren Operation. Das Herz setzte aus. Kurz bevor er starb, sagte er zu einem der Sanitäter: ›Ich will euch nicht zur Last fallen.‹ Wir haben ihn hier bei der Feuerstellung in einem Granattrichter begraben, gemeinsam mit dem Melder, der bei Ihnen war, und mit Leutnant Künzle.«

Martin wies auf die dreifach geteilten Hinterlassenschaften, die auf dem Tisch lagen. »Das ist alles, was von den drei Toten geblieben ist: Die Uhr, das EK und so weiter, ein paar Briefe, ein paar Fotos, ein Feuerzeug, na ja. Wollen hoffen, dass es möglich sein wird, das alles eines Tages in die Heimat zu schicken.« Er räusperte sich und fuhr fort: »Ihr zweiter Spähtrupp von heute Früh ist zurückgekommen. Keine

Feindberührung, aber auch von Marianow mit seinen Kosaken keine Spur. Weiß nicht, was das bedeutet. Gleichviel. Jetzt wollen wir uns mal diesen Leutnant Kaupisch ansehen.«

Hauptmann Martin verwahrte die Habseligkeiten der Gefallenen in drei bereitliegenden Brotbeuteln. Die Beutel nahm er mit, nachdem er interimistisch einem der Geschützführer das Kommando in der Feuerstellung übergeben hatte.

Mareiner begleitete den Hauptmann.

Leutnant Kaupisch hatte es sich im Befehlsbunker in der Gesellschaft von Leutnant Holler bequem gemacht. Der Führer der »Sturmkompanie Kaupisch«, die seine eigene, von niemand befohlene Schöpfung war, besaß ohne Zweifel die Gabe, sich überall wohl zu fühlen, und wenn es ein lausig kaltes Erdloch war.

Er drückte seine Zigarette aus, als der Hauptmann, gefolgt von Oberleutnant Mareiner, die Treppe herabkam, nahm Haltung an und meldete: »Sturmkompanie Kaupisch, ein Offizier, zwölf Unteroffiziere und einhundertsiebzig Mann, zur Stelle.«

Hauptmann Martin nickte. »Danke.« Er gab dem Leutnant die Hand und fragte: »Wo und bei welcher Einheit waren Sie eingesetzt, als der Gegner die Don-Stellung durchbrach?«

Kaupisch stand wieder stramm. »Zweite Batterie, Heeresartillerieabteilung z. b. V.«

»Sie sind Artillerist?«, fragte Martin.

»Jawohl, Herr Hauptmann. Eine Stunde lang war ich sogar Batterieführer, nachdem unser Chef gefallen war. Eines unserer Geschütze war zu diesem Zeitpunkt schon durch Volltreffer ausgefallen. Zwei andere wurden innerhalb der nächsten zwei Stunden zusammengeschossen. Das vierte wurde kurz danach von einem T 34 überrollt. Das war die Lage, als ich mich mit achtzehn Überlebenden aus der Feuerstellung absetzte. In einer Balka sammelten wir alles, was noch Waffen und Kampfwert hatte, um uns. So kam es zur Aufstellung der Sturmkompanie, wie ich des besseren Klanges halber das sozusagen aus der Not entstandene Gebilde nannte. Ich sagte den Männern, ich wollte versuchen, sie vor der Gefangenschaft zu bewahren.«

Hauptmann Martin nickte beifällig. »Eine beachtliche Leistung, Herr Kaupisch. Hier aber wartet eine Aufgabe auf Sie, die Ihnen besonders liegen dürfte. Heute früh ist mein Batterieoffizier gefallen. Es sah schon so aus, als ob ich selbst die Feuerstellung übernehmen müsste, anstatt, wie bisher, für ganz Lysselkowo die Verantwortung zu tragen. Jetzt aber sind Sie gekommen, und ich muss Sie bitten, an die Stelle des gefallenen Leutnants Künzle zu treten.«

»Und was soll aus meinen Leuten werden?«, fragte Kaupisch. Ein abweisender Ausdruck entstand in seinem vom Frost geröteten Gesicht, das kurioserweise jetzt glatt rasiert und durchaus nicht von den überstandenen Strapazen gezeichnet war. Es war ihm anzumerken, dass es ihm nicht passte, mit seinen Männern vereinnahmt zu werden, die sich mit ihm in kurzer Zeit zu einem schlagkräftigen Instrument zusammengefunden hatten.

»Ich werde es keinesfalls zulassen, dass meine Einheit hier aufgeteilt wird«, fügte er störrisch hinzu. »Sollte das in Ihrer Ansicht liegen, Herr Hauptmann, so müsste ich Ihnen zu meinem Bedauern erklären, dass die Sturmkompanie Kaupisch unverzüglich abrückt.«

»Sie scheinen zu vergessen, dass Sie Soldat sind, und dass ich hier die absolute Befehlsgewalt habe, Leutnant Kaupisch«, versetzte Hauptmann Martin scharf.

»Ich glaube, Herr Kaupisch hat Recht, Herr Hauptmann«, warf Oberleutnant Mareiner ein. »Was zusammengehört, soll beisammen bleiben. Ich schlage vor, wir teilen die Sturmkompanie als Gegenstoßreserve ein und gliedern sie meiner Pionierkompanie an.« Zu Kaupisch gewandt, fragte Mareiner: »Haben Sie unter Ihren Leuten einen zuverlässigen Unteroffizier, dem Sie die Kompanie bis zum Ausbruch übergeben könnten?«

»Halten Sie es für richtig, meine Herren, über den Kopf des Kampfkommandanten weg zu verhandeln?«, fiel Hauptmann Martin missbilligend ein, doch leicht war zu erkennen, dass er Mareiners Vorschlag bereits akzeptiert hatte.

»Bitte um Entschuldigung, Herr Hauptmann«, sagte Leutnant Kaupisch, »ich wäre übrigens mit der von Herrn Oberleutnant angeregten Lösung einverstanden. Als stellvertretender Einheitsführer – bis zum Ausbruch –, Sie sagten es, kommt Wachtmeister Ernst in Frage. Er war mein Munitionsstaffelführer, ist mehrmals verwundet worden und hat seit dem Polenfeldzug Fronterfahrung. Beim Ausbruch allerdings, wenn es dazu kommt, führe ich selbst meine Leute. Das ist klar.«

»Klar«, wiederholte Hauptmann Martin und reichte dem Leutnant die Hand. Der energiegeladene junge Offizier gefiel ihm von Minute zu Minute besser. Er war überzeugt, dass dieser Kaupisch der ideale Nachfolger von Künzle war.

»Ich gebe Ihnen einen Melder zur Einweisung mit, Herr Kaupisch«, sagte er, »machen Sie's gut und verpulvern Sie keine Munition. Wir wissen nicht, ob es mit dem angekündigten Nachschub klappt.«

Kaupisch grüßte zackig wie ein Rekrut und verließ den Bunker.

Mareiner blieb bei Hauptmann Martin zurück.

»Was halten Sie von dieser unwahrscheinlichen Ruhe?«, fragte Martin den Pionieroffizier.

»Das denkbar Schlechteste«, gab Mareiner zurück. »Wir müssen auf alles gefasst sein. Aber das Gute ist, wir haben wieder ein Funkgerät mit großer Reichweite und können denen draußen mitteilen, dass wir noch auf dem Posten sind.«

8

Major Hostege, IIa und Adjutant im Stab der Fuchskopf-Division, traf nach Einbruch der Dunkelheit, vom Hauptquartier kommend, im halb zerstörten Schepetowka ein. Links voraus, oberhalb der flachen Senke, in der der Ort mit seinen verschneiten Ruinen und Schuttbergen, zwischen denen sich einzelne unversehrte Häuser erhoben, in gespenstischem Mondlicht lag, zuckte Mündungsfeuer. Krachend schlugen Granaten am nördlichen Dorfrand ein.

Hostege hatte den Kübelwagen an der Ortseinfahrt zurückgelassen. Sein erster Eindruck war, der Divisionsstab hätte sich aus Schepetowka zurückgezogen. Doch dann erblickte er den Posten vor dem Quartier des Generals, in dem sich ja auch seine eigene Unterkunft befand.

»Ist der Herr General im Quartier?«, fragte er den stramm stehenden Posten. Und als dieser bejahte: »Was ist denn hier passiert?«

»Ein Bombenangriff, Herr Major«, antwortete der Posten.

Hostege betrat die armselige Behausung. Vor der Tür zum Wohn- und Schlafraum des Generals lag der Obergefreite Warnke auf Stroh, über das eine Zeltbahn gebreitet war.

Warnke richtete sich auf, durch den Schein von Hosteges Taschenlampe aufgeschreckt. In der Rechten hielt er eine Pistole 08.

»Machen Sie keine Geschichten, Warnke«, rief der Major, »was wollen Sie denn mit der Pistole?«

»Den General verteidigen«, gab Warnke schlaftrunken zurück, ohne Anstalten zu machen aufzustehen.

Hostege hatte es längst aufgegeben, Warnke zurechtzurücken. Verwunderlich war nur, dass General Körner ein so unsoldatisches Individuum in seiner Nähe duldete. Aber zeigte General Körner nicht auch in anderer Hinsicht bedenkliche Züge? Zweifellos stand er ganz unter dem Einfluss dieses Majors von Talvern, der sich anmaßte, sich – wohl auf Grund seines alten Adelsnamens – dem hochfliegenden Geist des Führers überlegen zu fühlen. An allen Entscheidungen, die im Führerhauptquartier getroffen wurden, übte Talvern abfällige Kritik.

»Wollen Sie denn nicht 'rein zum Herrn General?«, fragte Warnke, der sich wieder unter seine Decke gepackt hatte.

Major Hostege gab ein ärgerliches »Ach was« von sich, zog die pelzbesetzte Wintermütze, die er auf der Fahrt im offenen Wagen trug, von seinem runden Schädel und klopfte an die Tür, an die mit Kreide »Div.-Kommandeur« geschrieben war.

»Bitte einzutreten!«, rief von drinnen der General mit rauer, knarriger Stimme.

»Dicke Luft«, sagte Warnke von seinem Strohlager her, »passen Sie nur auf, dass er Ihnen nicht 'ne Zigarre verpasst.«

Hostege hielt sich für zu erhaben, um Warnke, dem Hätschelkind des Generals, auf eine solche Flegelei zu antworten. Er öffnete die Tür. Forsch trat er in die kleine Stube, der nur zwei armselige Hindenburglichter ihr trübes, jetzt heftig aufflackerndes Licht gaben.

General Körner saß an dem kleinen, wackeligen Tisch. Vor ihm lag ein mit seiner großen, klaren Schrift beschriebener Papierbogen.

Major Hostege nahm Haltung an und reckte den rechten Arm empor.

»Major Hostege meldet sich zurück«, schnarrte er mit seiner hohen Stimme.

»Endlich«, knurrte General Körner, sichtlich gereizt, »ich nehme an, Sie bringen die Genehmigung zur Verlegung nach Bjelowskaja und zur Frontbegradigung.«

Major Hostege hüstelte unsicher.

»Herr General –«, begann er.

»Ja, was ist?«, unterbrach General Körner ihn barsch. »Sie wollen doch nicht etwa sagen, dass man meine Forderung wieder zurückgewiesen hat?«

»Der Division fällt die Aufgabe zu, feindliche Kräfte zu binden, bis sich die neue Frontlinie gefestigt hat«, erklärte Hostege mit plötzlich neu gewonnenem Selbstbewusstsein. »Herr General übersehen die große Lage nicht.«

General Körner sprang auf. Seine Faust donnerte auf den Tisch, so dass eines der Hindenburglichter erlosch.

»Was? Ich übersehe alles, Herr, vor allem ist mir die Tatsache klar, dass meine Division der endgültigen Vernichtung preisgegeben wird, wenn wir uns nicht in allerkürzester Zeit zu sinnvollem Handeln entschließen. Die Hauptkampflinie – wenn man überhaupt noch von einer HKL reden kann – verläuft jetzt zwei Kilometer nördlich von Schepetowka. Am Ortsrand stehen unsere 8,8-Flak und eine Kanonen-Batterie mit drei Geschützen. Sie sehen daraus, Major Hostege, dass der Divisionsgefechtsstand sich bereits im Hauptkampffeld befindet. Wir haben das nach oben gemeldet, Major Hostege. Trotzdem nagelt man uns hier fest. Haben die Herren ihren Verstand verloren?«

Hostege zog wortlos aus seiner Kartentasche ein Schreiben hervor, in dem das mündlich Vorgebrachte bestätigt und besiegelt war.

Der General überflog das Schreiben. Von »Festkrallen« war darin die Rede, von »Ausharren bis zur letzten Patrone«, von »treuer soldatischer Pflichterfüllung«.

General Körner beugte sich nieder zum Tisch. Er hob den Handapparat des Feldfernsprechers ab und drehte die Kurbel.

Das Fernsprechnetz, nach der Bombardierung von Schepetowka völlig lahm gelegt, war wieder intakt.

Die Vermittlung meldete sich. General Körner verlangte den Ia. Als er Major von Talverns Stimme am anderen Ende der Ortsleitung vernahm, sagte er: »Major Hostege ist soeben eingetroffen. Ich muss mit Ihnen reden, Talvern. Bin gleich drüben bei Ihnen. Hostege begleitet mich. Können Sie den Ib erreichen? – Nicht. Na schön, es genügt auch noch, wenn Sie ihn nach seiner Rückkehr verständigen.«

General Körner nahm die Mütze und den pelzgefütterten Mantel mit den roten Aufschlägen vom Haken. Als der Major ihm den Mantel halten wollte, lehnte er ab.

Sie gingen durch den vom Mondlicht erhellten Ort. Unter ihren Tritten knirschte der Schnee. Wieder, wie bei Hosteges Ankunft, zuckte voraus im Nordwesten Mündungsfeuer auf. Sekundenschnell krachten sehr nah unter dem Aufflammen der Explosionsblitze die Einschläge.

»Panzer«, sagte General Körner, »seit dem späten Nachmittag nehmen sie unsere Flak und die Kanonenbatterie unter Feuer. Ich habe Sturmgeschütze zur Bekämpfung angefordert. Natürlich Fehlanzeige.«

Major Hostege antwortete nicht. Ihn fror. Wenn die feindlichen Panzer sich verstärkten, wenn sie die dünn besetzte Frontlinie durchbrachen, war Schepetowka isoliert. Wie Stalingrad. Aber es war etwas anderes, von einem eingeschlossenen Ort zu sprechen, als selber drinzusitzen. Dennoch – der Führer allein wusste, wozu es gut war, wenn er die Division nicht zurücknahm. Der Führer lenkte alles; in Major Hosteges Vorstellung war dieser Mann unfehlbar. Trotzdem konnte Hostege, der an der Seite des Generals durch den frisch gefallenen Schnee stapfte, es nicht verhindern, dass sich in seiner Magengrube das beunruhigende Gefühl abgrundtiefer Furcht einnistete.

Das Schulhaus war erreicht. Nach dem verheerenden und folgenschweren Bombardement war der Führungsstab auf Befehl des Generals in die Erde gegangen. Das heißt, die Männer des Pionierzuges hatten in aller Eile unter dem Gebäude, das wie die meisten Häuser in den ländlichen Gegenden des Ostens nicht unterkellert war, einen mit Bohlen überdeckten Bunker ausgeschachtet, der durch Zeltbahnen in mehrere Räume abgeteilt war.

Gefolgt von Major Hostege stieg der General die mit Bohlen befestigten Stufen hinunter. Gleich darauf standen sie vor dem Ia. Major von Talvern hatte soeben den Handapparat des Fernsprechers aufgelegt.

»Alles abgelehnt«, sagte General Körner. Er überreichte dem Ia die von Hostege überbrachte schriftliche Weisung von oben.

»War im Grunde nicht anders zu erwarten«, entgegnete Talvern schulterzuckend, »ist aber inzwischen durch den Gang der Ereignisse überholt. Oberleutnant Fürst, der Regimentsadjutant von 836, hat vor ein paar Sekunden durchgegeben, dass das Regiment, oder was noch davon vorhanden ist, die gegenwärtig besetzte Linie nicht länger halten kann.«

»Mit Major Wiebe haben Sie nicht gesprochen, Talvern?«, fragte der General.

»Nein, Herr General. Major Wiebe liegt mit schwerem Fieber vorn in der Balka in seiner Höhle. Er weigert sich, den Gefechtsstand zu verlassen. Fürst ist überzeugt, dass in Wiebes zerschossene Hand Gasbrand gekommen ist. Nach Fürsts Überzeugung wird Wiebe den Arm verlieren, vorausgesetzt, dass er in allerkürzester Zeit im Hauptverbandsplatz eingeliefert wird. Sonst ist es ohnehin zu spät.«

»Veranlassen Sie das sofort«, warf General Körner ein. »Aber wer soll die Führung von 836 übernehmen, Talvern?«

»Ich«, erklärte Talvern, »ich, Herr General, falls sich niemand anders findet.« Er blickte zu Hostege. »Wie wäre es mit Ihnen, Herr Hostege? Das wäre doch eine glänzende Gelegenheit für Sie, nicht wahr?«

»Sie lenken ab, Herr von Talvern«, versetzte Major Hostege nervös. »Zunächst und vor allem geht es darum, dass die Division unter gar keinen Umständen zurückgehen darf. Der an Herrn General gerichtete Befehl bringt es deutlich zum Ausdruck.«

Talvern winkte verächtlich ab. »Unter gar keinen Umständen also. Gefasel, das nicht einmal das Farbband wert ist, mit dem man es getippt hat. Womit sollen wir denn halten? Die Division hat weit mehr als die Hälfte ihres Bestandes verloren. Die Männer sind am Ende. Und der Gegner verstärkt ununterbrochen seinen Druck. Ich weigere mich, einen Befehl zur Kenntnis zu nehmen, der die sinnlose Opferung von einigen hundert Soldaten verlangt.«

»Die Lage in Stalingrad erfordert es«, warf Major Hostege mit wiedergewonnener Forschheit ein.

»Die Lage in Stalingrad?«, erwiderte Talvern, sichtlich am Ende seiner Geduld. »Kennen Sie denn die Lage in Stalingrad? Ich kenne Sie. Rittmeister von Ehrenfeld, der neue Ic, bringt mir laufend die aufgefangenen Feindnachrichten. Stalingrad ist endgültig verloren. Zwar wird an den Kesselrändern noch erbittert gekämpft. Aber durch die zerschossene Stadt und ihre Umgebung irren Tausende von versprengten deutschen Soldaten, ohne Unterkunft, ohne Verpflegung. Und zu Tausenden verrecken Verwundete in eiskalten Kellern. Das ist die Wahrheit über Stalingrad.«

»Defätismus ist das«, schrie Major Hostege erregt. »Sie geben auf Feindpropaganda mehr als auf den Bericht des Oberkommandos der Wehrmacht! Das muss man zur Meldung bringen, Herr von Talvern!«

General Körner wandte sich Hostege zu, dessen rot angelaufenes Gesicht ein Höchstmaß der Entrüstung ausdrückte.

»Major Hostege«, sagte er kalt, »ich enthebe Sie mit sofortiger Wirkung Ihres Postens als IIa und Adjutant. Sie setzen sich unverzüglich zum Regimentsgefechtsstand von 836 in Marsch, übernehmen die Führung des Regiments, lösen das Regiment vom Feind und führen es in die vorbereitete Auffangstellung zurück!«

Starren Blicks nahm Major Hostege Haltung an. Er reckte den rechten Arm hoch, machte wortlos auf dem Absatz kehrt und verschwand hinter der vorgehängten Zeltbahn.

Talvern schüttelte den Kopf.

»So etwas von verrannt«, sagte er, »der Mann ist blind. Er will nicht sehen. Aber sind Herr General nicht zu weit gegangen?«

Mit einer müden Handbewegung winkte General Körner ab.

»Lassen Sie das meine Sorge sein, Talvern! Hostege ist ja im Übrigen längst für ein Frontkommando fällig. Und die IIa-Sachen, die gegenwärtig anfallen, kann der Ordonanzoffizier oder Hosteges Schreiber erledigen.«

Der General wollte sich zum Gehen wenden, als Leutnant Walter, der O1, die Zeltbahn beiseiteschob. Sein versteiftes Bein nachschleifend, kam der Leutnant heran. In der rechten Hand hielt er ein beschriebenes Papierblatt.

»Funkspruch aus Lysselkowo«, meldete er. »Die Funkstelle hat den Spruch soeben entschlüsselt.«

Der General las die Nachricht aus dem fernen Stützpunkt, der tagelang geschwiegen hatte. Man hatte Lysselkowo abgeschrieben, niemand hatte ernsthaft daran geglaubt, dass der kleine Ort in der verschneiten Steppe sich immer noch in deutscher Hand befinden könnte. Doch nun meldete Hauptmann Martin, der Kampfkommandant, die Lage sei unverändert, die Besatzung sei verstärkt worden, die Versorgung reiche noch für eine Woche, nur die Munition werde allmählich knapp, man bitte um die in Aussicht gestellte Munitionierung aus der Luft, zumal die in Marsch gesetzte Schlittenkolonne allem Anschein nach in die Hand des Feindes gefallen sei.

General Körner warf einen Blick auf die an der

Bunkerwand befestigte Karte, auf die das kreidige Licht der mit leisem Surren brennenden Benzinlampe fiel. Neben der Eintragung von Lysselkowo stand ein großes schwarzes Fragezeichen. Es war nicht das einzige Fragezeichen auf der Karte, aber dieses eine zum mindesten konnte man entfernen.

Der General reichte Talvern den Spruch. »Endlich ein Lichtblick«, sagte er, »wenn auch natürlich eine weitere Sorge. Was schlagen Sie vor, Talvern? Unterstützung durch die Luftwaffe ist nicht mehr zu erwarten. Die bringen ja nicht einmal einen Bruchteil des Erforderlichen nach Stalingrad. Sie wissen, man hat sogar die Aufklärungsflüge eingestellt. Halten Sie es unter den gegebenen Umständen für richtig, dem Kampfkommandanten von Lysselkowo sofortigen Ausbruch zu befehlen?«

»Nein, Herr General«, erklärte Talvern fest, »irgendwelche Befehle sind hier nicht angebracht. Mein Vorschlag ist volle Entscheidungsfreiheit für Hauptmann Martin.«

»Für Major Martin«, warf General Körner ein.

Talvern verneigte sich leicht. »Schön, also für Major Martin. Ich bin überzeugt, der Herr wird an die Decke springen vor Begeisterung, wenn er erfährt, dass hier ein Paar geflochtener Schulterstücke auf ihn wartet.«

Der General schüttelte verweisend den Kopf. »Immer der gleiche Spötter. Aber was weiter, Talvern? Was können wir für Lysselkowo tun? Wir haben hier keine Panzer, die einen Versorgungsschlauch für Lysselkowo öffnen könnten.«

Talvern nickte. »Nein, wir haben keine Panzer.

Aber vergessen Herr General nicht: die ganze vierte Panzerarmee unter General Hoth war nicht im Stande, der sechsten Armee in Stalingrad zu helfen, wobei man freilich berücksichtigen muss, dass Lysselkowo nicht mit Stalingrad gleichgesetzt werden kann. Dieser winzige Ort ist für den Russen nicht mehr als eine Laus im Pelz. Man fragt sich nur, warum er sich so lange Zeit lässt, die Laus zu zerquetschen. Das Einzige, was wir für Lysselkowo tun können, ist die Ausführung des Befehls, den Major Hostege gebracht hat.«

»Sie meinen, die Positionen, die wir jetzt noch haben, um jeden Preis zu halten? So heißt es doch in dem Befehl, nicht wahr? Meinen Sie das, Talvern?«

»Jawohl, Herr General, genau das. Falls Hauptmann – Verzeihung, Major Martin, sich zum Ausbruch entschließt – es gäbe ja auch in hoffnungslos verschlechterter Lage den Ausweg der Kapitulation, wenn man nicht den Tod im Kampf vorzieht –, falls also die Besatzung Lysselkowo aufgibt und stark genug ist, sich durchzuschlagen, muss doch etwas zur Aufnahme vorhanden sein, so etwas Ähnliches wie eine eigene Frontlinie. Man kann nicht ausbrechen und ins Leere stürzen, das dürfte klar sein.«

General Körner fuhr sich über die hohe, von Falten durchfurchte Stirn. Eine schwere Entscheidung, die der Ia ihm abforderte und für die er allein die Verantwortung zu tragen hatte. Vor kurzem noch hatte man beschlossen, den Befehl von oben, für den es keinerlei Voraussetzung gab, zu ignorieren und auf eigene Faust nach eigenem Ermessen auszuweichen. Und nun plötzlich das Gegenteil. Doch Talvern hatte

Recht. Wenn man anders verfuhr, konnte man alles, was zurzeit in Lysselkowo stand, abschreiben. So, wie man die sechste Armee in Stalingrad abgeschrieben hatte.

General Körner nickte schwer. »In Gottes Namen«, sagte er. »Veranlassen Sie alles Nötige, Talvern. Vor allem das Regiment 836 muss schnellstens verständigt werden. Sie wissen, mit welchem Auftrag Major Hostege hinausgegangen ist.«

Major Hostege lag im Schnee, von dem eine schwache, fahle Helle ausging. Der Mond war hinter düsteren Wolken verschwunden. Ein scharfer Nordostwind trieb den pulverigen, frisch gefallenen Schnee in Wolken vor sich her. Allem Anschein nach begann es auch wieder zu schneien.

Der Melder, der Major Hostege zur Einweisung begleitete, obgleich der Weg entlang der Fernsprechleitung nicht zu verfehlen war, hatte bei Beginn des feindlichen Störungsfeuers in einem Granattrichter Deckung gesucht.

Hostege in seiner krankhaften Ichbezogenheit war überzeugt, das Granatfeuer, mit dem die russische Artillerie das fast völlig flache Gelände abstreute, gelte einzig und allein ihm. Talvern war schuld, dass er hier lag und sich vielleicht nie wieder erheben würde. Talvern, der Defätist, der, wie man hörte, an einem Saufabend in Frankreich so weit gegangen war, zu erklären, dass er eine Niederlage in Kauf nähme, wenn Hitler anders nicht zu beseitigen wäre. Talvern, der von Arroganz durchdrungene Aristokrat, vor den der General sich schützend stellte. Der General, der vielleicht vorsichtiger in seinen Äußerungen, aber im Grunde einen Sinnes war mit Talvern.

Hostege im weißen Tarnanzug, den er vor dem Abmarsch beim Kommandanten des Stabsquartiers empfangen hatte, lag ausgestreckt in der flachen eisigen Mulde, die sich nach seinem Körper geformt hatte. Wenn es in der Nähe krachend einschlug, presste er sein Gesicht in den Schnee. Der ungewohnte Stahlhelm drückte. Auch die Maschinenpistole drückte, auf der er lag. Ich soll verheizt werden, dachte Hostege, ich, der treue Gefolgsmann des Führers, ich, der berufen ist, ein Auge auf die unsicheren Elemente zu richten, wie sie in allen Stäben zu finden sind, reaktionäre Besserwisser, die allerhöchste Befehle sabotieren …

Hostege steigerte sich in eine Gereiztheit, die ihn seine Umgebung völlig vergessen ließ. Er fand erst wieder zu sich selbst, als der Melder, der neben ihm stand, ihn darauf hinwies, dass er erfrieren könnte, wenn er noch länger liegen bliebe.

Hostege hob den Kopf. Das feindliche Geschützfeuer war bis auf ein entferntes Grummeln verstummt. Wortlos stand Hostege auf, klopfte sich den Schnee ab und säuberte mit dem Handschuh die Maschinenpistole von dem bereits angefrorenen Schneebelag.

»Weiter«, sagte er zu dem Soldaten, der ihn grinsend musterte, »weiter, auf was warten Sie?«

»Auf Herrn Major«, gab der Gefreite zurück. »Wäre nicht ungünstig, wenn wir in der Balka sind, bevor es hell wird. Der ganze Weg wird eingesehen, und der Russe schießt mit seiner Ratsch-Bumm auf den einzelnen Mann.«

Sie setzten sich in Bewegung. Der angewehte Schnee wurde immer tiefer. Der Melder, der spurte, sank bei jedem Schritt bis über die Knie ein.

»Wir müssen hinaus auf die Rollbahn«, sagte er schließlich, »da kommt man schneller vorwärts, wenn sich auch der Russe darauf eingeschossen hat.«

»Wollen Sie damit behaupten, dass die Rollbahn unter Feuer liegt?«, fragte Major Hostege besorgt.

»Nein, Herr Major. Nur von Zeit zu Zeit. Da rotzt er einen Feuerüberfall hin, dass die Fetzen fliegen.«

»Mann, wie drücken Sie sich aus«, entrüstete sich Hostege. »Sie scheinen zu vergessen, dass Sie mit einem Offizier sprechen, Ihrem neuen Regimentsführer!«

»Jawohl, Herr Major«, erwiderte der Gefreite mit der Gelassenheit des Überlegenen.

Sie stapften zur Rollbahn hinüber. Der Soldat kannte die Richtung. Die breite Fahrbahn war von vielen Rädern glatt gewalzt, nur stellenweise waren Verwehungen zu überwinden.

In einer der wenigen flachen Senken kam den beiden ein weiß gestrichener, kastenförmiger Sanka in rasender Fahrt entgegen. Im plötzlich einsetzenden Flockenwirbel schoss der Sanitätswagen mit dem flüchtig erkennbaren roten Kreuz wie ein Spuk vorbei.

Major Wiebe, mein Vorgänger, dachte Hostege, und er fragte sich, ob man ihn über kurz oder lang auch in solch einem Kasten abtransportieren würde. Aber dann entsann er sich seines Auftrages: Er würde das Regiment aus der unhaltbar gewordenen windigen Ecke herausführen, in der es unter schweren Verlusten tagelang die Angriffe des Feindes abgewehrt hatte. Den Umstand, dass er selbst dem General den Befehl überbracht hatte, keinen Fußbreit aufzugeben, hatte er vergessen.

»Jetzt haben wir's gleich geschafft«, sagte der Landser, der nun wieder von der Rollbahn abbog in den tiefen Schnee.

Im nächsten Augenblick bellten unter grellen Mündungsblitzen in einiger Entfernung Abschüsse auf.

»Deckung!«, brüllte der Melder. Sie warfen sich in den Schnee, während gefährlich nah eine Lage schwerer Granaten einschlug. Es war, als schössen Feuerzungen aus dem Schnee, der in Fontänen aufstob. Splitter schwirrten brummend umher, ein Eisbrocken traf den Rücken des Majors.

»Ich bin verwundet«, schrie Hostege.

»Quatsch«, sagte der Soldat, »so was gibt nur 'n blauen Flecken.«

Als die Beschießung abbrach, rief er: »Jetzt aber dalli, Herr Major, das ist eine mulmige Gegend!«

Er sprang auf. Major Hostege folgte ihm. Sein Rücken schmerzte. Sauerei, dachte er, verdammte Sauerei.

Sie erreichten die Balka. Der Landser führte den Major, der das letzte Stück japsend hinter ihm hergetrabt war, zum Kommandeursbunker und meldete sich mit einer Formlosigkeit ab, die Hostege vor Empörung das Blut ins Gesicht trieb. Er nahm sich vor, eisern durchzugreifen und die Leute, die allem Anschein nach völlig verludert waren, erst einmal wieder auf Vordermann zu bringen.

In dieser Stimmung öffnete er die aus dem zerschossenen Dorf hinter der Balka vereinnahmte Tür. Der Raum, in den er hustend gelangte, war verqualmt. Von dem Tisch, auf dem eine Kerosinlampe flackernd brannte und zwei Feldfernsprechgeräte standen, erhob sich, durch die dichten Rauchschwaden nur schwach erkennbar, ein junger Offizier, zweifellos Oberleutnant Fürst, der Adjutant.

Major Hostege nahm den Stahlhelm ab und hob den rechten Arm zum »deutschen Gruß«. »Heil Hitler«, sagte er, »ich bin der neue Regimentsführer«, und nannte Rang und Namen.

Der Oberleutnant hatte Haltung angenommen. »Oberleutnant Fürst«, sagte er, »Adjutant im Stab Regiment 836.«

Hostege hustete, als wäre er am Ersticken. »Was ist denn das hier für ein Dunst?«, fragte er unwillig.

»Der Ofen qualmt, wenn der Wind den Schnee ins Rohr weht«, sagte Fürst gelassen.

»Und das nimmt man hier einfach so hin?«, entgegnete Hostege gereizt. Das Quartier, das er in Schepetowka zurückgelassen hatte, war zwar nicht komfortabel gewesen, aber gegen diese Höhle konnte man es als erstklassig bezeichnen.

Oberleutnant Fürst ging zur Tür und stieß sie auf. Die Schwaden zogen ab, aber an ihrer Stelle drang mit Macht die Kälte ein.

»So ist das hier«, sagte Fürst, »entweder man schluckt den verdammten Rauch, oder man friert. Herr Major Wiebe hat es vorgezogen, im Kalten zu sitzen – jedenfalls zeitweilig.«

Major Hostege winkte unwillig ab. »Lassen wir das jetzt. Schließen Sie die Tür, Herr Fürst. Sie wissen es wohl, ich habe Befehl, das Regiment in die vorbereiteten Auffangstellungen zurückzuführen.«

»Der Befehl ist vor einer halben Stunde widerrufen worden«, erklärte Oberleutnant Fürst reserviert.

»Was sagen Sie da?«, schrie Hostege entgeistert. »Sind Sie des Teufels, Herr?«

»Durchaus nicht, Herr Major«, entgegnete der Adjutant in ruhigem Ton. »Der Ia der Division hat angerufen und mich über die neue Lage in Kenntnis gesetzt. Das Regiment muss die gegenwärtig besetzte Linie halten. Es handelt sich darum, dass die Besatzung von Lysselkowo sich mittlerweile wieder gemeldet hat. Herr Major von Talvern hat zugesichert, dass er uns alles, was an Ersatzleuten greifbar ist, zuführen wird.«

»Lysselkowo«, murmelte Major Hostege verstört, »ich sage Ihnen, das ist nur ein Vorwand. Man hat es auf mich abgesehen, das ist der wahre Grund für die plötzliche Sinneswandlung in Schepetowka. Aber die Herren haben sich verrechnet. Nicht mit mir, nicht mit mir!«

Oberleutnant Fürst blickte den neuen Regimentsführer, der offenbar etwas Mattscheibe hatte, verständnislos an.

»Ich glaube, wir sollten uns darüber klar werden«, sagte er, »wie wir mit dem, was noch vorhanden ist vom Regiment, der neuen Lage gerecht werden. Ich denke, es wäre ratsam, die vorderste Linie mit MG-Gruppen stützpunktartig zu besetzen, wie das im vergangenen Winter mit Erfolg gehandhabt wurde. Was dann gegebenenfalls durchsickert vom Gegner, kann im Hintergelände aufgerieben werden. Wenn man es schon als taktische Notwendigkeit ansieht, dass wir unsere Linie halten, sollten wir vor allem darauf sehen, dass unsere Verluste in tragbaren Grenzen bleiben. Denn wo nichts mehr ist, führt jeder Befehl sich selbst ad absurdum.«

Hostege nickte, scheinbar besänftigt. »Das Gleiche ist mir auch gerade durch den Kopf gegangen. Gut, Herr Fürst, am besten wird sein, Sie suchen selbst die Bataillonsgefechtsstände auf und veranlassen das Erforderliche.«

»Die Bataillonsgefechtsstände?«, wiederholte Oberleutnant Fürst mit bitterem Lächeln. »Ich glaube, Herr Major haben eine falsche Vorstellung von dem, was wir hier noch haben. Von unseren drei Bataillonsführern hat ein Einziger, Hauptmann Günzbach, überlebt. Von seinem zweiten Bataillon ist eine einzige Kompanie in Stärke von etwa sechzig Mann übrig geblieben. Alles andere haben wir in Kampfgruppen zusammengefasst, die zum Teil von Unteroffizieren geführt werden. Hat man Herrn Major denn nicht unterrichtet bei der Division?«

»Nein, man hat nicht«, antwortete Hostege mit belegter Stimme. »Das sieht ja schauerlich aus, Herr Fürst.«

»Jawohl«, bestätigte der Oberleutnant, »insbesondere dann, wenn der Gegner seine Angriffe in der bisherigen Stärke wiederholt. Haben wir denn nichts, was uns Erleichterung bringen könnte, keine Panzer, keine Sturmgeschütze, nichts?«

Major Hostege hob die Schultern. Er fühlte, es wäre lächerlich gewesen, jetzt von der großen strategischen Planung und vom Feldherrngenie des Führers zu sprechen. Erstaunlich jedenfalls war es, dass der Regimentsadjutant eine solche Ruhe zur Schau trug angesichts einer Situation, die man nur als verzweifelt bezeichnen konnte. Zum ersten Mal begann sich in Hostege die Einsicht zu regen, dass vielleicht doch nicht alles so war, wie er es sich eingebildet hatte, und dass die ursprüngliche Absicht des Divisionskommandeurs, sich dem Durchhaltebefehl von oben zu widersetzen, berechtigt war.

»Stellen Sie mir einen Mann, der mich zum Gefechtsstand von Hauptmann Günzbach einweist«, sagte er, »ich werde selbst mit dem Hauptmann sprechen und dann einen Gang durch die Stellungen machen. Sie werden verstehen, Herr Fürst, ich muss mich persönlich ins Bild setzen.«

Die hagere Gestalt des Oberleutnants straffte sich. »Jawohl, Herr Major. Aber wollen Herr Major nicht vorher etwas zu sich nehmen? Ich habe in der Thermosflasche noch etwas Kaffee vom Abendbrot.«

Hostege, der neue Hostege nickte. »Also schön. Aber es wird wohl ratsam sein, dass ich mich auf die Socken mache, so lange es dunkel ist.«

»Das kann man wohl sagen«, stimmte der Adjutant verwundert zu. Wie war es möglich, dass ein Mann, der sich beim Eintritt wie ein Halbirrer benommen hatte, sich urplötzlich in einen vernünftigen, brauchbaren Kampfgefährten verwandelte, der offensichtlich bereit war, Verantwortung zu übernehmen und zu tragen.

Oberleutnant Fürst holte die Thermosflasche unter der über das Feldbett gebreiteten Wehrmachtsdecke hervor, öffnete die Flasche und füllte den Becher mit dem stark duftenden Kaffee.

»Es ist Bohnenkaffee«, sagte er, »wir haben noch einen kleinen Bestand.«

Dankend nahm Hostege den Becher in Empfang. Frontkameradschaft, dachte er bewegt. Was war dagegen der steife Komment in den höheren Stäben?

Oberleutnant Fürst verschwand. In Begleitung eines Soldaten kam er zurück.

»Nach Ihrer Rückkehr, Herr Major«, sagte er, »werde ich Sie mit der Einrichtung und den Angehörigen des Regimentsstabes bekannt machen. Wir haben natürlich jeden entbehrlichen Mann ausgekämmt. Auch den neuen Verbandsplatz werde ich Ihnen zeigen. Er befindet sich jetzt in Ruinenau. So haben wir das zerschossene Dorf hinter der Balka benannt.«

Hostege wandte sich zum Gehen. An der Bunkertür machte er noch einmal kehrt. »Kann ich von hier aus mit der Armeegruppe sprechen, Herr Fürst?«, fragte er. Als der Oberleutnant verdutzt bejahte, mit der Einschränkung, es hänge von der Divisionsvermittlung ab, setzte Hostege hinzu: »Ich habe dort etwas zu berichtigen, später, wenn ich zurück bin.«

Er folgte, die Maschinenpistole am Riemen an der Schulter, dem Soldaten, der seinen Karabiner wie ein Jagdaufseher umgehängt trug. Hosteges soldatischer Blick fühlte sich dadurch und durch die offen zur Schau getragene Wurstigkeit des vor ihm im Flockenwirbel durch den tiefen Schnee stapfenden Mannes irritiert. Doch die neu gewonnene Größe veranlasste ihn, es schweigend hinzunehmen. Ich habe eine hohe Aufgabe, sagte er sich, entschlossen, durch unerschütterliche Pflichterfüllung und vorbildliche Tapferkeit dem dezimierten – wahrscheinlich infolge irreparabler Führungsfehler dezimierten – Regiment ein erhabenes Beispiel zu geben. In einen Rausch der

Kampfbereitschaft steigerte er sich in seinen Gedanken, indem er dem Soldaten, der wie ein Schemen vor ihm herging, durch die matt vom Schnee erhellte Dunkelheit folgte.

Hauptmann Günzbach war ein hohläugiges Gespenst mit einer stark vorspringenden großen Nase und rötlichem, verfilztem Bartwuchs. In seiner abgetragenen, mehrfach eingerissenen und stark geflickten Uniform erweckte er den Eindruck äußerster Verkommenheit. Sogar sein EK I, das silberne Verwundetenabzeichen und das Infanteriesturmabzeichen waren verschrammt und lädiert. In seinen Filzstiefeln stelzte er in dem engen, mit einer Wolldecke zugehängten Unterstand umher, der ihm als Gefechtsstand diente.

Augenblicklich war es ruhig. Die Russen schossen nicht einmal das übliche Störungsfeuer, das neuerdings kaum mehr abriss und sich in bald kürzeren, bald längeren Intervallen zu mörderischem Trommeln verdichtete. Er wollte durch. Wer konnte es ihm verübeln? Er hatte die Italiener am Don in die Pfanne gehauen, und jetzt lag ihm daran, sich durch nichts in seinem Vormarsch aufhalten zu lassen. In seinem Vormarsch, der nur deshalb etwas an Tempo eingebüßt hatte, weil auch die unerwartet neu erstarkten Russen den benötigten Nachschub heranführen mussten und der tiefe Schnee ihre Versorgungskolonnen behinderte. Dieses Wissen schöpfte Hauptmann Günzbach nicht aus sich selbst; man hatte es einem verwundeten Russen abgequetscht, der sich beim letzten Angriff zu weit vorgewagt hatte und vereinnahmt worden war. Auf dem Transport zum Verbandsplatz allerdings war der Verwundete ins Feuer seiner eigenen Artillerie geraten und zusammen mit den beiden Männern, die ihn schleppten, getötet worden.

Ein dürftiges Hindenburglicht brannte in dem Bunker, in dem es an Stelle eines Bettes nur ein mit einer Zeltbahn überdecktes Strohlager gab. Das Stroh war feucht. Im Übrigen plagten die Läuse Hauptmann Günzbach so sehr, dass er an Schlaf nicht denken konnte. Zudem war wieder einmal die Fernsprechstrippe zum Regimentsstab in der Balka beschädigt. Leutnant Rabel war drüben bei den Nachrichtenleuten und forderte durch Funk Störungssucher an. Man selbst war ja so knapp, dass man keinen einzigen Mann entbehren konnte.

Rabel, ein hoch aufgeschossener Junge mit einem merkwürdig greisenhaften Kindergesicht, kam zurück. Sein rechter Arm, mit einem ausgefransten Verband umwickelt, hing in der Schlinge.

»Habe mit Oberleutnant Fürst gesprochen«, meldete er mit hoher Knabenstimme. »Er setzt gleich Störungssucher in Marsch. Er hat Besuch angemeldet. Der neue Regimentsführer, ein Major Hostege, ist unterwegs. Major Wiebe hat jetzt doch aufgeben müssen. Gasbrand oder sowas in der Wunde. Herr Fürst hat nicht viel Hoffnung für ihn.«

Hauptmann Günzbach nickte gleichmütig. Der Tod war ihm in der letzten Zeit so oft und in so vielfältiger Gestalt begegnet, dass er keine Schrecken mehr hatte für ihn.

»Gibt es sonst was Neues?«, fragte er den Leutnant.

»Nein, Herr Hauptmann, nichts.«

Warum frage ich so dumm, dachte Hauptmann

Günzbach, Fürst ist doch kein Narr, schließlich sitzt uns der Russe so nah auf dem Pelz, dass er uns beinahe schon in die Suppe spucken kann. Sprechfunk war etwas, was Peiltrupps abhören konnten.

Eine Stunde später – es war noch immer ruhig, und im Osten kündigte ein zager Schimmer das Herannahen des neuen Tages an – betrat Major Hostege, der neue Regimentsführer, den Bataillonsgefechtsstand. Sein Gesicht unter dem weiß gestrichenen Stahlhelm war von der beißenden Kälte gerötet.

Beim Anblick des Hauptmanns und seines offensichtlich verwundeten Adjutanten erschrak er bis ins Innerste, bemühte sich jedoch, sein Erschrecken zu verbergen.

»War ein etwas beschwerlicher Weg«, sagte er in munterem Ton. Der Mann, der ihn eingewiesen hatte, war im Unterstand der Melder verschwunden.

»Glück muss man haben«, bemerkte Hauptmann Günzbach sarkastisch, »im Allgemeinen ist die Luft zwischen der Balka und hier so eisenhaltig, dass es ein Lotteriespiel ist, ob man durchkommt.«

»Ich weiß, Herr Günzbach«, sagte Hostege, »aber es ist doch notwendig, dass ich mich selbst hier umsehe, nicht wahr?«

»Bringen Herr Major etwas?«, fragte Günzbach mit lauerndem Gesichtsausdruck. »Ich meine, haben Herr Major außer eigener Person etwas mitgebracht?«

Hostege schüttelte bedauernd den Kopf.

»Sieht überall gleich düster aus. Aber beim Divisionsstab ist man bemüht, Verstärkung heranzuführen.«

Hauptmann Günzbach winkte unwillig ab. »Die

Botschaft hör' ich wohl, jedoch und so weiter. Also nichts. Und wie stellt man sich den Fortgang vor, Herr Major?«

»Wir müssen halten – um jeden Preis.«

Hauptmann Günzbach maß den Herrn, der anscheinend in letzter Zeit nichts auszustehen gehabt hatte, mit starrem Blick.

Er wollte etwas sagen, schwieg jedoch, da urplötzlich ein Geräusch wie von rasend aufeinander folgenden Paukenschlägen zu vernehmen war.

»Was ist das?«, fragte Major Hostege beunruhigt, obgleich auch er wusste, was es war.

»Der Feind trommelt den Morgensegen«, sagte Leutnant Rabel, der bisher stumm gewesen war. Übermächtiges Rauschen erfüllte die Luft, dann hieben sehr nah und mit ohrenbetäubender Wucht die voneinander kaum zu unterscheidenden Einschläge in den Schnee und die hart gefrorene Erde.

Das Gleiche wiederholte sich. Draußen brüllte jemand: »Sanitäter!« Auf einmal war es still.

»Ich möchte jetzt die Stellungen besichtigen«, sagte Major Hostege, bemüht, seiner Stimme einen festen Klang zu geben.

Hauptmann Günzbach warf dem Leutnant einen Blick zu.

Bedächtig schüttelte er den Kopf. »Durchaus ehrenwert, Ihr Vorhaben, Herr Major«, sagte er, »aber leider undurchführbar. Von hier nach der vordersten Linie kommt kein Schwanz lebendig durch. Im Übrigen wird es bald heller werden. Herr Major können von Glück sagen, wenn Sie mit heiler Haut zur Balka zurückkommen.«

Hostege schien zu überlegen. »Ich danke, meine Herren«, sagte er nach einer Weile und bat den Leutnant, den Mann zu rufen, der ihn hergebracht hatte.

Als der Leutnant mit dem Melder ankam, gab Major Hostege dem hageren Hauptmann die Hand. »Heil Hitler«, wollte er sagen, aber sonderbarerweise blieb es ihm im Halse stecken.

Er schob die Decke beiseite und trat hinaus. Als der Hauptmann ihm etwas zuschrie, drehte er sich verwundert um, und im Bruchteil einer Sekunde wurde ihm klar, dass etwas Schreckliches geschah. Er hörte die Detonation der Granate nicht, die aus einem überschweren russischen Werfer stammte, einem dieser heimtückischen Satansdinger, deren Abschuss man nicht vernahm.

Der Leutnant und der Melder, die sich ebenfalls außerhalb des Unterstandes befanden, hatten sich blitzschnell in den Schnee geworfen.

Als der Leutnant aufblickte, sah er den Hauptmann, der neben einem unförmigen, blutüberströmten Klumpen kniete.

Im Unterstand klingelte das Feldtelefon. Wie betäubt ging Hauptmann Günzbach hinein, hob ab und meldete sich.

Am anderen Ende der Leitung sprach Oberleutnant Fürst.

»Die Verbindung ist wieder hergestellt«, sagte er. »Wie sieht es bei Ihnen aus, Herr Hauptmann? Ist Herr Major Hostege inzwischen bei Ihnen eingetroffen?«

»Ja«, sagte der Hauptmann mit heiserer Stimme, »er hat sich soeben verabschiedet, Herr Fürst. Endgültig. Volltreffer. Überschwerer Granatwerfer. Er war gerade im Weggehen. Was jetzt, Herr Fürst?«

Schweigen. Und dann: »Ich werde beim Divisionsstab Meldung machen. Sobald ich Klarheit habe, rufe ich wieder.«

Hauptmann Günzbach antwortete nicht. Hastig legte er auf. Draußen heulte die Handsirene. Der Gegner griff an. Schon wieder …

In Lysselkowo feierte man Hauptmann Martins Beförderung zum Major. Mit Tee, dem das doppelte Quantum Rum beigegeben war. Oberleutnant Mareiner und die Leutnante Holler und Kaupisch, der Neue, hatten es bei Martin durchgesetzt, dass die Besatzung Gelegenheit erhielt, den »Major« zu begießen. Sie meinten, es gebe den Männern Auftrieb, wenn man ihnen klar machte, dass die Beförderung auch ihnen galt.

Frierend, in Mänteln und Decken, die Kopfschützer über den Ohren, die Knie angezogen und die Füße mit Decken umwickelt, wenn keine Filzstiefel vorhanden waren, hockten sie in den unterirdischen Schlafhöhlen, in die sie sich verkrochen, wenn die Wache draußen im eisigen Wind zu Ende war.

Manche hockten auf zerlegenem Stroh, manche auf der blanken Erde der tief ausgebuddelten Schächte. Armselige Hindenburglichter waren die Beleuchtung. Die frostklammen Hände wärmten sie am heißen Blech der Trinkbecher, die immer wieder mit der Sonderzuteilung gefüllt wurden. Der Tee war gesüßt, und Rum war reichlich beigegeben worden, es schmeckte beinahe wie Punsch und weckte Erinnerungen aus einer Welt, die so fern war, als wäre man auf einen anderen Stern versetzt. Auf einen Stern, auf dem es keine Wärme, kein Heim, kein Licht und keine Freude gab. Auf dem es grau war, düster und kalt. Auf dem der Tod regierte, der sich bald den einen, bald den anderen griff. Lysselkowo hieß der Stern, von dem kein Glanz ausging. Auch das ungewohnt starke Getränk schuf nicht den Wahn, dass alles besser wäre, als es war. Und die Beförderung des Alten zum Major: War es nicht wie blanker Hohn? Die Maus, die in der Falle hockte, erhielt ein Stückchen Zucker zum Trost. Wenn man durch Funk Lametta verschicken könnte, wäre wohl noch der dicke Ordenssegen dazugekommen. Ein Regiment sollten sie schicken, Panzer, Stukas, das alles, was es einmal im Überfluss gegeben hatte. In den Vormarschzeiten, die jetzt für den Gegner angebrochen waren.

Wann, fragte man sich, bricht er herein nach Lysselkowo, zu Hunderten, zu Tausenden? Er hatte es ja, obschon die Zeitungen seit Oktober einundvierzig meldeten, dass er fertig sei, ohne Puste, ohne Menschen, ohne Waffen. Und Stalingrad. Da haben wir's ja, da kommt keiner 'raus, das hat man schon auf dem Transport von Frankreich herüber gehört.

Und wir, in Lysselkowo, kommen wir denn noch mal 'raus aus diesem Satansloch?

Die Männer tranken den Tee mit Rum. Aber sie hielten mit ihrer Meinung nicht zurück, wenn die Offiziere kamen, um mit ihnen auf den Alten, den Kampfkommandanten, anzustoßen. »Lieber beim Ausbruch verrecken, als hier verfaulen«, sagten sie.

Dem war nichts entgegenzusetzen, höchstens das

Eine, dass man nicht aufs Geratewohl losmarschieren könne und dass man auf die Kosaken warten müsse, um Klarheit über die Feindlage zu erhalten. Aber an die Rückkehr der Kosaken glaubte niemand.

Major Martin, der in Ermangelung anderer weiterhin seine Hauptmannsschulterstücke trug und dem auch sonst keine Veränderung anzumerken war, hatte die Offiziere für zwölf Uhr zu einer Besprechung in seinen Bunker gerufen.

Leutnant Holler, der Adjutant, war ja bereits anwesend. Gleichzeitig erschienen Oberleutnant Mareiner und Leutnant Kaupisch.

»Was sprechen unsere Männer?«, fragte der frisch ernannte Major.

»Sie wollen 'raus«, sagte Mareiner, »man kann es ihnen nicht verübeln.«

Major Martin nickte. »Absolut nicht. Wir wollen ja dasselbe. Es fragt sich nur, wem wir einen Gefallen erweisen, wenn wir Hals über Kopf auf diese Wünsche eingingen – dem Russen oder denen, die herauswollen, zurück und nicht bestenfalls in ein Lager am Ural oder in Sibirien.«

»Wohl, wohl«, meinte Mareiner, »das ist alles klar. Aber was sagt die Division?«

»Man gibt mir Handlungsfreiheit«, erklärte Major Martin. Leutnant Kaupisch blies das Streichholz aus, mit dem er sich gerade eine Zigarette anzünden wollte.

»Gestatten, Herr Major, dass ich gehorsamst kichere«, sagte er. »Seit wann gibt's denn sowas bei Preußens? Oder soll das als besonderer Vertrauensbeweis für Herrn Major aufgefasst werden? Dann nehme ich alles zurück. Aber geschieht denn von dort aus nichts für Lysselkowo, Herr Major?«

»Man beabsichtigt, auf alle Fälle eine Auffangstellung für uns zu halten. Das ist ja überhaupt die Vorbedingung. Wir können uns nicht bis ins Aschgraue durchboxen. Auch das dürfte klar sein. Doch jetzt etwas anderes, meine Herren: wie beurteilen Sie es, dass der Kosakenführer Marianow bisher nicht in Lysselkowo eingetroffen ist? Sind Sie wie ich der Ansicht, dass er entweder zu weiten Umwegen gezwungen wurde oder in die Hand des Gegners geraten ist?«

»An Verrat denken Herr Major nicht?«, fragte Leutnant Holler. »Schließlich ist Marianow ja schon einmal umgefallen. Er war doch Leutnant in einer Reiterbrigade der Roten Armee –«

»Und kam mit einer vollzähligen Schwadron zu uns«, ergänzte Major Martin. »Außerdem dürfen wir nicht vergessen: Kosaken sind keine Hiwis. Ich bin überzeugt, Marianow kommt nach Lysselkowo zurück, vorausgesetzt freilich, dass er nicht mit Gewalt an der Rückkehr zu uns gehindert wird.«

»Gibt es denn, zum Teufel, keine Luftaufklärung mehr?«, fragte Mareiner. »Ein paar Aufklärungsflüge bei klarem Wetter, und wir wüssten bald, wie wir dran sind.«

»Ich glaube, dass die Luftwaffe alles, was an Maschinen und fliegendem Personal vorhanden ist, für die Versorgung von Stalingrad benötigt. Aus dem Funkspruch der Division geht ganz klar hervor, dass wir auch nicht mit dem ursprünglich zugesagten Nachschub aus der Luft rechnen können.«

»Prost Mahlzeit«, meinte Leutnant Kaupisch, »das alles riecht eigentlich ganz danach, dass man uns abgeschrieben hat und nur zu pietätvoll ist, es uns schonungslos mitzuteilen. Sollten wir es nicht doch riskieren, einfach die Leinen loszuwerfen und in See zu stechen?«

»Nein«, entgegnete Major Martin entschieden. »Wir müssen unbedingt wissen, was zwischen uns und der Division steht. Stellen Sie sich vor: dieser Teil der Steppe wäre Aufmarschgebiet der Roten Armee für die Fortsetzung ihres Angriffs nach Süden und Südwesten. Wir würden zerrieben werden wie nichts.«

Jäh blickte Major Martin auf. In die Tiefe des Bunkers drang von draußen der unverkennbare Paukenwirbel von Abschüssen.

»Ich melde mich ab«, sagte Leutnant Kaupisch trocken.

Im gleichen Augenblick brach ein Hagel schwerer Granaten donnernd über Lysselkowo herein. Trotzdem eilte Leutnant Kaupisch die vereisten Stufen der Bunkertreppe hinauf.

Während es ringsum krachend einschlug, gewann er den im Zickzack angelegten Laufgraben. Geduckt bewegte er sich zur Feuerstellung hin. Nur wenn es allzu dick kam, presste er sich in der Sohle des Grabens in den Schnee.

Die Geschützbedienungen hockten in den Splittergräben.

Leutnant Kaupisch griff zum Megafon. »An die Geschütze!«

Der Feuerschlag brach ab, so plötzlich, wie er begonnen hatte. Leutnant Kaupisch winkte Unteroffizier Hörmann heran, einen seiner alten Geschützführer, den er aus der Sturmkompanie herausgezogen hatte.

»Nimm die Flüstertüte, Fritz«, sagte er, »ich geh' nach vorn zur B-Stelle. Kann sein, dass der Russe jetzt kommt.«

Durch den frisch durch den Schnee gezogenen Laufgraben stapfte Kaupisch nach vorn zu den Pionieren, die den Feuerschutz für die Batterie bildeten. In dem mit Bohlen und meterhohem Schneebelag gedeckten Kampfstand, der nach der dem Feind zugewandten Seite Sehschlitze und Schießscharten aufwies, griff er zum Handapparat des Fernsprechers und drehte die Kurbel. »Sprechprobe«, sagte er, als der Nachrichtenmann in der Feuerstellung sich meldete.

Im gleichen Augenblick rief einer der an dem MG postierten Pioniere: »Herr Leutnant, Feind greift an!«

Kaupisch war schon am Ausguck. Den Hörer hatte er in der Hand. Er sah drei schwerfällig heranwalzende Kampfwagen vom Typ T 34 und dahinter ein Gewimmel winziger Figuren. Nach dem Augenmaß schätzte er die Entfernung. »Achtung«, rief er in die Sprechmuschel und gab die geschätzten Werte durch. Und dann: »Erstes Geschütz – Feuer!«

Man vernahm den donnernden Knall des Abschusses, die erste Granate rauschte hinüber zum Feind. Ein Stück vor den weiß gestrichenen Panzern stäubte die Fontäne des Einschlags auf. Kaupisch korrigierte die Entfernung. Der zweite Schuss lag noch näher am Ziel. Der dritte schien zu sitzen. Die feindlichen Panzer scherten aus der bisherigen Richtung aus, die nachfolgende Infanterie dagegen drang unbeirrt weiter vor.

Jetzt, dachte Leutnant Kaupisch. Fest klang seine Stimme. »Dreizehn mehr – dieselbe Entfernung – ganze Batterie – Feuer!«

Sekunden später brüllten die Pioniere an ihren Spritzen wie besessen. Als sich drüben der Pulverqualm der Einschläge verzog, war die Wirkung der Salve klar zu erkennen. Einer der Panzer war getroffen, und die Reihen der Angreifer hatten sich beträchtlich gelichtet.

»Sperrfeuer!«, befahl Leutnant Kaupisch durch den Draht.

Der Gegner stellte den Angriff ein. Doch niemand zweifelte daran, dass er ihn wiederholen würde. Und das Besorgnis Erregende war trotz des gegenwärtigen Erfolges: der Munitionsvorrat der Batterie hatte erheblich abgenommen.

Der Kosakenleutnant Marianow führte die lang gezogene Kolonne nach einem Umweg nach Osten direkt nach Norden. Er war jetzt überzeugt, dass sein Meldereiter den russisch sprechenden deutschen Major nicht erreicht hatte. Demzufolge hatte der Kampfkommandant von Lysselkowo die Nachricht, die ihm durch Funk zukommen sollte, nicht erhalten. Also gab es nur das Eine: nicht stehen zu bleiben und die aus dem Stützpunkt abrückende Besatzung am beabsichtigten Treffpunkt zu erwarten, sondern weiterzumarschieren zu dem befestigten kleinen Dorf in der Steppe. Dass Lysselkowo noch gehalten wurde, ging aus dem immer wieder auflebenden Gefechtslärm hervor, den der Wind als schwaches Grollen herantrug.

Wie immer blickte Marianow wachsam umher. Nichts entging ihm, nicht das kleinste Schneewölkchen, das der Wind irgendwo in der weißen Weite hochblies.

Kein Wunder daher, dass Marianow, der an der Spitze der Kolonne ritt, als Erster das Flugzeug entdeckte. Es kam im Tiefflug aus Nordosten, war somit zweifellos eine feindliche Maschine. Marianow überlegte: Auf der weißen Fläche Deckung zu suchen, wäre sinnlos. Am besten war es, die Marschordnung beizubehalten. Vielleicht gelang so die Täuschung, und man hielt die Kolonne für einen Zug von Gefangenen, der von eigenen Reitern bewacht wurde. Und wenn nicht – nitschewo –, der Krieg, woinna, war kein Feierabendtanz, und letzten Endes besaß man Gewehre, mit denen man zurückschießen konnte, wenn die dort oben es so wollten.

Das Flugzeug kam näher. Marianow stellte fest: Es war eine Iljuschin II, gepanzert, mit Bordkanone und MGs.

»Keine Aufregung!«, befahl Marianow. »Wer aus der Reihe tanzt, wird niedergeknallt!«

Auf Russisch und auf Deutsch wurde der Befehl durchgegeben. Hauptmann Wirths lahmen Protest quittierte Marianow mit einer wegwerfenden Handbewegung.

Sehr langsam, als wäre sie flügellahm, schwebte die IL II heran. So niedrig überflog sie die Kolonne, dass man den Piloten in der Kanzel und den Heckschützen am MG erkennen konnte. Auch der rote Stern war deutlich zu sehen. Die Bordkanone blieb stumm, auch die MGs feuerten nicht.

Das Flugzeug entfernte sich und verschwand. »Dummköpfe«, brüllte Marianow unter dröhnendem Lachen.

Eine knappe Stunde später kam die Antwort. Sie kam in Gestalt eines Flugzeugschwarms, der sich feuernd mit aufjaulenden Motoren auf die Kolonne stürzte.

Alles jagte auseinander, die Kosaken schlugen auf ihre scheuenden Pferde ein, schon lagen viele getroffen im Schnee.

Die Flugzeuge zogen kurvend hoch und schossen von neuem herab. Dürftiges Gewehrfeuer schlug ihnen entgegen, doch unbeirrt griffen sie unter dem Geknatter ihrer Bordwaffen an. Immer wieder kamen sie. So lange, bis sie sich verschossen hatten. Und diesem Umstand allein verdankten es zwei der Kosaken, dass sie, die mit ihren Pferden unverletzt geblieben waren, den Schauplatz des blutigen Gemetzels verlassen konnten. Von Panik gehetzt, galoppierten die beiden Reiter über die weiße Steppe. Nach Norden.

Im Kübelwagen war Major von Talvern zur Balka gefahren.

Der Regimentsadjutant hatte ihm gleichzeitig mit der Meldung von Major Hosteges Tod in alarmierendem Ton berichtet, bei Hauptmann Günzbach greife der Gegner in noch unbekannter Stärke, aber mit einer großen Zahl von Panzern an.

General Körner, den Talvern sofort verständigt

hatte, war zunächst entschlossen gewesen, selbst nach vorn zu fahren, doch Talvern hatte es ihm schließlich ausgeredet.

Als Talvern in der Balka bei Oberleutnant Fürst eintraf, hatte sich die Lage beim Bataillon Günzbach insofern bedrohlich verschlechtert, als der letzten Meldung nach mindestens drei Panzer durchgebrochen waren.

Major von Talvern kam allein. Er hatte den Kübelwagen selbst gefahren. Wenn es krachte, verließ er sich am liebsten nur auf sich. Unter der verbeulten Feldmütze alter Art trug er ein knallrotes Stirnband, das die Ohren bedeckte. Gegen die Kälte schützte ihn sein abgeschabter Schafpelzmantel.

»Wie sieht Ihre Reserve aus? Was haben Sie hier beim Gefechtsstand?«, fragte er den Oberleutnant.

Oberleutnant Fürst zählte auf. Das Stabspersonal – Fernsprecher, Funker und Melder –, ohnehin schon bis zum Äußersten durchgesiebt und ausgekämmt, zwei Gruppen der längst auf die Bataillone aufgeteilten Stabskompanie, ein schwacher Zug Pioniere unter Leutnant Hansen, der Rest der fast aufgeriebenen Panzerjäger unter Feldwebel Hatz. Und natürlich die Artillerie, die als Eingreifreserve gedacht war. Zwei Geschütze – 7,5 Zentimeter –, allerdings mit reichlich Munition. Mit Ausnahme des Stabspersonals war das alles, was im Falle eines massiven Durchbruchs des Feindes in die Bresche geworfen werden konnte.

»Nicht viel«, meinte Fürst niedergeschlagen.

»Besser als nichts«, entgegnete Talvern gelassen. »Hören Sie, Fürst: Die Einheitsführer sofort zu mir!«

»Wollen denn Herr Major selbst –«, wandte Oberleutnant Fürst verwundert ein. Er war der Meinung gewesen, der Ia der Division sei in die Balka gekommen, um sich persönlich ein Bild von der Lage zu machen und dann von Schepetowka aus etwaige Maßnahmen zu ergreifen.

»Sie halten mich wohl für so eine vertrocknete Schreibtischseele«, rief Talvern mit polterndem Lachen, »nein, nein, mein Lieber, ich habe doch noch ein bisschen Mumm in den Knochen. Also, vorwärts! Worauf warten Sie noch? Die Einheitsführer zu mir! Sofort!«

Oberleutnant Fürst verschwand aus dem Kommandeursbunker. Als er zurückkam, meldete er: »Befehl ausgeführt. Die Einheitsführer sind bereits auf dem Weg hierher.«

Talvern dankte. »Schön. Das wäre das Erste. Und jetzt verbinden Sie mich mit Hauptmann Günzbach, sofern die Leitung noch besteht!«

Die Leitung bestand noch. Am anderen Ende meldete sich Hauptmann Günzbach mit heiser krächzender Stimme.

»Talvern spricht«, sagte der Major, »kennen Sie mich, Herr Günzbach? Nicht? Major von Talvern, Ia der Division.«

»Nett, dass Herr Major mich anrufen«, gab Günzbach verdrossen zurück, »wenn Sie mir trostreiche Worte ins Ohr flüstern wollen, hören Sie, das Einzige, was ich brauche, ist Verstärkung, ist wirksame Artillerieunterstützung, nicht so ein lausiges Geklecker, das nicht mal die Flöhe zum Husten bringt. Und vor allem, Herr Major, wenn ich Sie schon mal an der Strippe habe: Was soll das hier? Was soll diese Nase, die der Russe jederzeit eindrückt, wenn es ihm Spaß macht. Links von mir ist er durch. Sitzt denn da überhaupt noch was von uns? Oder hänge ich ganz in der Luft?«

»Ihre Beredsamkeit in Ehren«, sagte Talvern mit trockenem Lachen, »aber zuerst mal das Eine: ich habe den Krieg nicht gemacht, und ich kann ihn nur mit dem führen, was mir zur Verfügung steht. Im Übrigen, wenn es Sie beruhigt: Ich schmeiße jetzt den Laden hier, bis sich ein neuer Kommandeur findet. Und wegen des Durchbruchs keine Sorge, Herr Günzbach! Riegeln Sie nach Westen ab, damit Ihnen niemand zur Hintertür 'reinkommt, bis wir hier so weit sind. Verstanden, Herr Günzbach? – Schön. Ende.«

Talvern legte auf und kurbelte ab.

»Mit Männern wie Günzbach hauen wir heute noch den Russen in die Pfanne«, sagte er zu Fürst. Nach einer Pause setzte er fragend hinzu: »Wie ist das eigentlich zugegangen mit Major Hostege? Das war ja prompte Bedienung, nicht wahr?«

»Als Herr Major Hostege hier ankam«, erwiderte Oberleutnant Fürst, »hatte ich zuerst so ein komisches Gefühl. Er war sehr merkwürdig, aber auf einmal ging etwas in ihm vor. Schwer zu erklären, Herr Major. Er wollte unbedingt nach vorn zu Hauptmann Günzbach. Und dort bestand er darauf, sich die vorderste Linie anzusehen. Da ist es passiert. Überschwere Granatwerfer. Ein Volltreffer. Aber da war noch etwas: Als er von hier wegging, fragte er mich, ob er vom Regimentsgefechtsstand aus die Armeegruppe erreichen könnte. Er sagte, er hätte etwas zu berichtigen.«

»Zu berichtigen«, wiederholte Talvern nachdenklich, »wenn er noch am Leben wäre, könnte er uns sagen, um was es sich handelt. Aber so –«

Die Einheitsführer trafen in der Balka ein. Ein blutjunger Pionierleutnant, offenbar vor kurzem erst von der Waffenschule abgestoßen, ein Oberleutnant mit der roten Waffenfarbe der Artillerie, ein Infanterieunteroffizier und der Feldwebel der Panzerjäger.

Im Beisein von Oberleutnant Fürst entwickelte Major von Talvern seinen Gefechtsplan. Alle erkannten sofort – hier sprach ein Meister der Improvisation, ein Mann, in dem sich das kühle, klare Denken des Generalstäblers mit der Entschlossenheit eines unerschütterlichen Draufgängers vereinte.

»Danke, meine Herren«, sagte Talvern, als er am Schluss seiner Ausführungen angelangt war, »und jetzt ans Werk. In einer halben Stunde tritt die Kampfgruppe Talvern in der vorgesehenen Bereitstellung an. Ich werde dort sein, und dann wird sich zeigen, ob sich die Schweinerei in dieser Ecke bereinigen lässt oder nicht.«

Die Einheitsführer entfernten sich.

»Haben Sie was zu trinken?«, fragte Talvern den Adjutanten.

»Nur klaren Fusel, allerdings eisgekühlt.«

»Her damit, Mann, ich brauche jetzt unbedingt eine scharfe Magenspülung.«

Talvern setzte die eiskalte Flasche an. Verstohlen sah ihm der Oberleutnant zu. Dann trank auch er. Ein tolles Haus, dachte er und hatte auf einmal das Gefühl, dass alles jetzt doch noch ein gutes Ende nehmen könnte.

9

Zwei einzelne Reiter näherten sich auf sichtlich abgetriebenen Gäulen dem Ruinendorf Lysselkowo, dem der Feind derzeit wieder einmal eine Feuerpause gewährte. Es waren Kosaken, man erkannte es an den hohen dunklen Fellmützen. Einer der beiden lag beinahe auf dem Hals seines Pferdes, als wäre er beim Reiten eingeschlafen.

Der Obergefreite Lukas, einer von Mareiners Leuten, der im MG-Stand am Südriegel zur Stunde die Führung hatte, beobachtete die beiden Kosaken durchs Glas. Beide waren unbewaffnet, was ihm sonderbar vorkam. Als sie nahe genug heran waren, trat Lukas mit der Maschinenpistole ins Freie und rief die beiden an. Die Reaktion war so, als ob die beiden den Anruf nicht gehört hätten. Doch dann hob der eine, der noch halbwegs aufrecht im Sattel saß, mit matter Bewegung eine Hand. Und mit kaum vernehmbarer Stimme rief er etwas auf Russisch, das Lukas nicht verstand.

Er ließ die beiden herankommen. Als die Pferde stillstanden, fiel der eine aus dem Sattel in den Schnee. Der andere stieg ab und sagte: »Kaputt – kaputt …«

Mit seiner Hilfe richtete Lukas den Gestürzten auf. Als der Mann auf den Beinen stand, lief ein verzerrtes Grinsen über sein vom Frost schrundiges, stoppelbärtiges Gesicht.

»Spassiba«, murmelte er, und dann sagt auch er: »Kaputt …«

Lukas rief einen Melder.

»Bring die beiden zum Major!«, befahl er. »Vielleicht haben sie eine Meldung von dem Kosakenoffizier.«

Der Melder führte die beiden unter die Erde und dann durch den Stollen zum nahen Gefechtsstand des Kampfkommandanten.

Major Martin hatte sich gerade nebenan für ein Stündchen hingepackt.

Leutnant Holler weckte ihn.

»Zwei Kosaken sind hier, Herr Major. Sie sprechen nur Russisch.«

Im Nu kam Major Martin hoch. Sicher waren die beiden Meldereiter von Marianow. War jetzt die entscheidende Stunde für Lysselkowo gekommen? Wurde Zeit, dass etwas geschah, dass man endlich die Initiative ergreifen konnte!

»Sehen Sie zu, dass Sie einen Dolmetscher herbringen!«, befahl Major Martin seinem Adjutanten.

Er ging hinüber in die Zentrale und begrüßte die beiden Steppenreiter, die völlig erschöpft und abgekämpft schienen, mit Handschlag.

Im Kochgeschirr war noch etwas Tee mit Rum, allerdings kalt. Martin schenkte zwei Trinkbecher voll, reichte die Becher den beiden und sagte: »Nasdarovje!«

Die Kosaken wiederholten den Trinkspruch nicht. Aber sie leerten in gierigen Zügen die Becher.

Leutnant Holler kam in Begleitung eines Unteroffiziers aus dem »Gesangverein Kaupisch« zurück. »Der Unteroffizier spricht perfekt Russisch«, sagte er.

Der Unteroffizier wandte sich den beiden Kosaken zu und forderte sie auf, zu sprechen. Sie redeten aufgeregt und hastig durcheinander.

Die Gesichtsmuskeln des Unteroffiziers spannten sich.

»Die beiden bringen schlechte Nachrichten«, sagte er zu Major Martin, als die Kosaken mit ihrem Bericht zu Ende waren. »Die Kolonne des Kosakenleutnants Marianow ist von Tieffliegern zusammengeschossen worden. Sie waren auf dem Marsch hierher. Eine Zeit lang müssen sie in einer Balka auf uns gewartet haben. Die beiden sagen da etwas von einem Meldereiter, den Marianow zu Major Schranz geschickt haben soll, und von einem Funkspruch. Die beiden behaupten, sie wären als Einzige entkommen. Und noch etwas, Herr Major: Leutnant Marianow hat deutsche und italienische Gefangene aus den Händen der Roten Armee befreit. Es müssen sehr viele gewesen sein. Marianow wollte sie Ihnen zuführen. Nach dem, was die beiden sagen, hat auch von diesen Leuten keiner den Tieffliegerangriff überlebt.«

»Fragen Sie, wo das war!«, sagte Major Martin mit steinernem Gesicht.

Der Unteroffizier gab die Frage weiter. Die beiden Kosaken deuteten nach Süden.

»Sie behaupten, ungefähr zwölf Werst«, sagte der Unteroffizier, »das sind annähernd dreizehn Kilometer.«

»Und von dort bis Lysselkowo war alles feindfrei?«, wollte Major Martin wissen.

»Jawohl, Herr Major, feindfrei.«

Major Martin nickte mit abwesendem Gesichtsausdruck.

Schließlich befahl er dem Unteroffizier, die beiden

Reiter verpflegen und irgendwo im Warmen unterbringen zu lassen.

Der Unteroffizier zog mit den beiden Kosaken ab.

»Holler«, sagte Major Martin zu seinem Adjutanten, »es ist so weit. Rufen Sie Oberleutnant Mareiner und Leutnant Kaupisch, natürlich auch Wachtmeister Hellbach und Unteroffizier Kirchwein. Ja, und dann Unteroffizier Kolb. Er muss einen Funkspruch an die Division absetzen.«

Leutnant Holler wiederholte den Befehl. Die Augen des drahtigen kleinen Offiziers, der als Nachschubmann auf höheren Ratschluss hin zur Artillerie und somit nach Lysselkowo geraten war, waren feucht. Er schluckte beim Sprechen vor Erregung. »Dass es doch noch so gekommen ist«, sagte er bewegt. Die ganze Zeit hatte er still seine Pflicht erfüllt; nie hatte er, wie jetzt, zu erkennen gegeben, wie empfindsam er war. Wahrscheinlich hatte Holler unter der ständigen Ungewissheit sogar mehr gelitten als viele andere.

Major Martin widersprach dem Leutnant nicht, wenn er auch dessen Zuversicht durchaus nicht teilte. Das Unternehmen, das jetzt in Angriff genommen werden musste, enthielt alle Elemente eines Hasardspiels; Voraussetzung zu allem war es ja im Übrigen, dass der Feind den Abmarsch zuließ. Wenn er vor Einbruch der Dunkelheit wiederkam, womöglich umfassend, und wenn er sich festsetzte rings um Lysselkowo, waren alle Planung und Vorbereitung vergebens. Dann saß man in der Falle und konnte darauf warten, bis man ausgeräuchert oder auf andere Weise erledigt wurde.

Leutnant Holler war im Stollen verschwunden, der neuerdings eine Abzweigung zu Oberleutnant Mareiners Bunker aufwies.

Major Martin beugte sich über die Karte. In Gedanken legte er Kilometer für Kilometer des Weges zurück, den man nach Einbruch der Dunkelheit beschreiten würde. Wie viele Kilometer waren es bis zur Front vor Schepetowka, von der man nicht einmal sicher sagen konnte, ob sie halten würde? Dreizehn Kilometer waren es allein bis dorthin, wo Marianows Reiter- und Schlittenkolonne und die von dem Kosaken befreiten Soldaten vernichtet worden waren.

Major Martin sah eine endlose weiße Fläche vor sich, über die sich schneckengleich ein Heerbann bewegte, bestehend aus vier an die Zugmaschinen gehängten Geschützen, zwei russischen Beutepanzern, denen man an Stelle der roten Sterne Balkenkreuze aufgemalt hatte, zwei Sturmgeschützen mit ihrem gepanzerten Versorgungsfahrzeug und der zu Fuß folgenden Besatzung von Lysselkowo, die mit Leutnant Kaupischs Zuwachs jetzt über fünfhundert Mann zählte. Die beiden Kosaken hatten berichtet, das Gebiet nach Süden zu sei weithin frei vom Feind. Doch Garantien gab es nicht. Achtundvierzig Stunden, wahrscheinlich sogar mehr, würde man auf dem Marsch sein. Was konnte in dieser Zeit nicht alles geschehen! Welchen Wechselfällen würde er die Männer aussetzen, die sich seiner Führung anvertrauten?

Leutnant Holler kam zurück, gefolgt von Oberleutnant Mareiner. Wenig später fanden sich auch Leutnant Kaupisch, Wachtmeister Hellbach, der Kommandant der Sturmgeschütze und der ihm unterstellten Beute-Panzer, sowie Unteroffizier Kirchwein ein.

Holler hatte nichts von dem, was mittlerweile eingetreten war, verlauten lassen. Doch alle spürten, dass etwas Besonderes im Gange war.

Ohne Einleitung eröffnete ihnen Major Martin, die Stunde der Entscheidung sei gekommen. Mit knappen Worten gab er Bericht vom Eintreffen der beiden Kosaken und von dem, was diese gemeldet hatten. Mit verschlossener Miene fügte er, anscheinend unbewegt, hinzu: »Die Frage, vor der wir jetzt stehen, betrifft jeden Einzelnen in Lysselkowo. Heute Abend, sobald es dunkel wird, werden wir Lysselkowo räumen, den Ort, der uns in schweren Tagen und Stunden Rückhalt geboten hat. Wir haben einen weiten Weg vor uns, und wir müssen uns darüber klar sein, wir haben nicht einmal ein festes Marschziel. Ohne jeden Zweifel steht fest, dass es Feindgebiet ist, durch das wir uns durchschlagen müssen. Jederzeit müssen wir gewärtig sein, aus dem Marsch ins Gefecht zu gehen. Was das heißt, wissen Sie ebenso gut wie ich. Ihre Stellungnahme, Oberleutnant Mareiner!«

»Ich schlage vor, abzurücken, sobald wir marschbereit sind, und nicht erst den Abend abzuwarten, zumal es wieder anfängt zu schneien und Schneefall uns eine gewisse Deckung gegen Sicht bietet.«

»Und Sie, Leutnant Kaupisch?«, fragte Major Martin.

»Ich schließe mich der Meinung von Oberleutnant Mareiner an und bitte darum, mir die Sturmkompanie wieder zu unterstellen, mit der ich nach Lysselkowo gekommen bin. Die Batterie könnte im Bedarfsfall Unteroffizier Hörmann befehligen.«

Wachtmeister Hellbach stimmte ebenfalls für sofortigen Abmarsch oder Ausbruch, wenn es so kommen sollte.

Unteroffizier Kirchwein dagegen meinte, er wolle die Entscheidung den Offizieren überlassen. Er sei schon einmal aufs Geratewohl durch die Steppe marschiert und habe nur Glück gehabt, weil er auf Hellbach mit seinen Sturmgeschützen und auf den Kosakentrupp gestoßen sei.

Major Martin straffte sich.

»Danke, meine Herren. In zwei Stunden melden Sie mir Marschbereitschaft. Wie steht es mit den Beutepanzern, Hellbach? Sind Sie mit den russischen Fahrern klargekommen, und wird auf die Leute Verlass sein?«

»Alles klar, Herr Major«, antwortete der junge Wachtmeister. »Die Panzerbesatzung wird aus Sicherheitsgründen von mir gestellt. Dafür nehme ich zuverlässige Hiwis, die ich schon ausgesucht habe, zu mir auf die Sturmgeschütze.«

Major Martin nickte.

»Gut, Hellbach, so wird es wohl gehen. Wichtig ist nur, dass auch Sie im Notfall gefechtsbereit sind. Gerade Sie, Hellbach!«

Er wandte sich an Holler, während die Einheitsführer sich eilig abmeldeten. »Lassen Sie die Geheimsachen vernichten! Als Einziges nehmen wir die Personalunterlagen der Batterie, die Erkennungsmarken und die Liste mit den Namen der Gefallenen mit. Auch die anderen Einheiten verfahren entsprechend.

Das persönliche Gepäck wird auf das Allernötigste reduziert, alles Überflüssige wird vernichtet. Veranlassen Sie vor allem, dass unsere Verwundeten und das Sanitätspersonal auf den Zugmaschinen unterkommen. Die Kanoniere folgen den Geschützen im Fußmarsch. Alles klar, Holler?«

»Jawohl, Herr Major, alles klar.«

»Und wo bleibt Kolb?«, fragte Martin. »Ich habe ihn doch zu mir befohlen.«

Im gleichen Augenblick kam der Nachrichtenunteroffizier die Bunkertreppe herab.

»Unteroffizier Kolb zur Stelle.«

»Schön. Wir stehen vor dem Abrücken, Kolb. Ich gebe Ihnen jetzt den Klartext des Spruches für die Division. Halten Sie es für denkbar, dass der Russe im Besitz des Chiffre-Schlüssels ist?«

»Für denkbar halte ich es schon, Herr Major«, antwortete der Unteroffizier, »aber die Funkstelle der Division hat bei der Bestätigung unseres letzten Spruches nichts darüber verlauten lassen.«

Major Martin schrieb den Text des Spruches für Schepetowka auf ein Blatt von Kolbs Funkmeldeblock.

»Abrücken fünfzehnuhrdreißig – Marschrichtung Süden – gehen zweistündlich auf Empfang – Martin, Major und Kampfkommandant.«

Er reichte Kolb das Blatt. »Sie gehen mit dem Gerät und mit ihren Leuten auf eine der Zugmaschinen, Kolb. Alle Leitungen werden vor dem Abmarsch abgebaut. Das Material wird sichergestellt.«

Unteroffizier Kolb wiederholte alles und meldete sich ab, um als Erstes den Spruch abzusetzen.

»Jetzt ist alles entschieden«, sagte Major Martin zu Leutnant Holler, »jetzt können wir nur hoffen, dass der Russe uns in den nächsten zwei Stunden nicht noch einen dicken Strich durch unsere Rechnung macht.«

Talvern lag in einem verschneiten Granattrichter von gewaltigem Durchmesser. Bei ihm befanden sich der knapp zwanzigjährige Pionierleutnant und fünf von dessen Leuten. Alle waren reichlich mit Nebelkerzen, Handgranaten, geballten Ladungen und Haftladungen aus dem Vorrat der Pioniere versorgt. In den benachbarten Trichtern und flach ausgehobenen Deckungslöchern lauerten Gewehr- und MG-Schützen. Etwas weiter rückwärts, in einer Mulde, standen die beiden leichten Feldgeschütze in Feuerstellung. Das Gelände voraus war unter Talverns Anleitung vermint worden, ein kitzliges Unterfangen, da der Russe die ganze Gegend mit intensivem Störungsfeuer abgestreut hatte. Jetzt schwieg die feindliche Artillerie. Allem Anschein nach war man drüben darauf bedacht, die durchgebrochenen Panzer mit der sie begleitenden Infanterie nicht durch eigenen Beschuss zu gefährden.

Seit einer Stunde schneite es heftig. Die Sicht betrug kaum mehr als fünfzehn Meter.

In einiger Entfernung, gleichfalls in einem Trichter, hockte der Artillerieoberleutnant in Begleitung eines Funkers, der sein Tornistergerät aufgebaut hatte. Oberleutnant Schramm, einarmig und mit entstelltem Unterkiefer, war sein eigener vorgeschobener Beobachter. Er sollte für den Fall eingreifen, dass die Panzer unversehrt durch die Minensperre kämen und Talverns Plan, sie durch geballte und Haft-Ladungen außer Gefecht zu setzen, fehlschlagen sollte.

Schon eine ganze Zeit lang vernahm man das Geräusch stählerner Laufketten und das Dröhnen schwerer Motoren. Allem Anschein nach bewegten sich die feindlichen Panzer nur äußerst langsam, als spürten ihre Kommandanten, dass in der Gegend etwas faul war. Plötzlich jedoch erhöhten sie ihr Tempo. Auf einmal zuckte ein rötlicher Feuerblitz, gefolgt vom Donner einer mächtigen Minenexplosion. Schwarzer Qualm des brennenden Panzers stieg hinter dem Vorhang aus dicht fallenden Flocken empor.

Doch dann war das Mahlen der Raupenketten und das Motorengedröhn wieder zu hören. Die beiden übrigen Panzer schienen, dem sich etwas entfernenden Geräusch nach, nach Westen abzubiegen. Wenig später kamen sie seitlich heran, nur schemenhaft erkennbare Ungetüme mit weißem Tarnanstrich.

Major von Talvern gab den anderen, die mit ihm im gleichen Trichter waren, ein Zeichen. Gelassen zog er den Schaffellmantel aus. In seiner Generalstäbleruniform, mit Ritterkreuz und sonstigem Klimbim, wie er seine Orden bezeichnete, und mit den karmesinroten breiten Streifen an den tadellos geschnittenen feldgrauen Breeches, sprang er über den Trichterrand, jagte mit großen Sätzen zu dem rasch näher kommenden Panzer, der sich ihm am nächsten befand, sprang den Koloss an, warf zwei geballte Ladungen vor die Ketten und brachte eine Haftladung an der Wanne an. Im Schneetreiben schien ihn die Besatzung des Panzers nicht bemerkt zu haben. Das MG schwieg, der

Lukendeckel blieb geschlossen. Unversehrt gelangte Talvern in den nahen Trichter zurück.

Die Pioniere, voran ihr Leutnant, waren fast im gleichen Augenblick dem Beispiel des Majors gefolgt. Auch sie hatten Sprengladungen unter und an dem anderen Kampfwagen angebracht und rannten nun zu dem schützenden Trichter zurück. Doch ehe sie die Deckung erreichten, krachten kurz nacheinander mehrere Explosionen. Der Panzer, der dem Trichter näher war, bäumte sich mit seinem Bug auf wie ein scheuendes Pferd und drehte sich dann im Kreis. Der Lukendeckel des anderen flog auf. Eine Gestalt kam zum Vorschein und verschwand, als Talverns Maschinenpistole ratterte. Der Panzer, den er aufs Korn genommen hatte, stand plötzlich still, eine Stichflamme schoss seitlich aus der Wanne, und unter einem Donnerschlag zerbarst das Ungetüm. Bruchstücke flogen umher, und knatternd explodierte die im Innern des Kampfwagens gestapelte Munition.

»Deckung!«, brüllte Talvern. Den Mann, der ihm am nächsten lag, zog er in den Trichter. Ein zweiter folgte kopfüber. Dies war der Augenblick, in dem der zweite Panzer, der offenbar weniger schwer getroffen war, schwerfällig auf den Trichter zukam. Aus dem Schlund seiner Kanone und aus seinem MG fuhren Feuerzungen.

Talvern schleuderte, sich aufrichtend, zwei weitere geballte Ladungen. Er spürte einen Schlag am Arm und duckte sich tief, im Magen ein flaues Gefühl, denn er war überzeugt, dass der Panzer ihn und alle, die bei ihm waren, in den nächsten Sekunden zermalmen würde. Doch jäh brach wieder ohrenbetäubender

Donner auf, grelle Blitze blendeten Talvern, der benommen sah, wie es den Stahlkoloss hochhob, wie der Turm sich löste und durch die Luft flog und wie eine Feuersäule brüllend aus der Öffnung quoll. Von plötzlicher Müdigkeit überwältigt, schloss Talvern die Augen. Er wollte gegen die Schwäche ankämpfen, undeutlich vernahm er Gewehrfeuer und das blecherne Schnarren von MGs, dann wurde es schwarz um ihn.

Als er wieder zu sich kam, lag er auf Stroh. Ein Sanitätssoldat beugte sich über ihn.

»Was ist vorn los? Wie komme ich hierher?«, fragte er.

»Herr Major sind am linken Arm verwundet«, antwortete der Sani. »Man hat Herrn Major hierher zum Verbandsplatz gebracht. Der Feind ist abgewehrt worden, aber es hat außer Herrn Major noch drei weitere Verwundete gegeben. Und drei Tote. Auch Leutnant Werner von den Pionieren ist unter den Gefallenen.«

Talvern schob seinen Schafpelzmantel zurück, mit dem man ihn zugedeckt hatte. An dem Mantel war Blut. Die Wunde am Arm brannte. Aber der Schmerz war erträglich. Mit etwas Mühe richtete Talvern sich auf, kam auf die Knie und stemmte sich hoch.

Er suchte in den Taschen seiner Feldbluse, fand sein Zigarettenetui, klappte es auf, gab dem Sanitäter eine Zigarette und steckte sich selbst eine an. Sein Blick fiel auf die langen Reihen von Verwundeten, die auf dünnen Strohschütten lagen. Sicher waren die drei Mann, die der Sanitäter erwähnt hatte, unter ihnen. Er zog den Schafpelz über. Der Sanitäter reichte ihm seine Mütze und die Maschinenpistole.

»Herr Major sollten sich schonen«, sagte er.

»Nächstes Jahr«, gab Talvern trocken zurück, »jetzt habe ich anderes zu tun, mein Sohn.«

Er verließ das zugige, halb zerschossene Kolchosgebäude, in dem man den Verbandsplatz eingerichtet hatte, durchschritt das in Trümmern liegende Dorf Ruinenau und stieg in die Balka hinunter. Im Kommandeursbunker fand er Oberleutnant Fürst.

»Da bin ich wieder«, sagte er, »was hat es inzwischen Neues gegeben?«

»Jetzt ist er rechts von Hauptmann Günzbach durch«, antwortete der Oberleutnant gleichmütig, ohne irgendwelche Erschütterung zur Schau zu tragen.

»Man müsste ein Feuerwehrauto zur Verfügung haben«, meinte Talvern. »Was heißt durch? Wie stark ist er denn?«

»Mindestens ein Schützenbataillon«, erwiderte Oberleutnant Fürst, »allerdings diesmal keine Panzer, aber Hauptmann Günzbach meldet, dass er sich laufend verstärkt.«

»Jetzt kann also nur noch der liebe Gott helfen«, bemerkte Talvern achselzuckend. »Geben Sie mir einen Schluck zu trinken, Fürst, dann läute ich den General an. Vielleicht weiß der, wie es jetzt weitergehen soll.«

Kein Schuss fiel, als die Besatzung von Lysselkowo bei dichtem Schneefall die Insel inmitten der endlosen Schneewüste verließ.

Die Spitze der Kolonne bildeten die beiden Sturmgeschütze, die den Weg durch den tiefen Schnee bahnen sollten. Zwei Gruppen von Kirchweins Grenadieren waren aufgesessen, um den Kettenfahrzeugen im Falle eines Überraschungsangriffs sofort Feuerschutz geben zu können.

Die Sturmgeschütze waren ebenso wie die beiden Beutepanzer, das gepanzerte Begleitfahrzeug und die vier Zugmaschinen voll aufgetankt worden. Ein Treibstoffvorrat in gleicher Menge wurde mitgeführt.

Den Sturmgeschützen folgte dichtauf Oberleutnant Mareiner mit seinen Pionieren, soweit sie wie er mit Skiern ausgerüstet waren. An den Skiläufertrupp schlossen sich Major Martin, Leutnant Holler, die Trossleute von Martins Batterie und ein Zug der Pionierkompanie an. Hinter den Zugmaschinen, an die die vier schweren Feldhaubitzen gekoppelt waren, marschierte die Geschützstaffel, bestehend aus den Kanonieren, den Geschützführern und dem artilleristischen Rechentrupp. Dann kamen die von den Italienern und dem Rest der Pioniere bewachten russischen Gefangenen, die Hiwis und Unteroffizier Kirchwein mit dem Rest seiner Grenadiere und den Trossleuten sowie die beiden Beutepanzer mit dem gepanzerten Begleitwagen. Den Schluss bildete Leutnant Kaupisch mit seiner sangesfrohen Sturmkompanie, der allerdings von Major Martin Schweigen auferlegt worden war.

Das Marschtempo der Kolonne richtete sich nach denen, die zu Fuß waren, doch kamen diese zügiger voran, als Major Martin angenommen hatte, da die Sturmgeschütze den Schnee in der Breite ihrer Laufketten niederwalzten, so dass zwei feste Bahnen entstanden, in denen man kaum einsank.

Lysselkowo, das zerschossene Dorf, das der Besatzung in krisenreichen Tagen Schutz vor dem Feind und dem mörderischen Frost gewährt hatte, blieb hinter einem Vorhang aus immer dichter fallenden Flocken zurück. Bald würde es dunkel werden. Vom Feind war nichts zu bemerken. Schon gab Major Martin sich der trügerischen Hoffnung hin, es werde ihm gelingen, seine Männer ohne Gefechtsberührung nach Schepetowka zu führen.

Die beiden Kosaken, die sich erstaunlich rasch erholt hatten, waren auf eigenen Wunsch schon vor einer Stunde als Späher vorausgeritten. Sie wollten das Gelände erkunden und sofort umkehren, wenn sich etwas Verdächtiges zeigen sollte.

Boris Iwanowitsch Doroschenko, der ältere der beiden Kosaken, ein kleiner Mann mit krummen Reiterbeinen und scharf blickenden Raubvogelaugen, entdeckte als Erster die zwei Figuren, die sich in einiger Entfernung mühsam durch den Schnee bewegten. Sie trugen, wie sich beim Näherreiten erwies, die pelzbesetzten Wintermützen und die wattierte Überkleidung der Roten Armee und schienen waffenlos zu sein.

Doroschenko und Nikolaij Bunin, der andere Reiter, zogen vorsichtshalber die Karabiner, die man ihnen in Lysselkowo ausgehändigt hatte, aus den Sattelschuhen. Im Schritt, die Karabiner schussbereit, ritten sie auf die beiden Rotarmisten zu, die sie mit erhobenen Händen erwarteten. Ihre Gesichter waren angstverzerrt. »Nicht schießen!«, rief der größere der beiden. »Nicht schießen, Brüderchen!«

»Dein Brüderchen ist der Satan«, gab Doroschenko zurück, »lasst die Pfoten schön droben, und wenn sie euch abfrieren! Wo kommt ihr her?«

»Wir sind vom Nachschub, Gospodjin«, antwortete der eine Rotarmist, »wir sind versprengt. Kosaken haben unseren Konvoi überfallen, wir haben uns gerettet.«

»Kosaken«, rief Doroschenko, »was für Kosaken, eh?«

»Sie stehen auf der Seite der Deutschen wie Sie, Gospodjin, und Ihr Genosse. Ihr Anführer heißt Mischa, er reitet mit einem geschienten Bein. Wir waren unter einem Schlitten versteckt und haben gehört, was sie sagten, bevor sie weiterritten.«

»Charascho, und was sagten sie?«

»Von einem gewissen Marianow war die Rede, einem Leutnant. Zu ihm wollten sie. Von einer Balka war die Rede und von Lysselkowo. Das ist die Wahrheit, Gospodjin. Was geschieht jetzt mit uns?«

»Dawai«, rief Doroschenko, »paschli! Gefangene seid ihr. Los, setzt euch in Bewegung!«

Eine Stunde später erblickten sie im Dämmergrau des früh hereinbrechenden Winterabends die Kolonne aus Lysselkowo, die leicht an den vorausfahrenden Sturmgeschützen zu erkennen war.

Sie warteten, bis die Kolonne heran war. Doroschenko ritt zu Major Martin, der von der Spitze des Marschblocks ausgeschert war, und meldete, ohne abzusitzen, nachdem sich der Dolmetscher eingefunden hatte, das Gebiet, das sie erkundet hätten, sei mit Ausnahme der beiden Gefangenen, Versprengten der Roten Armee, frei vom Feind gewesen.

Major Martin dankte dem Reiter durch den Mund des Dolmetschers. »Es wird zweckmäßig sein, wenn ihr während der Nacht bei der Kolonne bleibt«, setzte er hinzu.

Doroschenko schüttelte den Kopf.

»Wir müssen zur Balka, die als Treffpunkt vorgesehen war, und von dort aller Voraussicht nach nach Lysselkowo.«

»Nach Lysselkowo – was wollt ihr denn dort?«, ließ Major Martin durch den Dolmetscher fragen. Doroschenko berichtete hastig, was sie von den Gefangenen erfahren hatten. Ein Trupp Kosaken sei ahnungslos unterwegs.

Bevor der Major etwas einwenden konnte, riss der Kosak sein Pferd zur Seite. Im Galopp jagte er, von Nikolaij Bunin gefolgt, an der Kolonne vorbei.

Im Bunker unter dem Schulhaus von Schepetowka saß General Körner beim grellen Licht der Petromaxlampe an Major Talverns Tisch. Der General schrieb den Brief an seinen Ältesten, den er gestern Abend begonnen hatte, zu Ende. Hans, der älteste seiner drei Söhne, der seit dem Frühherbst vor Leningrad stand, war der Einzige, der seiner Frau und ihm geblieben war. Jochen, der Jüngste, war schon 1940 in Frankreich gefallen, im vergangenen Winter war dann Herbert nach einer schweren Verwundung in einem Lazarett in Lemberg gestorben.

Der Brief enthielt nichts von dem, was gegenwärtig geschah. Er war rein persönlicher Natur, und es war überhaupt fraglich, ob er den Adressaten erreichen würde, denn auch vor Leningrad waren schwere Kämpfe entbrannt.

»Dein treuer Vater«, unterschrieb der General. War er nicht auch der Vater einer dem Untergang geweihten Division?

Er faltete den Brief zusammen und schob ihn in die Innentasche seines Waffenrocks, an dem die Schulterstücke aus Gold- und Silbergeflecht und das goldene Eichenlaub auf den roten Kragenspiegeln im Lampenlicht schimmerten.

Mit einer Bewegung müder Resignation lehnte General Körner sich im Stuhl zurück. Sein Gesicht war von der Nervenanspannung der letzten Tage und von schwerer Sorge gezeichnet. Am Mittag, vor sechs oder sieben Stunden, war der Funkspruch aus Lysselkowo eingetroffen. Längst waren die Würfel gefallen. Die Besatzung von Lysselkowo befand sich auf dem Marsch. Vielleicht stand sie schon im Kampf.

Und seit einer Stunde keine Meldung von Talvern, nichts. Fest stand nur das Eine: Nach der Vernichtung der durchgebrochenen feindlichen Panzer und der Abwehr der nachfolgenden Infanterie hatte die Lage bei 836 sich entscheidend verschlechtert. Beim letzten Anruf aus der Balka hatte Talvern eindeutig erklärt, die Stellungen könnten nicht mehr gehalten werden, nach Einbruch der Dunkelheit nehme er das, was vom Regiment noch übrig sei, zurück. »Was werden soll, wenn der Gegner nachstößt, weiß ich nicht«, hatte Talvern hinzugefügt. Dann hatte er aufgelegt, wie um zu verhindern, dass man ihm irgendeinen unausführbaren Befehl geben könnte.

Wir haben alles getan, dachte General Körner, und mehr als das. Was gab es jetzt anderes als Warten? Auf eine Meldung von Talvern. Oder auf die Russen. Zwar war der nördliche Ortsrand, an dem ja auch das schwere Flak-Geschütz und die Kanonenbatterie standen, durch die von Rittmeister von Ehrenfeld geführte Alarmkompanie besetzt worden. Doch Stabsschreiber und Trossleute waren keine kampferprobten Soldaten, die wie Hauptmann Günzbachs Männer durchhielten bis zum Letzten.

Der Obergefreite Warnke, der am Bunkereingang Wache hielt, hatte den Kübelwagen in Deckung bereitgestellt. Doch General Körner war entschlossen, das Schicksal seiner Soldaten zu teilen, seien es Gefangenschaft oder Tod. Das Einzige, was ihn ununterbrochen beschäftigte, war der Gedanke an die Kolonne, die sich nun durch die Winternacht nach Süden bewegte – ins Leere oder in den Feind, wenn nicht in letzter Stunde ein Wunder geschah. Woher, fragte sich der General, soll dieses Wunder kommen? Er hatte lange Ferngespräche mit den rückwärtigen Stellen geführt. Vergebens. Überall war es das Gleiche. Kein Mann konnte entbehrt werden, kein Geschütz, nichts. Die Marschkolonne aus Lysselkowo führte ein empfangsbereites Funkgerät mit. Noch immer zögerte General Körner, den Männern aus Lysselkowo durch wahrheitsgemäße Skizzierung der Lage die letzte Illusion und damit den Durchhaltewillen zu rauben. Denn noch war nicht alles verloren – noch nicht. Auch ein General, dachte Körner mit bitterem Lächeln, selbst ein General klammert sich an einen Strohhalm, wenn das Ende bevorzustehen scheint.

Die Überlebenden von Hauptmann Günzbachs Bataillon setzten sich befehlsgemäß ab, während über sie hinweg ein paar verlorene eigene Granaten zum Feind hinüberorgelten.

Hauptmann Günzbach, der Bataillonsführer, und

Leutnant Rabel, sein Adjutant, folgten im Dunkel der eisigen Winternacht als Letzte den Männern, die frierend und müde durchs Trichtergelände stolperten. Günzbachs Schädel schmerzte von einem Kolbenhieb, den er vor kurzem im Nahkampf erhalten hatte. Seine Züge waren verschlossen. Er fragte sich, wie viele es sein mochten, die gleich Rabel und ihm den Wahnwitz der letzten Stunden überlebt hatten. Ein Melder war in den Unterstand gestürzt und hatte atemlos gerufen: »Der Russe ist durch!« So hatte es angefangen.

»Sie bleiben im Gefechsstand!«, hatte Günzbach dem Adjutanten zugerufen.

Mit der Waffe in der Hand war er seinen Leuten entgegengetreten, die kopflos fliehend über das Schneefeld rannten.

Er hatte sie angehalten und zum Gegenstoß in die verlassene Stellung geführt. Im Kampf Mann gegen Mann hatten sie den Feind zurückgeworfen und sich in der Stellung behauptet.

Einen bewusstlos im Graben hingestreckten Unteroffizier hatten die Rotarmisten anscheinend für tot gehalten. Die übrigen Verwundeten hatten sie getötet. Und das Irrsinnige war: Man hatte gewusst, dass man in der Luft hing, dass der Russe den rechten Nachbarabschnitt überrannt hatte, dass er nur einzuschwenken brauchte, und man saß endgültig in der Falle. Doch dann hatte ein Melder den Rückzugsbefehl überbracht. Man hatte sich vom Feind, der erneut zögernd angriff, gelöst. Aber war denn damit etwas gewonnen? Man würde in die vorbereitete Auffangstellung eingewiesen werden, und dann begann der Zirkus wieder von Neuem.

Kurz vor neun Uhr abends näherten sich Doroschenko und Bunin dem Steppendorf Lysselkowo. Die Balka hatten sie, wie erwartet, verlassen vorgefunden. Im Galopp waren sie den frischen Hufspuren nach Norden gefolgt.

Sie saßen ab und pirschten sich, die Pferde am Zügel führend, an die verödeten, mit Neuschnee bedeckten Ruinen heran.

Dicht am Ortsrand entdeckten sie ein Rudel gesattelter Gäule, die seltsamerweise ohne Bewachung waren. Offenbar waren Mischas Kosaken erst vor wenigen Minuten eingetroffen. Sicher suchten sie im Labyrinth der unter der Erde angelegten Bunker nach einem Lebenszeichen, vielleicht auch nach etwas Essbarem. Weit konnten sie nicht sein.

Laut rufend rannte Doroschenko ins Dorf. Endlich antworteten die Kosaken. Sie waren halb erstarrt vom langen Ritt in der sibirischen Kälte. Gerade waren sie dabei gewesen, in einer der wenigen Hütten, die innerhalb des Ortes noch standen, ein Feuer zu machen.

»Wir müssen fort – 'raus hier – dawai – dawai!«, rief Doroschenko ihnen zu.

Sie begriffen im Nu und folgten Doroschenko, der wie gehetzt zu den Pferden lief.

In diesem Augenblick kamen mit dumpf brummenden Motoren die Bomber. Sie setzten Leuchtzeichen. Aus ihren Schächten stürzte die tödliche Fracht pfeifend und rauschend herab.

Lysselkowo, das vor wenigen Stunden noch einige hundert Mann beherbergt hatte, verschwand unter einer Wolke aus schwarzem Qualm, in der das Feuerwerk unaufhörlicher Explosionen blitzte.

General Körner war am Tisch eingenickt. Eine tiefe Stimme weckte ihn. Oberst Stolls Stimme. Standen die Toten auf? Der Kommandeur des Artillerieregiments war vor drei Tagen als gefallen gemeldet worden. Damit war ein früheres Gerücht widerlegt worden, das besagte, er sei mit seinem Stab in Gefangenschaft geraten.

General Körner stand auf. Die Zeltbahn, mit der Talverns Arbeitsecke im Bunker abgeteilt war, wurde zur Seite geschoben. Oberst Armin Stoll trat näher, nahm Haltung an und meldete mit seiner markanten Stimme: »Oberst Stoll aus russischer Gefangenschaft zurück.«

Der General gab dem Oberst die Hand. »Sie waren also doch in Gefangenschaft, Oberst Stoll. Hier wurde von angeblichen Augenzeugen behauptet, Sie wären tot.«

Der große, schwere Mann im ziemlich mitgenommenen weißen Tarnanzug lachte dröhnend. »Wer totgesagt wird, lebt lange. Heißt es nicht so, Herr General?«

General Körner nickte. »Das mag schon sein, aber Sie kommen hier in eine Situation, die man nur als äußerst bedenklich bezeichnen kann. Wie ist es Ihnen gelungen, dem Russen zu entkommen, Oberst Stoll?«

»Ich war nicht allein, Herr General. Es waren mehr als zweihundert Mann. Wir haben nachts die Wachen angefallen und sind dann mit ›Hurra‹ durchgebrochen. Die Soldaten hatten sich untergehakt: Es war eine Kette, die niemand aufhalten konnte. Unterwegs haben wir uns dann bewaffnet. Es lag ja genug umher. In einer der Heldenfallen wurden wir verpflegt und mit dem Nötigsten, was noch fehlte, ausgerüstet. Dort habe ich noch fünfhundert Mann aufgepickt. Man wollte sie mir nicht überlassen, aber Herr General kennen mich ja. Ich brachte den zuständigen Herrn mit der Waffe in der Hand zur Vernunft. Melde Herrn General: Am südlichen Ortseingang stehen zweiundzwanzig Offiziere, sechzig Unteroffiziere und sechshundertdreißig Mann zum Einsatz bereit.«

General Körner starrte den Oberst an, als wäre dieser wirklich aus dem Grab zurückgekehrt. »Das wäre ja«, sagte er mit heiserer Stimme, »Oberst Stoll, das wäre ja die Wende!«

»Es ist die Wende, Herr General«, antwortete der Oberst, »wir haben dort in der Auffangstellung, wo im Übrigen auch alles drunter und drüber ging, erfahren, wie es hier steht. Wenn ich schon meine Geschütze verloren habe und da nicht so rasch Ersatz beschaffen konnte, musste ich doch wenigstens auf andere Weise eingreifen. Ich erwarte den Einsatzbefehl, Herr General.«

General Körner drehte an der Kurbel des Feldfernsprechers, der auf Talverns Arbeitstisch stand. Die Vermittlung meldete sich.

»Verbinden Sie mich mit dem Regimentsgefechtsstand 836!«, befahl der General.

Am anderen Ende der Leitung meldete sich nach einer Weile der Regimentsadjutant.

»Ist Major von Talvern nicht bei Ihnen?«, fragte General Körner nervös.

»Der Herr Major führt einen Stoßtrupp, Herr General. Er hat die Absicht, die neue Einbruchstelle abzuriegeln.«

»Hat er ein Funkgerät dabei?«

»Jawohl, Herr General. Sein Funker geht alle fünfzehn Minuten auf Empfang.«

»Schön. Teilen Sie Major von Talvern mit, Oberst Stoll ist soeben hier eingetroffen. Mit einer Eingreifreserve in Stärke von nahezu einem Bataillon.«

Einige Sekunden vergingen. Anscheinend musste Oberleutnant Fürst erst zu Atem kommen. »Donnerwetter, Herr General«, sagte er schließlich, »das muss der Herr Major sofort erfahren! Kann uns die Reserve noch im Laufe der Nacht zugeführt werden, Herr General?«

»Sie kann«, antwortete General Körner, »sie wird unverzüglich in Marsch gesetzt. Bereitstellungsraum: Ruinenau. Oberst Stoll wird in Kürze bei Ihnen in der Balka sein. Er wird Major von Talvern ablösen. Ich benötige meinen Ia dringend hier im Divisionsgefechtsstand. Sagen Sie das dem Major, wenn Sie ihn am Funkgerät haben, und sagen Sie ihm, er soll sein Unternehmen abbrechen. Wir bereiten eine größere Lösung vor. Haben Sie alles notiert? Gut. Ende.«

General Körner legte auf. »Talvern hat sich wieder einmal hervorragend bewährt«, sagte er zu dem Artillerieoberst.

Dann erklärte er Oberst Stoll an Hand der Karte die Lage.

Oberst Stoll meldete sich ab.

Am frühen Morgen erreichte Major Martins Ausbruchskolonne die Stelle, an der der Tieffliegerangriff gewütet hatte. Der in den letzten Stunden gefallene Schnee hatte seine weiße Hülle über den Schauplatz des Massakers gebreitet. Das Bahrtuch des russischen Winters hatte die Toten, Deutsche, Russen und Italiener, und die zerfetzten Pferdekadaver zugedeckt. Einige der Versorgungsschlitten waren unbeschädigt. Beim Weitermarsch führte man die Schlitten mit ihrer Last im Mannschaftszug mit. Die Toten ließ man in ihrem Schneegrab zurück, nachdem man ihnen die Erkennungsmarken und die Soldbücher nebst ihrer sonstigen Habe abgenommen hatte. Bald würde der Schnee, der in dicken Flocken lautlos vom Himmel fiel, sie wieder zugedeckt haben.

Ein einsamer Reiter holte die Kolonne ein, kurz nachdem sie das Totenfeld verlassen hatte. Doroschenko. Tränen, die sofort zu Eis wurden, rannen über seine eingefallenen Wangen in den weiß bereiften Stoppelbart, als er Major Martin mit Hilfe des Dolmetschers vom Ende Lysselkowos und seiner Freunde berichtete. Als Einziger war er dem Bombardement entkommen, hatte eines der ausgebrochenen Pferde eingefangen und war im Galopp durch die Nacht geritten.

»Wir verdanken es Doroschenko und dem Kosaken Bunin, dass wir nicht in dieser Hölle zu Grunde gegangen sind«, sagte Major Martin später zu Leutnant Holler. »Wären die beiden nicht gestern Mittag nach Lysselkowo gekommen, hätte ich zweifellos den Entschluss zum Abmarsch noch nicht gefasst. Jetzt wird man uns wohl fürs Erste ungeschoren lassen. Der Russe dürfte annehmen, dass er uns in Lysselkowo zusammengedroschen hat.«

»Hoffen wir, dass wir auch weiter Glück haben«, meinte Leutnant Holler, dessen Optimismus leicht ins Wanken geraten war.

Seit geraumer Zeit hörte man voraus das Rumpeln der Front, der man mit jedem Schritt näher kam. Und die Division schwieg. Auf keine der Anfragen, die Unteroffizier Kolb in Major Martins Auftrag durch Funk an die Division gerichtet hatte, war bisher geantwortet worden. Man hatte nicht einmal den Empfang der Sprüche bestätigt. Ein böses Zeichen, das alle möglichen Schlüsse zuließ, sofern nicht über Schepetowka aus irgendeinem Grund Funkstille verhängt worden war.

Der Kosak Doroschenko war, nachdem er Verpflegung gefasst hatte, sofort wieder in den Sattel gestiegen und zur Erkundung vorausgeritten. Auch Oberleutnant Mareiner hatte sich mit seinem Skiläufertrupp abgesetzt. Noch war man allem Anschein nach nicht entdeckt worden vom Feind, aber die Front rückte näher, immer deutlicher war es zu hören, und das Wichtigste war es jetzt, wenn man auch weiterhin ohne Weisungen aus Schepetowka blieb, die unvermeidliche Gefechtsberührung mit dem Russen möglichst lange hinauszuschieben.

Mareiner war mit seinem Trupp etwas nach Osten ausgebogen. Er stimmte mit Major Martin überein, dass im Südosten, wenn überhaupt, am ehesten die Möglichkeit bestünde, das, was vom Gegner vorhanden war, in handstreichartigem Vorstoß zu überrennen und Anschluss an die eigene Front zu finden. Die Massierung des Feindes nahm zweifellos gegen Westen hin zu, denn der Hauptstoß ging ja zum unteren Don und wahrscheinlich auch zum Donez.

Es schneite noch immer bei klirrender Kälte. Ein böiger, eisiger Wind trieb die Flocken vor sich her.

Der Spähtrupp auf Skiern erreichte ein Wäldchen, das auf der Karte, die man nach einer Beutekarte vervielfältigt hatte, nicht eingezeichnet war.

Oberleutnant Mareiner gab seinen Leuten ein Zeichen, zurückzubleiben. Allein glitt er zwischen den licht stehenden schneebeladenen Bäumen hindurch, Eschen, Rüstern und einzelnen Tannen. Ungehindert hatte er das Wäldchen nahezu durchquert und hatte schon freien Ausblick nach Süden, auf einen von dick verschneiten Weidenbüschen umsäumten kleinen See, dessen Eisfläche teilweise freigelegt war vom Schnee. Am jenseitigen Ufer erblickte der Oberleutnant, plötzlich verhaltend, mehrere Gestalten in Schneehemden, wie er eines trug. Mann hinter Mann bewegten sie sich über einen festgetretenen Trampelpfad. Durchs Glas beobachtete Mareiner den kleinen Trupp, der nicht einmal für seine Gruppe eine Bedrohung war. Er überlegte noch, ob man die Erkundung weiter nach Süden vorantreiben sollte, oder ob es nicht zweckmäßiger wäre, zu Major Martin zurückzukehren. Auf einmal wurde er auf Russisch angerufen. Anscheinend war er auf irgendwelche Nachzügler gestoßen, die, so viel er verstand, von ihm die Parole verlangten. Zu sehen war niemand, aber den Geräuschen nach, die an Mareiners Ohr drangen, schien sich das ganze Wäldchen unversehens zu beleben.

Blitzschnell sprang Mareiner mit Hilfe seiner Stöcke um. Mit weit ausgreifenden Gleitschritten jagte er durch das Gehölz, verfolgt von einzelnen Schüssen und lautem Rufen. Unverletzt erreichte Mareiner seine Gruppe, die sich schon in Gefechtsbereitschaft befand. Er winkte ab.

Mit kräftigen Stockschüben traten sie den Rückzug an. Eine Gewehrsalve knatterte hinter ihnen. Mit bösartigem Singen pfiffen Geschosse an ihnen vorbei, doch dann glitten sie in die Senke, die sie vordem durchquert hatten. In sausendem Schuss fuhren sie in den eigenen Spuren zur Sohle der verhältnismäßig tief eingeschnittenen Mulde hinab. Sie hielten sich in der Mulde, bis eine nach Nordwesten sich hinziehende Balka ihnen vollkommene Deckung ab. Das Schießen in ihrem Rücken jedoch war schon vorher verstummt.

Die Kolonne, die Halt gemacht hatte, fand Mareiner dort, wo er mit seinem Skiläufertrupp in südöstliche Richtung abgebogen war. Major Martin kam ihm entgegen. »Wir haben Schüsse gehört«, sagte er, »es muss ziemlich nah gewesen sein. Hat es Ihnen gegolten?«

Mareiner berichtete und versuchte, die Begegnung in dem Wäldchen zu analysieren. Major Martin teilte seine Meinung, dass die Russen, auf die er gestoßen war, nur eine rückwärtige Sicherung darstellten. Vielleicht waren es sogar Partisanen, die schon vor dem Russendurchbruch am Don in dem einsamen, auf der Karte nicht eingezeichneten Gehölz gehaust hatten. Immerhin war von jetzt an zu gewärtigen, dass man jederzeit mit dem Gegner zusammentraf. Ein beweglicher Skiläufertrupp konnte in diesem Fall rasch verschwinden, die Kolonne hingegen mit ihrem schweren Gerät und den durch den Schnee behinderten Marschierern hatte keine andere Wahl, als möglichst rasch ins Gefecht zu gehen und das Hindernis kämpfend beiseite zu räumen.

Major Martin zog nun die Sturmkompanie »Kaupisch« nach vorn und setzte als Nachhut Kirchweins Grenadiere ein.

Oberleutnant Mareiner und seine Pioniere traten, während die Kolonne verhalten folgte, zu neuer Erkundung an, diesmal direkt nach Süden, wo der Kampflärm immer mehr anschwoll.

In einem am frühen Morgen geführten Gespräch hatte General Körner dem noch immer in der Balka sitzenden Regimentsadjutanten eingeschärft, ihn sofort durch den Draht, und wenn dieser ausfiele, durch Funk zu verständigen, sobald die Verbindung mit Major von Talvern wieder hergestellt sei. Stunde um Stunde hatte der General in der schlaflos verbrachten Nacht auf eine Nachricht von Talvern gewartet, der mit einem Stoßtrupp von etwa vierzig Mann gegen die Flanke des feindlichen Durchbruchkeils vorgegangen war und seither, seit dem vergangenen Abend, nichts mehr hatte von sich hören lassen. Das Schlimmste wäre zu befürchten gewesen, wenn nicht nach spärlich eingegangenen Meldungen von vorn der Gefechtslärm im Osten, an der durchtrennten Naht zum Nachbarabschnitt, bis vor kurzem immer wieder aufgelebt wäre. Dennoch war General Körner voller Unruhe, zumal der von Oberst Stoll eingeleitete Gegenangriff nach geringem Geländegewinn sich vor einer Stunde festgefahren hatte. Immerhin war die von Hauptmann Günzbach unter dem Druck des Feindes aufgegebene Linie wieder besetzt worden. Und Günzbach war mit dem Rest seines Bataillons beim Hellwerden zur Entlastung Talverns angetreten.

Von der aus Lysselkowo anrückenden Kolonne war eine Anzahl ermutigender Funksprüche eingegangen. Allerdings war eine Beantwortung bisher nicht möglich gewesen, da von der Armeegruppe für den gesamten Frontabschnitt Funkstille befohlen worden war.

Der General rief Leutnant Walter, den O1, der sich nebenan in einem kleinen Verschlag aufhielt. Dann rief er den Obergefreiten Warnke. Zu Walter sagte er: »Übernehmen Sie den Fernsprecher. Ich fahre nach vorn zum Gefechtsstand von Oberst Stoll.«

Warnke wartete schon droben am Bunkerausgang. Als der General in Mantel und Feldmütze bei dem Obergefreiten ankam, rief hinter ihm Leutnant Walter: »Herr General, ein Anruf von der Armeegruppe!«

General Körner kehrte um und stieg die Stufen wieder hinunter. Er übernahm den Handapparat von Leutnant Walter.

»Körner.«

Am anderen Ende der Leitung war der Chef des Stabes im Oberkommando der neu gebildeten Armeegruppe, das in Morozowka lag.

»Was ist das bei Ihnen für ein Saustall, Herr General Körner«, brüllte der Oberst ohne Einleitung. »Ihre Offiziere überfallen unsere Versprengtensammelstelle und ziehen mit ein paar hundert Leuten ab, die für andere Aufgaben vorgesehen waren. Sie setzen alles, was Sie sich widerrechtlich unterstellt haben, sofort nach Bjelowskaja in Marsch!«

»Das ist unmöglich, Herr Oberst«, antwortete General Körner mit kühler Gelassenheit, »die Leute stehen im Gefecht. Ein Glück, dass wir sie bekommen haben. Andernfalls stünde der Russe jetzt in Schepetowka.«

Der Oberst in Morozowka schien vollends wild geworden zu sein. »Ich verbitte es mir, dass Befehle des Oberkommandos der Armeegruppe diskutiert werden«, bellte er, »Sie haben den Befehl gehört, Herr General Körner! Ich muss darauf bestehen, dass der Befehl unverzüglich ausgeführt wird!«

»Nein«, erklärte General Körner knapp.

Dem anderen schien die Luft wegzubleiben. Erst nach einer Weile sagte er mit kalter, plötzlich ruhig gewordener Stimme: »Sie sind Ihres Kommandos enthoben, Herr General Körner. Sie halten sich zur Abberufung zur Verfügung. Das Kommando über Ihre Division übernimmt der rangnächste Offizier.«

»Nein!« Der General legte auf und kurbelte ab. »Ich bin für diesen Herrn nicht mehr erreichbar«, sagte er zu Leutnant Walter, der ihn betroffen anstarrte, und wandte sich wieder dem Bunkerausgang zu.

Feldwebel Sebald, ehemals Zugführer in der zweiten Panzerjägerkompanie, deren letzte Pak vor Tagen zermalmt worden war, hob die Leuchtpistole. Dreimal Rot – Feind greift an! Aber nach dem zweiten Schuss sank Sebalds Hand herab. Die Leuchtpistole fiel in den Schnee. Major von Talvern, der dicht neben Sebald war, ergriff sie und feuerte den dritten Schuss gegen den Himmel. Tief hingen die Wolken, die Flocken fielen in solcher Dichte, als sollte alles erstickt werden unter der weißen Hülle.

Feind greift an! Ununterbrochen kam er, seitdem

es Tag geworden war, in immer neuen Wellen, die gegen das pausenlose Abwehrfeuer von Talverns Stoßtrupp anbrandeten, zurückfluteten und sich zu neuem Ansturm erhoben, Schemen, kaum erkennbar hinter den Schneeschwaden, die auftauchten, verschwanden und wieder zum Vorschein kamen.

Talvern beugte sich zu Feldwebel Sebald hinunter. Herzschuss. Das Loch im Wintertarnanzug, das sich nur wenig mit Blut gefärbt hatte, war deutlich zu sehen.

Hinter Talvern lag der Funker. Ein MG-Feuerstoß hatte gleichzeitig ihn und das Tornisterfunkgerät getroffen.

Schon vor Stunden hatte Talvern einen Melder zurückgeschickt. Aber nichts war erfolgt. Doch was hatte er erwartet? Hauptmann Günzbach hatte mit sich selbst genug zu tun. War es nicht überhaupt fraglich, ob der Regimentsgefechtsstand sich noch in der Balka befand und ob der Melder in die Balka gelangt war?

Im Gewirr eines zerschossenen Fahrzeugpulks, den schon vor Tagen die feindliche Artillerie gefasst haben musste, hatte Talvern sich nach Mitternacht mit seinen Männern festgesetzt, nachdem es ihm zunächst gelungen war, die bedrohliche Einbruchstelle einzuengen. Die eigene Artillerie – alles, was vorhanden war, auch die Kanonenbatterie vor Schepetowka – hatte das Vorgehen des Stoßtrupps unterstützt, hatte den Feind mit kurzen Feuerüberfällen und anhaltendem Störungsfeuer niedergehalten und war dann verstummt, als man den Schwenkungsbereich überschritt. Erst seit dem Morgengrauen hatte der Gegner mit seinen Gegenangriffen begonnen. Talvern war sich darüber klar, dass man sich, wenn der Druck des Gegners nicht nachließ, spätestens in zwei Stunden verschossen haben würde. Und was dann? Nahkampf – ein kurzes Hin und Her. Und das Ende wäre Gefangenschaft oder Tod.

Aber noch war es nicht so weit, noch ratterten die Feuerstöße, wenn die Schemen draußen im Schnee sich drohend erhoben, vermischt mit dem unregelmäßigen Knallen der Karabiner. Und von Zeit zu Zeit hallte krachend die Detonation einer Handgranate.

Plötzlich stellte der Feind seine Angriffe ein, doch Minuten später begann wildes, wenn auch zunächst noch ungenau liegendes Granatwerferfeuer. Langsam, gleichsam schleichend, kam es näher, bis es die verschneiten Fahrzeugreste erfasste, zwischen denen Talvern und die Überlebenden seines Stoßtrupps in Deckung lagen. Und nun griffen auch rasant schießende Panzerkanonen ein.

»Zurück!«, befahl Talvern. Der Befehl ging von Mann zu Mann, nur die Toten waren nicht im Stande, ihn aufzugreifen und weiterzugeben.

Im Schneetreiben bahnten sie sich zurück, die Verwundeten wurden mitgeschleift. Doch das feindliche Feuer folgte ihnen, riss neue Lücken.

Talvern spürte einen heftigen Schlag, seine Beine knickten ein, ein neuer Schlag warf ihn vornüber. Unklar hatte er noch das Gefühl, dass er hochgehoben wurde, dass er schwebte, dann wurde es dunkel um ihn. War es die Finsternis des Todes, des Nichts? Doch als man ihm Notverbände anlegte, ihn auf eine Trage bettete und ihn forttrug aus dem Feuerbereich zum vorgeschobenen Verbandsplatz in Ruinenau, formten sich vor Talverns innerem Auge Bilder aus der Schwärze: das väterliche Gut im Chiemgau, die Kirche einer französischen Stadt, ein Frauenantlitz …

Durch Funk gab Hauptmann Günzbach, das hohläugige Gerippe, mit seinem Bataillon im Vorgehen zur Bereinigung des feindlichen Einbruchs begriffen, Major von Talverns schwere Verwundung zur Balka durch.

Der Assistenzarzt, der im Kolchos von Ruinenau Talverns Wunden untersuchte, schüttelte hilflos den Kopf. Hier war alle ärztliche Kunst am Ende; hier gab es keine Rettung mehr. Das Einzige, was man tun konnte, war die Verabreichung einer schmerzstillenden Injektion und die Erneuerung der Verbände.

Als der Assistenzarzt sich der nächsten Trage zuwenden wollte, auf der auch ein blutendes Menschenwesen mit angstvollem Blick auf Beistand wartete, kam Major von Talvern zu sich. Er sah die Verbände um beide Beine, um den von Schmerzen durchwühlten Leib und murmelte, sich ein Lächeln abzwingend:

»Das wär's also, Doktor, wie?« Er suchte mit fahrig tastender Hand sein Einglas. Er hatte vergessen, dass er es zerbrochen hatte.

»Wir bringen Sie zum Hauptverbandsplatz, Herr Major«, sagte der Assistenzarzt in seinem blutbefleckten, ehemals weißen Mantel.

Talvern schüttelte den Kopf. Er bestand darauf, zum Divisionsgefechtsstand gebracht zu werden. »Dort ist mein Platz als erster Generalstabsoffizier«, sagte er.

Als man den Verwundeten in den Sanka zur Fahrt

nach Schepetowka lud, stieg der Divisionspfarrer zu ihm ein. Er hielt Talverns Hand und sprach mit leiser Stimme zu ihm, bis das Morphium zu wirken begann.

Im Gefechtsstand in der Balka war General Körner an Oberst Stolls Stelle getreten. Der Oberst, der sich gerade vorn im früheren Unterstand von Hauptmann Günzbach befand, war durch einen Anruf vom Oberkommando zurückgerufen worden. Zur Übernahme des Kommandos in Schepetowka. Auf dem Rückweg durch das Hauptkampffeld war Oberst Stoll in einen Feuerüberfall der feindlichen Artillerie geraten. Man hatte ihn in die Balka geschleppt. Aber als die Sanitätssoldaten, die ihn trugen, in der Balka vor dem Kommandeursbunker anlangten, entdeckten sie, dass ein Toter auf der Trage lag.

Mit der ihm eigenen ruhigen Überlegenheit leitete General Körner das immer wieder aufflackernde Gefecht. Erregung ergriff ihn erst, als Hauptmann Günzbachs Meldung von Major von Talverns schwerer Verwundung eintraf. Ich muss zum Verbandsplatz, ich muss zu ihm, sagte er sich. Talvern war wie ein Sohn für ihn. Doch als er sich schon zum Gehen anschickte, reichte Oberleutnant Fürst, der Adjutant, ihm einen neuen Funkspruch von Hauptmann Günzbach. Hinter den russischen Linien stiegen grüne Leuchtkugeln auf. Grün besagte: Hier sind wir … Das war die Kolonne aus Lysselkowo!

Für General Körner, der sich selbst den Befehl zur Führung des Kampfes um den Nordriegel gegeben hatte, stand es fest, dass er in der Balka unabkömmlich war. Wenn Talvern sterben sollte, musste ein anderer ihm die Augen zudrücken. Jetzt kam es darauf an, den Feind durch ständige Angriffe zu binden und der anrückenden Kolonne aus Lysselkowo die Möglichkeit zum Aufmarsch und zur Entfaltung zu geben.

Man fand keine Gelegenheit zu anfeuernden Reden wie in den Bereitstellungsräumen der Roten Armee, wenn die Politruks lauthals den großen Stalin priesen.

Aus dem Marsch gingen Kaupischs Sturmkompanie, Oberleutnant Mareiner mit seinen Pionieren und Unteroffizier Kirchweins Grenadiere in den Kampf. Die Führung hatte Major Martin übernommen, während Leutnant Kaupisch mit der Batterie in Feuerstellung fuhr.

Bei den Zugmaschinen, die in einem kleinen Waldstück Deckung suchten, einem Wäldchen, ähnlich dem, in dem Mareiner zum ersten Mal auf Russen gestoßen war, blieben zwanzig Mann zum Schutz der Verwundeten und zur Bewachung der Gefangenen zurück. Den Infanterieschutz der Batteriestellung bildeten zwei Züge der Italiener.

Links gingen die Sturmgeschütze mit zwei aus Italienern und Deutschen gemischten Schützengruppen vor. Die beiden Beutepanzer folgten in zweiter Linie, da Wachtmeister Hellbach, der Kommandant der Sturmgeschütze, trotz aller gegenteiliger Zusicherungen nicht ganz von der Zuverlässigkeit der russischen Panzerfahrer überzeugt war. Er hatte die deutschen Panzerbesatzungen angewiesen, streng auf die Fahrer zu achten und jede Widersetzlichkeit sofort zu unterbinden.

An der Spitze der Kampfgruppe, die sich beinahe

wie in klassischer Schlachtordnung über die verschneite Steppe bewegte, befanden sich Major Martin und Oberleutnant Mareiner, beide im weißen Wintertarnanzug mit weiß gestrichenem Stahlhelm, die Maschinenpistole in der Armbeuge, den Koppelriemen mit Handgranaten behängt.

Als der Feind, zu einem neuen, entscheidenden Vorstoß nach Süden bereitgestellt, die Bedrohung im Rücken erkannte, schwenkte er seine nach Süden gerichteten Geschütze. Im gleichen Augenblick begann Leutnant Kaupisch mit Major Martins Batterie zu feuern.

Major Martin beobachtete im Vorgehen eine Anzahl Panzer mit weißem Winteranstrich, die sich aus den stockenden Angriffswellen des Feindes lösten und sich nach Norden wandten.

Auch Leutnant Kaupisch erkannte die Gefahr, während die feindlichen Panzer mit ihren Kanonen das Feuer eröffneten.

Alles suchte Deckung im Schnee. Doch schon überschüttete die Batterie Martin die Panzer mit einem Hagel von Granaten.

»Kaupisch leistet Maßarbeit!«, rief Oberleutnant Mareiner Major Martin zu, der nur wenige Meter neben ihm lag.

Aber Major Martin antwortete nicht. Von seiner Stirn tropfte Blut in den Schnee. Der Stahlhelm war durch einen Splitter gespalten worden.

Oberleutnant Mareiner sprang auf. »Weiter!«, brüllte er, den Gefechtslärm übertönend. »Alles hört auf mein Kommando!«

Im gleichen Augenblick gingen die Sturmgeschütze

zum Angriff vor. Beim Feind entstand zunehmende Verwirrung.

Mit seinen Pionieren und mit Kaupischs Sturmkompanie drang Oberleutnant Mareiner in die feindlichen Linien ein. Die beiden Sturmgeschütze fassten den Gegner in der Flanke. Der begann nach Westen auszuweichen, um nicht im Kreuzfeuer zweier Fronten zerrieben zu werden.

Der Kampf war entschieden. Oberleutnant Mareiner führte die Kampfgruppe Martin zu den eigenen Linien.

Während des Kampfes hatte der Schneefall nachgelassen; jetzt verstärkte sich der eisig von Nordosten wehende Wind, und das Schneetreiben begann wieder, dichter und heftiger als zuvor. Aus den jagenden weißen Wirbeln und Schwaden tauchte eine Gestalt auf. Der lange graue Übermantel schleifte im Schnee, die Maschinenpistole hing am Schulterriemen wie ein lästiger Gegenstand, auf dem graugrünen Kopfschützer saß ein von vielem Waschen ausgebleichtes Offizierskrätzchen mit ausgefranster Silberkordel und flügellosem Hoheitsadler. Hauptmann Günzbach, der hohläugige, knochendürre Bataillonsführer, der mittlerweile zum Abschnittskommandanten ernannt worden war.

Günzbach ging auf Oberleutnant Mareiner zu. Dem Oberleutnant folgte Leutnant Holler mit frostrotem, verstörtem Gesicht.

Der Hauptmann hob die Rechte, die in einem Fäustling steckte, zum Gruß an das winzige Krätzchen.

»Da sind Sie ja«, rief er, »Herr Major Martin, nicht wahr?«

Mareiner schüttelte den Kopf. Er wandte sich halb um und wies hinaus in den Schnee. »Herr Major Martin ist gefallen. Dort draußen liegt er.«

Der Hauptmann kam heran. Er gab Mareiner und dann Leutnant Holler die Hand. Sie nannten gegenseitig Dienstgrad und Namen.

»So hat Major Martin den erfolgreichen Abschluss Ihres Gewaltmarsches nicht mehr erlebt«, sagte Hauptmann Günzbach, »dieser Krieg ist ohne Erbarmen. Ich kann mir denken, wie Ihnen zu Mute ist, meine Herren. Aber was hilft das? Der Tanz geht weiter. Sie werden sehen, bald stecken wir wieder mitten drin. Nur eine Atempause, glauben Sie mir. Uns liegen die Aussagen von ein paar Gefangenen vor. Demnach stinkt es, meine Herren, aber ganz beträchtlich! Zurzeit – bis es möglicherweise auch mich erwischt – schmeiße ich den Laden hier. Sie sind also meinem Befehl unterstellt. Ich muss Sie trotz allem, was hinter Ihnen liegt, auffordern, die Stellungen, in die Sie von meinem Adjutanten eingewiesen werden, ohne Zeitverlust zu beziehen.«

»Heißt das sofortiger neuer Einsatz, Herr Hauptmann?«, fragte Mareiner betroffen. »Keine warmen Unterkünfte nach dem pausenlosen Marsch bei diesem Frost? Nicht einmal ein paar Stunden Ruhe?«

»Ruhe!« Hauptmann Günzbach lachte krächzend auf. »Ruhe gibt es vor Schepetowka nur, wenn man im Schnee liegt und sich nicht mehr rührt.«

Mareiner nickte. »Verstehe, Herr Hauptmann.« Er gab Leutnant Holler den Befehl, die Kampfgruppe

Martin sammeln zu lassen, für die Bergung der Toten und Verwundeten zu sorgen und, sobald dies geschehen sei, Vollzugsmeldung zu machen.

Leutnant Holler hob stumm die Hand zum Stahlhelmrand und entfernte sich.

Mareiner begleitete den Hauptmann auf einem schon wieder beinahe zugeschneiten Trampelpfad zum Gefechtsstand in der Balka.

Im Kommandeursbunker saß Oberleutnant Fürst auf der Tischkante. Am Ohr hatte er wie zumeist den Handapparat des Feldtelefons. Seine Stirn zierte an Stelle des Verbandes ein großes Pflaster. Schließlich sagte er »Jawohl« und legte auf.

Er gab Mareiner die Hand. »Sie haben Einiges hinter sich«, sagte er, »aber das wird ein Kinderspiel sein gegen das, was noch kommt.« Zu Hauptmann Günzbach gewandt, setzte er hinzu: »Wir haben Befehl, alles, was Herr Oberst Stoll uns zugeführt hat, herauszuziehen und zunächst nach Schepetowka in Marsch zu setzen.«

Hauptmann Günzbach hieb mit der Faust auf den Tisch.

»Da kann einem doch speiübel werden!«, rief er zornig. »Was sagt denn der Herr General zu diesem neuen Irrsinnsbefehl? Hören Sie, Fürst, wo ist er überhaupt?«

»Der Herr General ist nach Schepetowka befohlen worden, Herr Hauptmann. Vor etwa einer halben Stunde.«

»Befohlen worden? Was heißt das?«

»Das heißt, dass in Schepetowka ein neuer Divisionskommandeur eingetroffen ist.«

Günzbach hieb erneut mit der Faust auf den Tisch. »Das ist die größte Sauerei, die es je gegeben hat!«, rief er erbost. Im nächsten Augenblick sagte er, völlig ruhig, zu Oberleutnant Mareiner: »Herr Fürst wird Ihnen jetzt auf der Karte zeigen, wo die Stellungen liegen, die Ihre Kampfgruppe zu besetzen hat. Machen Sie's gut, Herr Mareiner, Hals- und Beinbruch! Sehen Sie zu, dass Sie feuerbereit sind, bis der Russe wieder kommt! Er kommt nämlich bestimmt.«

Der Hauptmann verließ den Gefechtsstand.

»Das ist der Mann, der seit dem sechzehnten Dezember keine Nacht geschlafen hat«, sagte Oberleutnant Fürst.

Von der Balka aus war General Körner zu Fuß nach Ruinenau gegangen, wo der Obergefreite Warnke mit dem Kübelwagen auf ihn gewartet hatte.

Schweigend fuhren sie im dichten Schneetreiben über die stellenweise tief verwehte Rollbahn. Einmal saß der Kübel trotz der Schneeketten fest. Warnke stieg aus und schaufelte den Wagen in Eile frei, denn nicht weit zurück schlugen schon wieder Granaten ein.

Als Warnke wieder am Lenkrad saß und der Wagen sich in Bewegung setzte, sagte er: »Das ist also der Dank. Wissen Sie, Herr General, ich fresse sonst was, wenn da der Hostege nicht hineingefunkt hat.«

»Lassen Sie die Toten ruhen, Warnke!«, versetzte General Körner mit ungewohnter Schärfe. »Wenn Sie so weitermachen, reden Sie sich noch um Kopf und Kragen.«

»Wenn die so weitermachen, Herr General«, warf

der Obergefreite ein, »dann wird es ohnehin bald schnuppe sein, wie man draufgeht. Zum Teufel gehen wir alle, so und so – wie die in Stalingrad. Und solche wie Sie, Herr General, serviert man ab.«

»Schweigen Sie!«, rief General Körner. »Schweigen Sie endlich, Sie unmöglicher Mensch!«

Warnke schwieg. Man sollte die Knarre nehmen und Verschiedene da oben wegputzen, dachte er, solche Sauhunde, die die hirnrissigen Befehle geben!

Der Kübelwagen geriet ins Schleudern. Warnke fing ihn ab und verlangsamte das Tempo. Schon kam Schepetowka in Sicht. Eine Ansammlung von verschneiten Trümmerhaufen und Ruinen. Auch vom Schulhaus fehlte jetzt eine halbe Außenwand.

Warnke fuhr zur Schule und hielt an. Der General und er waren weiß überpudert vom Schneestaub, der durch das undichte Verdeck eingedrungen war. Warnke öffnete die Tür. Der General stieg aus. Er betrat das Schulhaus. Der Obergefreite Warnke folgte ihm.

Die Tür zu einem der Räume im Erdgeschoss, die noch benutzbar waren, stand offen. Vom Gang aus führte die Treppe nach unten zu dem mit Bohlen bedeckten Bunker. Die Treppe zum ersten Stockwerk war halb eingestürzt.

Als General Körner sich den Stufen zum Bunker näherte, rief eine fremde Stimme ihn an.

»Herr General!«

Er drehte sich um. In der offenen Tür erschien ein Oberst in friedensmäßig elegantem feldgrauem Mantel, auf dem glatt gebürsteten blonden Haar eine korrekt sitzende Schirmmütze mit nagelneuer Silberkordel. Der Oberst grüßte steif. Sein blasses Gesicht war glatt und undurchschaubar. »Oberst Raupnitz«, sagte er im Ton äußerster Reserviertheit, »ich muss Sie ersuchen, Herr General, den Gefechtsstand nicht mehr zu betreten und sich ohne Verzögerung zum Hauptquartier in Marsch zu setzen. Der Wagen wartet vor Ihrem Quartier.«

General Körner starrte den fremden Oberst an mit einem Blick, der erkennen ließ, dass er nichts von dem, was der andere gesagt hatte, begriff.

»Wollen Sie mir verwehren, von meinem Ia Abschied zu nehmen, Herr Oberst Raupnitz?«, fragte er ungläubig. »Major von Talvern befindet sich doch hier?«

Er blickte zur Bunkertreppe. Der Divisionspfarrer, im weißen Tarnanzug, das an einer Kette hängende Silberkreuz auf der Brust, kam die Stufen herauf. »Er war kurz bei Bewusstsein«, sagte er, ohne den neuen Kommandeur zu beachten, »er lässt Herrn General grüßen. Ich soll Herrn General darauf aufmerksam machen, dass Major Hostege bei der Armeegruppe etwas berichtigen wollte.«

General Körner nickte. »Danke, Herr Pfarrer. Gibt es Hoffnung für Talvern?«

Der Pfarrer schüttelte den Kopf. »Er wäre auch gar nicht transportfähig. Er will ja auch hier bleiben. Ich muss jetzt hinaus zum Verbandsplatz in Ruinenau. Später sehe ich wieder nach ihm.«

Der Pfarrer gab dem General die Hand.

»Gott stehe Ihnen bei, Herr General!«

Rasch verließ er das Schulhaus.

General Körner stand unschlüssig vor der Bunkertreppe.

Da ließ sich Oberst Raupnitz' unpersönliche Stimme wieder vernehmen. »Ich muss Sie jetzt bitten, sich zu entfernen!«

»Sie vergessen, dass Sie mit einem General sprechen.«

Der Obergefreite Warnke, der sich bis dahin im Hintergrund gehalten hatte, trat vor.

Oberst Raupnitz' glattes Gesicht lief rot an. »Was erlauben Sie sich?«, schrie er mit schneidender Stimme. »Sie stehen unter Arrest! Wache!«

General Körner grüßte zum Bunker hinab, drehte sich um und legte seine Hand kurz auf Warnkes Schulter, bevor er ins Schneetreiben hinausging. Durch das zerstörte Schepetowka schritt er zu seinem Quartier. In seinem Rücken vernahm er die Paukenschläge von Artillerieabschüssen. Er achtete nicht darauf. Auch nicht auf das Donnern der Einschläge, das schauerlich durch Schepetowka hallte.

Im unterirdischen Divisionsgefechtsstand, bei Abteilung Ia, schrillte das Feldtelefon. Leutnant Walter hob ab.

»Wo bleibt Ihre Abendmeldung?«, schnarrte es am anderen Ende der Leitung. »Mit wem spreche ich überhaupt?«

»Mit Leutnant Walter, dem O1.«

»Geben Sie mir gefälligst den Ia!«

»Der Ia kann nicht an den Apparat kommen.«

»Was heißt, er kann nicht kommen? Besoffen – was?«, kam es schnarrend zurück.

»Sie sprechen von einem Toten«, brachte Leutnant Walter mit Mühe hervor. Bitterkeit, Schmerz und Trauer erstickten seine Stimme. Doch dann fasste er sich und gab, wie es seine Pflicht war als O1, als erster Ordonanzoffizier, die Abendmeldung durch.

Als Leutnant Walter auflegte, ahnte er nicht, dass es die letzte Meldung aus Schepetowka war. Der Bunker zitterte unter den Einschlägen, die seit einer Stunde pausenlos in Schepetowka und dem gesamten Hauptkampffeld detonierten. Der Feind trommelte. Und dann klingelte wieder das Feldtelefon. Diesmal sprach Oberleutnant Fürst am anderen Ende. Seine Stimme klang erstaunlich ruhig. »Der Russe ist durch«, sagte er. »Oberleutnant Mareiner hat es soeben gemeldet. Jetzt ist die Leitung tot.« Im gleichen Augenblick war auch die Verbindung zur Balka abgerissen. Das feindliche Trommelfeuer steigerte sich zum Orkan.

Zwei Stunden später wurde Schepetowka von starken Infanterie- und Panzerkräften des Feindes überrannt.

Im Bunker unter dem halb eingestürzten Schulhaus fanden eindringende Rotarmisten unter einer Anzahl anderer Toter die Leiche eines deutschen Majors in blutdurchtränkten Verbänden. Am Kragenausschnitt der Feldbluse blinkte der Silberrand des Ritterkreuzes. Ein Ausdruck von Überlegenheit lag auf dem starren, wächsernen Gesicht.